성서이해의 길 8

오늘의 시대에 주어진 종말의 메시지

낙원의 표상에서
하나님나라의 복음으로

고위공 지음

드림북

성서이해의 길 8

낙원의 표상에서 하나님나라의 복음으로

·**초판 1쇄 발행** 2023년 8월 15일

·**지은이** 고위공
·**펴낸이** 민상기
·**편집장** 이숙희
·**펴낸곳** 도서출판 드림북
·**인쇄소** 예림인쇄 **제책** 예림바운딩
·**총판** 하늘유통

·**등록번호** 제 65 호 **등록일자** 2002. 11. 25.
·경기도 양주시 광적면 부흥로 847 경기벤처센터 220호
·Tel (031)829-7722, Fax(031)829-7723

저자의 글

이책은 필자의 성서이해 시리즈 여덟 번째 책이다. 2014년에 첫 삽을 뜬 성서해석 작업의 노정은 9년의 세월이 흐른 지금 막바지에 이른 느낌이다. 필자는 올해 2월에 팔순을 맞이하였다. 원래 일반독자에게 하나님의 말씀을 잘 전하기 위하여 설계된 개인적 프로젝트는 여러 어려움과 장애에도 불구하고 거의 목표점에 도달한 셈이다. 이제 남은 과제는 극도로 심하게 변하는 현실 상황에 보다 적극적으로 대처할 수 있는 힘을 지닌 책을 내놓는 일이다. 그것이 구체적으로 무엇인지는 아직 결정된 내용이 없다. 좀 더 시간을 가지고 숙고할 과제이다.

성서에 약속된 하나님나라의 완성을 고대하며 집필한 책을 감히 하나님나라의 주인인 하나님에게 바치고 싶다. 결코 짧지 않은 기간 동안 항상 곁에서 지키시며 지치거나 낙심할 때 힘을 북돋아 주신 최고의 후원자이기 때문이다. 하나님의 말씀을 올바로 전하는 일은 말씀의 주체인 하나님이 가장 기뻐하는 헌신이라고 다짐해 왔다. 항상 새로운 은혜를 선사하는 하나님 말씀의 세계속으로 들어가면 모든 세상의 잡념은 사라지고 형언할 수 없는 감동과 기쁨이 심층의 영혼에서 솟아난다. 이와 같은 경험은 필자 혼자만의 고백은 아닐 것이다. 반드시 필요하면서도 결코 쉽지 않은 주제를 다룬 해석서는 성서의 본문과의 끊임없는 대화와 소통에서 나온 작은 산물이다.

2023년 여름을 맞으며
고위공

서언을 대신하여

　　주제설정의 설명으로 들어가기 전에 책의 성격에 관한 간단한 안내가
필요해 보인다. 우주적 재앙의 위기가 종식되지 않은 시대상황에서 구상
된 책은 하나님나라의 복음이 오늘의 우리에게 전하는 살아있는 메시지
를 해명하는데 목적이 있다. 이것은 종말의 시점에 요구되는 필연적 과제
이다. 우리의 서술은 천지창조 기사와 함께 창세기 서두를 장식한 낙원이
야기의 읽기에서 출발한다. 후세에 강력한 영향력을 행사한 인류 최초의
서사에는 타락과 추방을 거쳐 이루어질 구원의 복음에 관한 씨앗이 들어
있다. 이와 같은 복음의 근원이 어떻게 하나님나라의 선포로 귀결되는가
를 추적하는 것이 필자의 주된 관심사이다.

　　성서의 최초이야기에 제시된 낙원의 표상은 그 자체로 완결된 것이 아
니다. 열려진 낙원이야기의 마지막에 유보된 최초의 복음은 성서전체의
맥락에서 하나님나라의 복음에 의해 비로소 목표에 도달한다. 하나님나
라의 복음은 태고의 서사가 근본적으로 지향하는 귀결점이다. 신약성서
를 관류하는 의미 있는 기본주제는 그리스도의 십자가 죽음에 의해 중재
된다. 최초인간의 범죄로 인해 발생한 원천적 죄악은 속죄의 십자가에 의
해 비로소 해소된다. 동시에 십자가 죽음은 하나님나라의 복음이 하나님
의 구원사역에서 증거된 종국적 사건이다. 하나님나라의 복음선포는 죽
음과 부활을 통해 인간의 구원을 이룩한 십자가 상징에서 완전하게 구현
된다.

차 례

주제의 설정

1. 살아있는 서사 낙원이야기

전인류를 가공할만한 공포의 위기로 몰아넣은 절박한 시대상황에서 낙원에 관해 이야기하는 것은 어쩌면 어울리지 않는 일로 보인다. 낙원은 흔히 인류문명이 개화하기 이전의 원시시대에 존재하던 이상적 세계로 오해되기 때문이다. 그것은 신화같은 옛이야기에 제시된 가공의 산물에 불과하게 여겨질 수 있다. 그러나 최초의 성서이야기에 제시된 태고의 낙원은 하나님이 자신이 창조한 인간을 위해 조성한 행복의 거처이다. 피조물 인간이 궁극적으로 돌아가야 할 원래의 고향이다. 그것은 유한한 인간이 지향해야 할 영원한 하나님나라의 반사이다. 하나님이 스스로 '통치하는' 초월의 영역에는 사망과 고통이 더 이상 존재하지 않는다.

에덴동산 사건을 다룬 낙원이야기에는 인간의 행복에서 타락을 거쳐 구원에 이르는 복음의 핵심이 들어 있다. 이런 점에서 성서전체의 주제를 예시한다. 이에 관해서는 앞으로 상세히 설명하게 될 것이다. 여러 전공분야의 학자들은 신화의 요소가 가미된 서사이야기에 인간의 본질과 특성을 해명하는 열쇠가 들어 있다고 지적한다. 장구한 기간의 문화발달사에 수없이 제기된 의문과 난제들은 풍성한 낙원이야기의 해석에서 설득력 있게 답변된다. 성서의 기원으로 거슬러 올라가는 천지창조의 시점에 생성된 태고의 이야기는 오늘날에도 여전히 수수께끼 같은 마력을 발산하고 있다.

지구상의 인간이 저지르는 모든 죄악과 타락, 그리고 이에 따른 형벌과 심판은 인류의 조상 아담과 이브의 과오와 오류에 기인한다. 두 남녀가 저지른 최초의 범죄는 후대의 자손으로 이어진다. 여기에서 기독교의 죄, 특히 죄의 상속에 관한 이론이 형성된다. 이미 고대에 형성된 기본이론은 중요한 신학교리로 발전한다. 소위 '인간의 조건'에(condition humaine) 관련된 출생, 성장, 죄, 죽음, 성(性), 그리고 행복, 욕망, 질투, 수치심, 공포, 허무 등의 모든 정서적 요소는 낙원이야기의 상징해석에서 원천적으로 규명된다.

인간의 실존과 삶의 방식에 관한 다양한 문제는 '원형'의 범주에서 설명된다. 그리스어 명사 'archetypon'에 유래하는 '원형'은(archetype) 어떤 사태와 사건의 근원이 되는 최초의 유형을 말한다. 행동론, 역사심리학, 문학작품 분석 등에 적절하게 사용되는 기본개념은 낙원이야기의 인간해석에 전용된다. 인간의 본질, 의식, 행동은 최초인간인 아담의 존재에서 원천적으로 규명된다. 낙원이야기에서 인간의 존재와 숙명을 규정하는 죄와 죽음의 관계는 신학이론의 범주에서 설명된다. 태초의 낙원에 존재하지 않던 사망이 인간세계에 발생한 것은 하나님이 내린 '필연적 죽음'의 명령을(창 2.17) 무시한 반역의 결과이다. 두려움과 고통이 수반되는 죽음은 성서의 문맥에서 하나님을 떠난 죄의 산물이다.

'인간이 무엇인가'라는 기본질문의 해답은 낙원이야기에서 주로 세 측면에서 추구된다. 첫째 인간의 창조, 둘째 죄와 타락, 셋째 생명과 영생의 획득이다. 서로 연관된 세 주제의 해명은 에덴동산 이야기 뿐만 아니라 성서 자체의 해석에 크게 기여한다. 성서의 독자는 다원적 구조를 지닌 서사이야기의 관찰에서 창세기뿐만 아니라 요한계시록을 포함하는 신약성서의 전체의 문맥에 시선을 돌려야 한다. 이것은 신구약 성서 전체를 맴도는 거대한 순환의 해석이다. 처음과 나중을 서로 연결하는 포괄적 해석방법에 의해 위에 제기된 세 가지 기본주제가 타당하게 개진된다.

성서의 원역사를(Urgeschichte) 시작하는 낙원이야기의 읽기는 종교의 범위를 넘어 다른 인접분야, 특히 심리학과 철학의 사고에 크게 기여한다. 유혹과 타락의 사건에 제기된 질투, 부끄러움, 공포 등의 요소는 인간심리의 심층분석에 의해 해명된다. 특히 수치심의 자각이 가져온 행동인 '무화과나무의 신체가리기'는 단순한 성적 차원을 넘어 보다 넓은 문화비평의 조망에서 관찰된다. 타인의 의식속에 스스로의 치부를 가리려는 인간의 자기은폐 성향은 무화과나무와 유사한 또 다른 유익한 기구를 제조하는 결과를 낳는다. 인류역사의 발달에서 수행된 수많은 문명이기의 생산은 인간의 생활을 편리하게 만드는 동시에 불행과 재앙을 초래하는 동인으로 작용한다.

낙원이야기의 주제를 다룬 최근의 연구서를 보면 문화학과 인간학의 방법이 주류를 형성한다. 그전까지 주로 신학의 주석에 의존하던 성서이야기의 의미와 메시지는 폭넓은 시야와 지평에서 총체적으로 관찰되고 해석된다. 오랜 기간에 걸쳐 발전된 낙원사 연구에서 얻어진 풍성한 내용과 결과는 그 자체로 해결되지 않는 성서이야기의 의미해석에 크게 기여한다. 일부의 경우에는 성서의 범위를 벗어나는 순수한 학문적 관찰이 수행되기도 한다. 타종교와 동방문화권에서 수행된 연구결과가 이에 속한다. 그러나 전체적으로 보면 인간문화의 다양한 양상과 문제가 타당한 범주와 기준에 의거하여 적절한 방식으로 해명된다.

Harvard 대학 영문학 교수 Greenblatt는 2017년에 발표한 저술 〈아담과 이브의 흥성과 몰락〉에서 아담과 이브의 이야기가 어떻게 인간의 공포, 욕망, 멸망을 반영하는가를 상세하게 기술한다. 짤막한 서언에 제시된 다음과 같은 문장은 전체의 방향을 명료하게 보여준다.

창세기의 처음에 서술된 아담과 이브의 이야기는 수세기에 걸쳐 인간의 근원과 숙명에 관한 관념을 각인하였다.

천지창조의 기사에 이어진 신화이야기는 현대과학의 탈마법 시도에도 불구하고 여전히 수수께끼 같은 힘을 발산하고 있다. 그것은 최고의 단계로 진척된 현대의 첨단과학이 인간 본연의 문제, 특히 영적 존재의 난문을 해결하는데 한계가 있기 때문이다. 에덴동산 이야기에 다루어진 인간창조 원리와 선악의 인식에 관한 이해에는 성령과 지혜에 연관된 영의 요소가 중요한 역할을 한다. 이것은 당시의 다른 종교문서에 발견할 수 없는 독보적 특징이다. 낙원이야기의 중심모티브인 생명나무의 해석을 규정하는 영적 신비는 이성과 과학의 힘으로 포착하기 어려운 초월의 범주이다. 그것은 심오한 종교적 통찰에 고유한 엑스터시와(extasis) 신적 계시의 차원에서 파악되는 비일상의 지각적 범주이다.

Pulitzer 상 수상자인 Greenblatt는 자신의 새로운 논픽션 작품을 인류의 신화 가운데 가장 강한 영향력을 행사한 성서신화에 바치고 있다. 그는 최초의 성서이야기가 남긴 기독교 유산을 상세하게 소개할 뿐만 아니라 현대과학에 의해 완전히 해소되지 못한 기본질문, 즉 '인간이 무엇인가'라는 근본문제를 제기한다. 이 원천적 실존의 물음은 여러 관련분야에서 이제까지 수행된 다양한 방법의 시도에도 불구하고 영적 측면에 관한 한 아직까지 만족스럽게 답변되지 못한 상태에 있다. 낙원이야기의 다시 읽기는 이와 같은 난문의 해결에 대한 기대에 부응한다. '새로운 이야기의 생산자'라는 평가를 받은 Greenblatt의 두터운 책자는 아담과 이브의 설화가 오늘날에도 재조명될 가치가 있음을 증언하고 있다.

이와 같은 지적은 같은 해에 발표된 한편의 의미 있는 저술에서 실제로 증명된다. 독일의 저명한 역사철학자 Flasch의 에세이 〈이브와 아담, 신화의 변천〉은(2017) 낙원이야기에 근거하여 이브와 아담의 역사적 변천사를 기술한 책이다. 저자는 '신화의 변천'이라는 범주아래 최초인간에 관한 오랜 변화의 조망을 통해 인류의 근원과 발전과정을 추적하고 있다. 나아가 인간의 원죄와 구원이라는 영속적 주제를 개진한다. 아담과 이브는 서양문화의 신앙, 지식, 예술을 대언하는 상징으로 전제된다. 미술사와 이념사, 예술의 매혹과 문헌적 인간학의 경계를 넘나드는 독보적 저술은 최초인간의 인물과 성격을 인간존재의 근본적 규명에 적용한 살아있는 증거이다.

낙원이야기의 해석과 이에 따른 교리의 두 부분으로 구성된 저서에서 주목할 부분은 제2부의 마지막 장이다. 여기에는 타락과 추방의 사건에서 유도되는 아담의 구원이 다루어진다. 낙원이이야기의 마지막에 생명나무의 수호를 통해 암시된 의미 있는 주제에 관해서는 이를 정당화하는 다수의 근거가 존재한다. 첫째 아담은 인간창조의 원천이며 주체이다. 하나님의 천지창조 사역은 인간창조에 이르러 정점에 이른다. 인간의 창조가 없었다면 천지창조는 의미를 상실한다. 기독교미술에 다루어진 아담의 형상에는 드물지 않게 일곱 혜성의 원으로 대언된 님부스가(nimbus) 동반된다.

둘째 아담의 인물은 반역의 범죄행위가 어울리지 않을 정도로 긍정적 형식으로 수용된다. 이와 같은 성향은 최초의 죄인 이브와 대비하여 표현되기도 한다. 원래 최초의 남자는 모든 동물의 본성에 걸맞는 이름을 지어줄 정도로 창의력을 소유한 지적 인간이다(창 2.20). 그것은 인간을 동물과 구분짓는 고유의 특성이다. 셋째 이미 구약의 후기문서에 아담은 더이상 반역자로 남아있지 않다. 〈솔로몬의 지혜〉로 불리우는 〈지혜서〉 10장 1절에 의하면 지혜의 힘이 최초의 인간을 보호하여 죄에서 벗어나게 한다. 이제 그는 다시금 만물을 다스리는 힘을 얻는다.

넷째 사도바울은 예수 그리스도를 '제2의 아담'으로 명명한다(롬 5.14). 인류의 두 번째 대표자는 첫째 대표자를 멸망의 지옥에 머물도록 놓아두지 않는다. 기독교전설에 의하면 십자가에서 죽은 예수님은 지옥으로 내려가 아담을 밖으로 끌어낸다. Augustin을 비롯한 교회교부들은 아담과 이브가 영원히 저주받았다고 주장하는 것은 이단의 사고라고 까지 주장한다. 이와 같은 입장은 성서의 여러 곳에 감지된다. 낙원이야기의 종반에도 범죄를 저지른 인간을 향한 창조주 하나님의 사랑과 배려가 증언된다. 형벌이 선언된 이후 두 남녀가 착용한 최초의 의복인 가죽옷은 하나님이 손수 제조하여 제공한 선물이다(창 3.21).

아담의 구원은 저서의 종반에 기독교전설의 실례를 빌어 명료하게 서술된다(114쪽). 930세의 나이로 사망한 노인 아담이 매장된 장소에 관해서는 세 개의 가설이 전해진다. 즉 지상낙원의 변두리, 예루살렘 남부의 산악지역 헤브론(Hebron), 그리고 십자가처형의 장소로 알려진 갈보리산이다. 골고다 언덕을 지시하는 갈보리산에는 십자가에서 죽은 그리스도의 피가 '관자놀이'(두개골) 위로 흐른다. 라틴어 명사 'kranion'으로 표기되는 '관자놀이'는 신약성서에서 골고다의(Golgota) 대명사로 사용된다(눅 23.33). "해골이라 하는 곳에 이르러."

신학자들은 마지막 가설인 갈보리 산의 전승을 의미 있는 기독교 화답으로 해석한다. 이제 옛 죄인은 구원을 받는다. 세계사의 처음과 마지막은 두 인물을 통해 서로 연결된다. 아담의 원죄는 십자가죽음에 의해 완전하게 해소된다. 십자가처형 장면을 다룬 일부의 성화에는 드물지 않게 작은 아담의 얼굴이 도입된다. 십자가에 매달린 그리스도의 피로 적셔진 아담의 이마가 처형된 자를 향해 솟아오른다. 두 인물의 긴밀한 연관을 보여주는 시각적 징표이다. 오랜 역사를 통해 의미 있게 수용된 기독교전설에 의해 확인된 아담의 구원은 낙원이야기의 해석에 새로운 충동을 부여한다.

2. 최초복음의 여명

낙원이야기는 후세의 영향사에서 여러 다른 방향으로 해석된다. 그러나 성서전체의 문맥에서 볼 때 구원의 복음이라는 차원에서 종국적으로 해명된다. 구원의 복음은 네 복음서의 제목을 형성하는 복음의 기본의미이다. 복음에 해당하는 고대 그리스어 명사 'euangelo'는(euangelion) 좋은 소식, 구원의 소식을 의미한다. 신약의 복음은 구약의 중심예언서인 이사야서에 연결되어 있다. 이사야 52장 7절에는 평화를 공포하고 복된 좋은 소식을 가져오며 '구원을 약속하는' 기쁨의 복음이 천명된다. 이사야가 선포한 의미 있는 예언은 예수님의 오심과 예수님의 하나님나라 선포에 의해 완전하게 실현된다.

다층의 구조를 지닌 낙원이야기의 줄거리에는 원초의 복음이(protoevan-gelium) 내재해 있다. 처음, 최초를 뜻하는 라틴어 접두사 'proto'가 선행된 복합조어는 성서에서 구원의 복음에 관한 최초의 언급이다. 영국 구약학자 Kidner에(1913-2008) 의해 '최초복음의 불빛'으로 표현된 원초복음은 일찍부터 그리스 주교인 성자 Irenaeus와(130-202) 같은 초대교부에 의해 최초의 메시아 예언으로 인정된다. 구약성서에 거듭하여 언급된 메시아 예언은 이미 낙원이야기에 예시되어 있다. 성서 최초의 서사이야기에서 복음의 근원을 보는 우주적 조망은 성서전체의 문맥에 부응하는 합당한 관점이다. 창세기의 천지창조 사역이 요한계시록 종반에서 새하늘과 새땅의 창조로 이어지듯 상실된 낙원의 회복은 종결환상을 매듭짓는 새로운 낙원의 건설에서 완성된다.

원초의 복음은 낙원이야기의 줄거리에 명시적으로 나타나 있지 않다. 낙원의 추방을 서술하는 단락의 마지막에 유보의 형식으로 예시되어 있을 뿐이다(창 3.24). 그것은 하나님의 대리자에 의한 생명나무의 보호이다. 그러나 바로 이와 같은 종결처리에 미완된 이야기의 활성적 기능이 있다. 예지적 안목의 저자는 예언의 성격을 지니는 서사이야기를 마감하면서 앞으로의 보완과 완성을 겨냥하고 있다. 이런 의미에서 고대의 성서이야기는 모더니티의 특성과 기능을 지닌다. 이와 같은 가설은 고도로 숙련된 문체의 사용에도 증명된다. 여러 구문과 단락에 구사된 비유의 수사법은 당시의 다른 종교문서에 찾아보기 힘든 진전된 형식의 문학적 표현력을 보여준다.

신학자들은 후세의 영향사에서 중요한 역할을 담당한 원초복음의 근거를 사탄의 뱀을 향한 하나님의 형벌의 선언에서 찾고 있다. 구체적으로 뱀과 여인의 적대관계를 서술한 긴 문장의 종결부이다(창 3.15).

1 여자의 후손은
2 네 머리를 상하게 할 것이요
3 너는 그의 발꿈치를

4 상하게 할 것이니라.

산문형식으로 표시된 원래의 버전은 운문의 재구성에 의해 그 의미가
보다 명료하게 드러난다. 4행시의 구조에는 두 주체인 '여자의 후손'과(1
행) '너'의(3행) 행동이 극명하게 대조된다. '머리의 상함'과(2행) '발꿈치의 상
함'도(4행) 동일한 문맥아래 있다. 문서의 저자는 '여자의 후손'에 의한 사
탄의 패망을 강조하기 위해 특별한 병행의 수사법을 동원하고 있다.

첫 행을 시작하는 명사구 '여자의 후손'은 Luther 성서 개역본에 '여인의
씨앗'으로 표기된다. 씨앗의 히브리어 명사 'zarah'에는 여인의 의미가 들
어 있다. 문학적 표현 '여인의 씨앗'은 기독교신학에서 메시아 탄생에 대
한 예언으로 해석된다. '여인의 씨앗'은 후세의 영향사에서 원초의 복음을
대언하는 의미 있는 용어로 수용된다. 영어 표준번역을 비롯한 일부의 버
전에는 '여인의 자식'과 '너의 자식'이 대비된다. 명사 자식은 넓은 의미에
서 후손과 동일한 의미를 지닌다.

위의 4행시에서 2행과 4행에 동일하게 사용된 히브리어 타동사 '상하게
하다'는(shuph) '짓밟다'와 '찌르다'로 구분하여 표현하는 것이 정확하다.
두 동사 사이에는 넘을 수 없는 간극이 존재한다. '머리의 짓밟음'과 '발
꿈치의 찌름' 사이의 결정적 차이는 하나가 치명적인데 반해 다른 하나는
미미한 정도라는 사실이다. 여인의 후손과 사탄의 공격행위는 서로 비교
가 되지 않는다. 두 주체 사이의 적대행위 서술에는 의미론적 상치를 통해
사탄에게 주어질 멸망의 숙명이 강화된다.

창세기 3장 15절에 명명된 '여인의 후손'은 미래에 태어날 메시아 그리
스도를 지칭한다. 그리스도는 종말의 시점에 사탄의 집단을 퇴치할 권능
의 주체이다. 이와 같은 사실은 요한계시록의 종반에서 명료하게 지적된

다. 백마기사의 승리를 구가하는 인상적 장면에는 거대한 적대세력의 패망이 극단적 상황에서 기술된다(계 19.11-21). 다음장의 짧은 단락에는 왕성한 활동을 벌인 사탄의 종국적 퇴치가 선언된다(20.7-10). 서로 연결된 두 장면 이후에는 최후심판을 거쳐 이루어지는 새하늘과 새땅의 창조와 천상의 예루살렘 환상이 전개된다.

최초의 복음에 관한 주제는 후세의 수용사에서 타락이나 추방에 비해 상대적으로 소홀하게 취급된다. 이것은 서사이야기 읽기의 중점이 낙원의 창설과 인간창조에서 점차 유혹에 의한 범죄행위와 타락과 추방의 사건으로 넘어가기 때문이다. 그러나 구원사를 규정하는 기본공식인 창조, 타락, 구원의 3원성에서 볼 때 타락은 구원을 전제로 한다. 구원이 배제된 타락은 그 자체로 아무런 의미가 없다.

'여인의 씨앗'에 연원하는 원초복음은 성서전체에서 차지하는 커다란 비중에도 불구하고 문화사의 영역에는 별로 관심을 끌지 못한다. 낙원이야기를 대상으로 삼은 기독교미술의 경우에도 원초복음의 주제를 다룬 작품은 찾아보기 어렵다. 이와 같은 역사적 상황에서 유명한 성녀잉태 성화에 '여인의 씨앗'에 관한 내용이 표함된 것은 놀라운 일이다. 원래 상이한 두 주제의 결합은 마리아화의 발전에 형성된 이브-마리아 도식의 정상이다. 하나님에 의해 사탄의 세력을 물리칠 예언을 받은 이브의 존재에서 그리스도를 잉태할 마리아의 원조를 보는 관점은 일찍부터 마리아 도상의 중요한 유형으로 전승된다.

성녀잉태를 지시하는 라틴어 용어 'Immaculata Conceptio'는 원죄없는 잉태, 즉 '흠이 없는 마리아 수태'를 뜻한다. 로마 가톨릭 교회에서 공적 교리로 인정받은 개념은 마리아 경배화를 규정하는 중요한 요소로 정착된다. 성녀잉태 도상은 중세 이후 성당과 교회의 벽면을 장식하는 인기있는 레퍼토리로 선호된다. 이를 위한 기본도식은 황금빛 후광속에 경건한 기도의 자세로 하늘위에 서 있는 순수한 처녀 마리아의 고귀한 입상이다. 보통 작은 아기천사들이 아래에서 여인을 수호하는 장면이 동반된다.

스위스 태생의 이탈리아 화가 Ciseri의(1821-1891) 유화 〈Immacolota〉는 성녀잉태 도상에 의거하여 최초복음의 주제를 표현한 작품이다. (그림 1) 유화의 제목을 형성한 'immacolota'는 라틴어 명사 'immaculata'에 해당하는 이탈리아어 'immacoloto'의 여성형 단수이다. Ciseri는 구성의 윤곽에서 형식의 명료를 구사한 Raphael 양식에 영향을 받은 고전풍 종교화가이다. 연대미상의 성녀잉태 유화는 19세기 후반에 건립된 Firenze의 Sacro Cuore 수도원교회의 내부공간 전면 벽에 설치되어 있다. 특별한 교회

그림1) Ciseri(1821-1891), 〈성녀〉(immacolota), 유화, 연대미상, Firenze Sacro Cuore 교회

명칭 '신성한 심장'은 동일이름으로 불리운 가톨릭교회의 선교사 단체에 연원한다.

　매우 부드러운 분위기의 화면에는 연한 노란색 공간을 배경으로 삼은 아치형 지붕의 직사각형 공간에 길고 풍성한 청색 겉옷을 걸친 마리아가 두 손을 가지런히 모은 경배의 자세로 흰색 초승달 위에 서 있다. 그녀의 주위로 은백색 광채가 퍼져나간다. 최고의 유연한 곡선미를 구현한 길고 가느다란 초승달은 요한계시록 12장 서두에 서술된 태양의 여인에 동반된 형상이다(계 12.1). 아래를 향해 두 눈을 살며시 감은 여인의 두발은 기다란 꼬리가 휘어진 흑청색 뱀의 머리를 밟고 있다. '여인의 후손'에 의한 '짓밟음'의 행위를 재현한 시각적 반사이다.

　황금왕관을 연상시키는 타원형 별의 형상은 천상의 여왕에 대한 메아리이다. 기독교신화의 모티브인 천상의 여왕은 마리아의 또 다른 존칭으로 교회의 기도송에서 마리아 교창의 서두를 장식한다. 라틴어 'Regina caeli'로 표기되는 복합어의 신학적 근거는 예수님의 모친 마리아가 아들의 부활영광에 참여하였다는 믿음이다. 적지않은 마돈나화에는 마리아가 왕관을 머리에 얹은 존귀의 여왕으로 등단한다. 일부의 경우에는 성스러운 마리아 대관예식과 연관하여 묘사된다.

　타원형의 별무늬 상단에 성령의 비둘기가 두 날개를 활짝 펼치고 정면으로 떠 있다. 정적으로 묘사된 성령의 하강은 신비로운 성녀잉태를 지시하는 상징이다. 사탄을 제압하는 능력이 부여된 최초의 여인 이브는 성령의 중재로 아기를 잉태한 성녀 마리아에 연결된다. 이것이 일반적 성녀잉태 도상과 구분되는 Ciseri 마돈나화의 고유요소이다. 심오한 종교적 영감에 의해 움직인 화가는 19세기에 제작된 성녀잉태 유화에 전통적 유형과 달리 낙원이야기 해석에서 중요한 자리를 차지하는 원초복음의 주제

그림2) 〈십자가처형〉, 1200, 목조각, 작가미상, Innichen 교회 제단화

를 도입한다.

원초의 복음은 성서전체의 문맥에서 메시아의 탄생과 사역, 종국적으로 예수 그리스도의 십자가죽음에 의해 실현된다. 하나님에 의해 이루어진 구속의 사건은 인간을 죄의 질곡에서 해방한 위대한 구원의 복음이다. 이 중요한 신학적 명제는 낙원이야기의 영향사 해석을 주도한 기본범주이다. 구원사의 흐름에서 십자가죽음은 아담의 구원을 가져온 원천이며 동인이다. 최초의 인간 아담의 위상을 높혀준 의미 있는 사실은 낙원이야기의 영향사에서 크게 주목받지 못한 상태에 있다. 그러나 이미 전성기중세의 기독교미술에 뚜렷한 증거가 발견된다.

8세기에 설립된 Innichen 수도원교회 중앙제단 위에 설치된 채색목조 각 〈십자가처형〉은 대표적 사례이다(1250). (그림 2) 일반적 제단화에 보기 힘든 특별한 처형장면을 연출한 조형작품은 교회 중앙제단 위의 공간에 걸려있는 이색적 장식물이다. 깊은 산속에 위치한 유서깊은 교회의 방문 객이 드높은 직사각형 성탑이 우측에 솟아있는 정문 입구를 통해 건물 내 부로 들어서면 전면 상단을 장식한 조형물이 눈에 들어온다. 이탈리아 Tirol 지역 남부의 Puster 계곡에 세워진 Innichen 교회는 알프스 산맥의 동부지역에서 가장 인정받는 로마네스크 양식의 건축물이다.

전체적으로 어두운 황색 색감에 의해 지배된 단순한 구도의 작품에는 꽃장식 면류관을 머리에 얹은 예수님이 존엄한 표정으로 십자가에 매달 려 있다. 놀랍게도 그의 두 발은 아래에 놓여 있는 사람의 머리를 밟고 있 다. 사도바울이 부여한 탁월한 명칭 '제2의 아담' 그리스도를 시각적으로 구현한 범례적 도상이다. 예수님의 발과 아담의 얼굴은 십자가 수직선에 의해 하나로 연결된다. 아담의 얼굴은 전체의 인상과 표정에서 위에 있는 예수님의 얼굴과 유사하다. 두 인물 사이의 긴밀한 병행은 아담의 구원을 뒷받침한다.

제작자가 알려져 있지 않은 기념비적 목조각은 천지창조를 묘사한 6 각형 윤곽의 천장 프레스코와(1280) 함께 중세교회의 명성을 높여준 예술 품이다. 두터운 아치형 지붕 아래의 벽면공간을 배경으로 설치된 십자 가처형 조각은 인간의 구원이라는 교회의 설립취지를 대언하는 상징물 이다. 작품전체의 구성에는 처형장면의 동반자인 소수의 증인이 두 인물 로 대체된다. 넓은 폭의 나무십자가 기둥의 좌우에 경배의 자세로 수평 의 받침목 위에 서 있는 성자 Candidus와 Korbinian은 재단소속 교회의 설립자이다.

처형된 자의 신체묘사에는 두꺼운 쇠못이 박혀있는 두 손과 두 발, 그리고 길고 예리한 창으로 찌른 옆구리에서 흘러내린 작은 핏방울 줄기가 선명하게 드러난다. 그리스도의 속죄를 지시하는 의미 있는 징표이다. 예수님의 두 발 아래에 놓여 있는 아담의 얼굴에도 피가 묻어 있다. 비쩍 마른 체구의 예수님 가슴은 우측 벽면의 원형창문을 통해 들어오는 밝은 햇빛을 받아 백색 광채를 발한다. 하늘에서 내려오는 신비로운 신적 능력의 반사이다. 13세기 중반에 제작된 작가미상의 장식조각은 십자가 처형화의 전통에 신선한 충동을 부여한다. 그것은 그리스도의 희생적 죽음에 의해 이루어진 아담의 구원이 우리에게 전하는 복음의 메시지이다.

제1부

낙원이야기의 총체적 이해

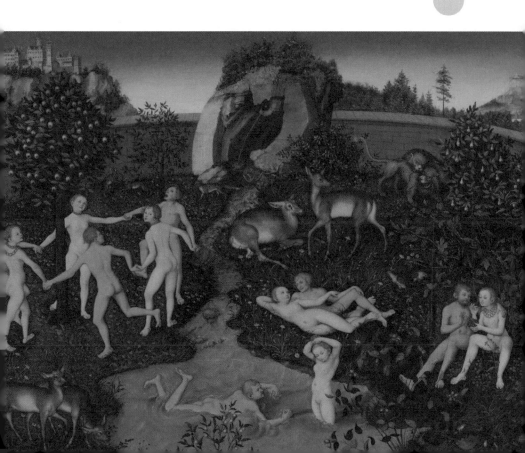

제1장
낙원과 천국의 개념

1. 낙원의 유래와 의미

낙원이라는 단어는 오늘날 일상의 대화에도 실천적 비유로 사용될 정도로 널리 보급되어 있다. 그러나 낙원은 원래 구약성서의 에덴동산 이야기에 연원하는 성서용어이다. 히브리어 성서 〈타나크(Tanach)〉에 는 명사 'pardes'가 느헤미야 2장 8절, 전도서 2장 5절, 아가서 4장 13절에서 과수원 혹은 정원의 의미로 사용된다. 기원전 3세기에 제작된 그리스어 구약성서 〈70인역 성서〉는(Septuagint, LXX) 낙원이야기에 네 차례에 걸쳐 등장하는 고유명칭 에덴동산을 그리스어 명사 'paradeisos'로 번역한다(창 2.8.15,3.23,24). 영어 'paradise', 독일어 'Paradies'로 표기되는 낙원의 명칭은 여기에 연원한다.

히브리어 명칭 'Gan Eden'으로 표기되는 에덴동산은 낙원이야기의 장소이다. 고유명사 Eden은 늪, 평원을 뜻하는 수메르어 'edin'에 유래한다. '비옥한', '물기가 풍성한'을 지시하는 고어 Eden은 강줄기의 원류인 에덴동산의 특성을 지시한다. 'edin'에 연결된 히브리어 단어의 또 다른 의미는 기쁨, 환희이다. 라틴어 성서 〈Vulgata〉의 역자가 창세기 2장 8절에 표기된 에덴동산을 '즐거움의 정원'으로 읽은 것은 이와 같은 어원의 의미에 근거한다. '즐거움의 정원' 혹은 '환희의 정원'에 해당하는 라틴어 복합명사 'paradisum voluptatis'는 후세에 원래의 낙원을 지시하는 문학적 용어로 즐겨 사용된다.

구약성서의 예언서 에스겔에는 '하나님의 동산'이 여러 차례에 걸쳐 언급된다. 에스겔 31장 8절에 명명된 '하나님의 동산'은 이어지는 절에서 '하나님의 동산 에덴'으로 구체화된다. '하나님의 동산 에덴'은 에스겔 28장에서 매우 유용하게 사용된다. 여기에는 당시 두로에 보급된 민속이야기가 두로왕 애가를 위해 도입된다(겔 28.11-19). 그것은 '하나님의 동산'에 영광과 순수함으로 거주하다 후일 교만의 행위로 쫓겨난 원래의 존재에 관한 설화이다.

이와 같은 내용은 흥미롭게도 창세기의 낙원이야기와 일치한다. 문서의 저자는 몰락한 통치자의 숙명을 서술하기 위해 잘 알려진 성서이야기의 줄거리를 활용한 것으로 보인다. 단락의 초반에는 '하나님의 동산 에덴'이 '하나님의 성산'으로 다시 표기된다(겔 28.13-14).

> *28. 13 네가 옛적에 하나님의 동산 에덴에 있어서*
> *28. 14 네가 너를 세우매 네가 하나님의 성산에 있어서*

창조주 하나님이 최초의 인간을 위해 건설한 행복의 동산은 원래 아무런 죄가 없는 순수의 낙원이다. 자연과 인간이 함께 어우러진 이상적 삶의 터전은 인간이 마지막으로 돌아갈 원초의 고향으로 받아들여진다. 이런 점에서 종교와 문화의 전통에서 영원한 동경의 장소로 간주된다. 낙원에 관한 원천적 이해에는 범죄가 발생하기 전의 순수한 상태에 관한 관념이 근저에 놓여 있다. 에덴동산 설화를 열어주는 도입부는 이와 같은 이미지를 증거한다(창 2.5–9). 다섯 절의 단락에는 인간의 창조와 인간이 관리할 동산의 건설이 기술된다. 흐르는 물에 의해 촉촉하게 젖은 비옥한 토양 위에 아름다운 나무가 자라나 풍성한 열매를 맺는다.

에덴동산은 온갖 종류의 나무가 무성하게 자라날 수 있는 천연의 조건을 갖추고 있다. 동산의 창설에서 중요하게 지적된 네 줄기의 강물은 주변의 토양을 비옥하게 만든다. 이와 같은 자연의 선물은 2장 6절에서 명사 안개에(ed) 의해 보증된다. 비유적으로 사용된 자연모티브는 지하의 바닥에서 솟아나는 샘의 물기를 지칭한다. 여기에 지적된 물의 요소가 네 개의 강에 연결된다. 하나님의 배려로 마련된 동산의 강물은 자연과 인간에게 생명을 제공하는 원천이다. 에덴동산 풍요의 근원인 생명의 샘은 낙원의 의미를 규정하는 핵심범주이다. 요한계시록 종결환상의 마지막 단계인 새로운 낙원을 구성하는 중심모티브인 생명의 강은 에덴의 생명샘에 연결되어 있다(계 22.1).

구약성서와 동방신화에 근거를 두고 있는 낙원의 모티브는 후세의 문학과 예술에 활발하게 수용된다. 고대그리스와 로마문학에서 다양한 방식으로 기술된 낙원은 성서의 낙원과 함께 낙원의 이미지 형성에 크게 기여한다. 후세에 강한 영향력을 행사한 황금기의 모티브는 대표적 예이다. 라틴어 복합명사 'aurea aetas'로 표기되는 황금기는 문명의 발생 이전에 존재한 이상적 시기이다. 고대그리스 서사시인 Hesiod는 828행의 교훈시 〈일과 날〉(Erga kai Hemerai, 기원전 700년)에서 다음과 같이 노래한다.

인간은 신들처럼 아무런 걱정 없이/ 수고와 고통으로부터 멀리

떨어져 살았다. / 비옥한 토양에 스스로 풍성한 수확이 생산되었다.

    인류문화의 다섯 시기 가운데 최초의 단계에 해당하는 황금기는 인간이 신들과 연합하여 아무런 근심 없이 살아가던 화평의 시대이다. 행복과 풍만으로 가득찬 초창기 인류의 삶은 문화적 수용에서 에덴동산 원래의 표상과 용해된다. 고대 기독교 작가들은 황금기 전설이 모세 율법서에 이방신화로 이입되었다고 믿고 있다. 그러나 신화의 요소가 가미된 태고의 에덴동산은 창세기 저자에 의해 고유의 형태로 가공된다. 낙원이야기는 전체의 문맥에서 선행하는 천지창조 기사에 연결되어 있다.

    고통과 불신의 시기를 지시하는 철기시대에 선행하는 황금기의 중요한 특징은 동물의 평화이다. 이와 같은 원시의 소재는 '평화의 나라'를 서술한 이사야 11장 6-8절에서 최고의 문학적 모형을 발견한다. 세 절의 단락에 인상적으로 묘사된 목가의(eidyllion) 장면은 '새로워진 낙원'의 실현이다. 그것은 이사야 종반에 선언될 '새하늘과 새땅'의 건설에 관한 지상적 표현이다(65.17-25). 아홉절의 단락을 끝내는 결구에 서술된 내용은(사 65.25) 11장 6절의 목가로 돌아간다.

*   그때에 이리가 어린양과 함께 살며 표범이 어린 염소와 함께 누우며 송아지와 어린 사자와 살진 짐승이 함께 있어 어린아이에게 끌리며.*

    역사의 종말에는 창조의 다양성 속에 반목의 적개심은 사라진다. 강자와 약자는 평화의 분위기에서 함께 살아간다. 이사야 선지자에 의해 선포된 새로운 낙원은 원초적 에덴동산의 재생이다. 구원의 하나님은 '새하늘과 새땅'의 창조를 통해 다시금 화평의 낙원을 조성한다. 독일 르네상

그림3) Cranach 1세 〈황금기〉, 1530, 유화, 73.5x105.3cm, 노르웨이 Oslo 국립 미술박물관

스 미술의 거장 Cranach 1세는 템페라 〈황금기〉에서(1530) 이사야의 선언
에 가까운 평화의 낙원상을 제시한다. (그림 3) 오만가지 꽃송이와 다채로
운 식물이 우거진 녹색 풀밭에 사자와 사슴이 함께 놀고 있다. 연한 갈
색의 기와담벽 중앙에 동굴처럼 보이는 커다란 바위문이 세워져 있다. 바
위문 입구 상단에 조성된 작은 구멍을 통해 쏟아지는 물줄기가 굽이치며
아래로 흘러내려 작은 연못을 형성한다. 원초의 낙원을 상기시키는 무성
한 숲의 풍경에서 관찰자의 시선을 끄는 부분은 백색 광채가 아래에서 솟
아오르는 진한 청록색 하늘이다. 좌측 상단의 모서리에 고풍의 성곽이 서

있는 바위산이, 맞은편 우측에 바다에 면한 산악풍경이 보인다.

동산의 좌측 중앙에 벌거벗은 세 쌍의 남녀가 손을 마주 잡고 서로 쳐다보며 수많은 열매가 맺힌 나무 주위를 빙빙 돌며 윤무를 추고 있다. 행복의 동산인 낙원풍경에 즐겨 도입되는 도상적 유형이다. 동산의 하단에 위치한 연회색 연못에 한쌍의 벌거벗은 남녀가 물놀이를 즐긴다. 남자는 두발을 흔들며 물장구를 치고있고, 물속에 서 있는 나체의 여인은 들어 올린 두 손으로 머리를 매만지고 있다. 연못에 면한 넓은 풀숲에 또 다른 두 쌍의 남녀가 각기의 방식으로 휴식을 만끽하고 있다.

다수의 낙원화를 제작한 종교화가의 황금기 풍경화는 성서에 제시된 원초의 낙원에 유추된다. 무르익은 과일이 수없이 달린 나무와 기다란 담벽에 의해 경계가 지어진 넓은 정원은 에덴동산 풍경을 연상시킨다. 특히 기다란 횡선형 담벽의 중앙에 조성된 원형동굴 바위문은 에덴동산의 성문을 연상시킨다. 하나님의 천사가 경비하는 동산의 동쪽 입구이다.

흥미롭게도 〈황금기〉와 같은 해에 제작된 유화 〈낙원〉에는 다양한 종류의 동물이 서식하는 거대한 동산의 좌측 상단에 유사한 바위성문이 있다. 녹색 나무들이 서 있는 삼각형 바위집단의 가운데 조성된 성문은 두 유화의 낙원풍경을 구성하는 공통요소이다. 정면을 향한 암석문에서 나오는 가느다란 물줄기가 푸른 빛깔의 호수위로 떨어진다. 한 쌍의 백조가 호수의 수면위에 떠 있다. 화면의 하단 전면에는 붉은 겉옷을 걸친 창조주가 엄격한 계명을 위반한 최초의 남녀를 심문하는 장면이 제시된다. 화면의 중심부를 구성하는 넓은 초원에는 이브의 창조에서 유혹과 타락의 사건을 거쳐 낙원의 추방에 이르는 모든 과정이 묘사된다.

고대 신화문학에 즐겨 다루어진 엘리시움은(elysium) 피안의 세계에 있는 축복받은 자의 장소이다. 인간의 내면에 내재한 미래의 기대에 부응하는

그림4) Cole, 〈아르카디아 꿈〉, 1836, 99.5x160.4cm, 5부 연작화 〈제국행로〉, Denver 미술박물관

고대용어는 수세기에 걸쳐 형성된 사후세계의 개념으로 그리스 종교와 철학에서 그 의미가 유지된다. 고대 그리스어 복합명사 'Elysion pedion'에 유래하는 '엘리시움 들판'은 신에 의해 사랑을 받거나 불멸의 삶이 주어진 영웅이 들어가는 장소이다. 그리스 문학에는 엘리시움이 낙원의 세속적 표현으로 사용된다.

행복의 나라를 지칭하는 용어 아르카디아는 낙원과 긴밀하게 연관된다. 그리스어 명칭 'arcadia'는 그리스 신화에 나오는 Arcas에 유래한다. Arcas는 'arcadia'의 왕이 된 사냥꾼의 이름이다. 그리스 남부의 반도 Peloponnese에(Peloponnesus) 연원하는 아르카디아는 목자의 낙원을 지시하는 이상향이다. 유토피아와(utopia) 동일시되는 이상향은 여러 동화에

나오는 '게으름뱅이 천국'과 혼동해서는 안된다. '게으른 원숭이 나라'로
도 불리우는 복합명사는 모든 것이 넘치게 존재하는 허구의 장소를 가리
킨다. Peloponnese의 아르카디아는 보통 평화로운 산언덕이나 드넓은
평지로 대언된다. 녹색 초원은 싱싱하게 자라나는 나무로 채워진다.

영국 출신의 미국화가 Cole의 유화 〈아르카디아 꿈〉은(1836) 아르카디
아 모티브의 시각적 변용을 통해 지상의 낙원상을 시대의 정감에 맞게 표
현한 걸작이다. (그림 4) 낙원의 풍경은 이미 화가의 청년기 유화 〈에덴동
산〉에(1828) 상징형식으로 표현된다. 19세기 중반에 활동한 Hudson 강
화파의 창시자인 화가는 당시의 회화양식을 구사한 유화에서 무성한 나
뭇잎 숲으로 뒤덮인 거대한 나무에 의해 둘러싸인 심원한 원시의 숲을 눈
앞에 연출한다.

하단의 전면에 펼쳐진 평평한 초원 위에 나체의 아담과 이브가 두 손을
들어 올리며 환호하고 있다. 두 남녀의 맞은편에 사슴 몇 마리가 휴식하
며 뛰놀고 있다. 그 앞에 오만가지 꽃송이와 싱싱한 식물이 주위에 자라
나는 연못이 조성되어 있다. 희미한 윤곽으로 멀리 보이는 고지산맥 기슭
에서 떨어지는 은백색 폭포수가 널따란 호수를 형성한다. 태고의 에덴동
산을 풍경화 양식으로 가공한 인상적 유화에 신적 신비가 깃들어 있다.
신적 신비는 낭만주의 풍경화의 중요한 특징이다.

Denver 미술박물관에 소장된 〈아르카디아 꿈〉은 3년간에 걸쳐 제작
된 연작화 〈제국행로〉의(The Course of Empire, 1834-36) 두 번째 작품이다. 5
개의 개별작품으로 구성된 연작집은 치밀한 설계 스케치에 의거하여 생성
된다. 시리즈 전체의 전개는 미개의 상태에서 시작하여 완성에 도달한 이
후 파괴와 황폐로 귀결되는 제국운명의 전과정을 단계적으로 보여준다.
상상적 도시의 성장과 몰락을 다룬 연작화의 기조는 인간문화의 이상적

모형인 목가성의 복원이다. 근대문명의 산업화와 기계주의에 항거하는 이념적 주제는 '목가의 상태'로도 명명되는 〈아르카디아 꿈〉에서 상징적으로 표현된다.

5부 연작화의 중심에 해당하는 〈아르카디아 꿈〉에는 풍경화 제작으로 명성이 높은 낭만주의 화가의 양식의지가 나타나 있다. 전체적으로 짙은 채색의 화면에 그늘진 곳과 밝은 곳의 대비를 위해 빛의 기능이 활용된다. 천상의 빛은 자연풍경화에 신적 신비를 제공하는 중요한 매체이다. 화면 좌측 상단의 평평한 언덕위에 자리잡은 고풍의 성전건물은 하늘에서 내려오는 밝은 햇빛을 받아 반짝이는 반면 거대한 울창한 나무 아래로 내려가는 밋밋한 경사는 어두운 그늘로 덮여있다. 뚜렷한 명암의 대조는 평면적 구조의 화면에 입체적 특성을 부여한다.

연한 노란빛으로 밝아오는 하늘의 정경은 다루어진 사건의 시간이 늦봄이나 여름의 이른 아침임을 시사한다. 화면의 중앙을 가로지르는 푸른 강의 하단공간을 구성하는 광대한 평원은 평화로운 농촌생활의 현장이다. 작은 배들이 떠 있는 좌측의 강 전면에 있는 평지에 한 남자가 소를 몰고 있다. 강의 후면에 위치한 바위산 너머 멀리 흰 구름이 수평으로 길게 늘어진 높은 산봉우리가 보인다. 강의 우측 가장자리에 면한 낮은 언덕의 녹색 평지 위에 그리스 건축양식의 석조성전이 세워져 있다. 낮은 지붕탑이 설치된 성전건물 뒤에서 타오르는 불길의 연기는 전통예식에 사용되는 제물의 연소를 나타낸다. 마적 정감을 불러일으키는 어두운 산의 우측 기슭에 자리 잡은 고풍의 성전은 아르카디아 풍경에 고유의 특징을 부여한다.

화면의 하단은 무성한 나무숲이 우거진 광활한 숲의 동산이다. 그 중앙에 위치한 녹색 초원 위에 지팡이를 소지한 목동이 양떼를 돌보고 있다. 주변의 자연과 완전한 조화를 이루는 목가의 정경이다. 화면의 우측 측면에 있는 작은 풀밭은 즐거운 유희공간이다. 무성한 나뭇잎으로 뒤덮인 거대한 나무집단 아래에 남녀의 무리가 휴식을 즐기고 있다. 연회색 예복으로 단장한 한 여인이 평지의 한 가운데에서 목동의 피리소리 연주에 맞추어 기다란 반원형 꽃장식 고리를 흔들며 홍겨운 춤을 춘다. 낙원이야기의 영향사에 형성된 즐거운 낙원축제의 여운이다. 태고의 전원세계를 탁월한 시각적 표현력으로 재구성한 장엄한 유화는 초기 낙원풍경화 〈에덴동산〉과 함께 화가의 낭만주의 이념을 구현하는 대표작이다. 그것은 인간이 지닌 내면적 동경의 예술적 현실화이다.

2. 낙원과 천국의 연관

천국의 개념은 히브리어 성서에 나타난 우주관에 의거한다. 여기에 따르면 우주에는 상단의 천국(shamayim), 중간의 지상(erets), 하단의 지옥의 (seol) 3층 세계가 존재한다. 천국은 하나님과 천상의 존재가 거주하는 신성한 장소이다. 히브리어 명사 'shamayim'은 'sham'과(하늘) 'mayim'의(물) 합성어이다. 창세기의 천지창조 사역에 의하면 제2일의 창조에는 하늘의 물과 바다의 물의 구분된다(창 1.6~8). 지구 위의 영역은 하늘의 물로 채워지며 아래의 지구는 바다의 물로(yammim) 덮인다. 세 절의 서술에 지적된 하늘의 물이 천국이라는 용어의 근원으로 받아들여진다.

기원전 4세기 이후로는 그리스와 중세의 우주론이 천국의 개념에 영향을 미친다. 당시에 제시된 우주의 형체를 보면 천국은 다원적 집중의 원에 의해 대언 된다. 이와 같은 체계도식은 단계적으로 진행된 천지창조 과정에 부응한다. 기원전 1세기에는 천국이 정교한 일곱 층의 체계로 설명된다. 가장 높은 마지막 층에 일곱 대천사에 의해 수호되는 하나님의 보좌가 자리하고 있다. 다원적 천국도식을 규정하는 층의 체계는 그 후 보다 큰 범위로 확대된다. 후기 히브리 성서문학에는 천국이 죽은자의 의로운 영혼을 위한 거처로 서술된다.

성서에서 천국은 문자 그대로 하늘나라를 지시한다. 합성명사 하늘나라에는 두 가지 의미가 포함된다. 하나는 지상과 대조되는 물리적 공간이고 다른 하나는 하나님이 거주하는 장소이다. 이와 같은 사실은 '주님의 기도'의(Pater noster) 첫 절에 명시된다. '하늘에 계신 우리 아버지여.'(마 6.9) 명사 나라의 의미에서 중요한 것은 왕의 주권이다. 다시 말해 주체성을 지닌 통치의 권한이다. 결국 하늘나라는 나라의 주인인 하나님이 전권을 쥐고 통치하는 영역이다.

종교적 전승에 의하면 빛과 신비의 세계인 천국에는 천상의 존재, 구원받은 영혼, 성인의 무리가 함께 거주한다. 매우 높은 곳에 위치한 성스러운 장소는 '가장 낮은' 지옥이나 하계와 대조된다. 저승의 세계를 지시하는 하계는 죽은자의 영역이다. 천국은 충실한 기독교인이 죽은 후에 들어갈 영원한 구원의 장소로 통용된다. 이와 같은 관념은 후세의 작가와 예술가에 의해 의미 있는 상징형식으로 표현된다.

엄밀하게 말하면 낙원과 천국은 같은 개념이 아니다. 원래 구약과 신약에 연원하는 두 성서용어는 어원, 세부개념, 장소의 지시에서 서로 구분된다. 천국은 주로 지상의 세계를 초월하는 영적 측면에서 이해되는데 비해 낙원은 행복의 인간이 거주하는 기쁨과 안락의 장소를 지시한다. 천국의 반대개념은 지옥이지만 낙원의 대립상은 어두운 지하세계이다. 이와 같은 차이에도 불구하고 두 모티브는 구원받은 인간이 거주하는 장소라는 점에서 일치한다. 이런 점에서 후세의 수용사에는 낙원과 천국이 서로 중첩되어 사용된다.

천국과 낙원은 시간의 차원에서 미래의 시점에 연결된다는 점에서 공통된다. 자주 언급되는 미래의 낙원은 유대종교에 전승된 미래의 기대에 근거한다. 구약의 예언서에는 낙원으로의 복귀가 거듭하여 지적된다. 에스겔서는 "황폐한 땅이 에덴동산처럼 되었다"고 선언한다(겔 36.35). 이사야서에는 "하나님이 사막을 에덴처럼, 광야를 여호와의 동산처럼 만들었다"고 기록되어 있다(사 51.3). '여호와의 동산'은 낙원을 가리키는 구약성서의 명칭이다. 두 시행은 원래의 낙원으로의 귀환을 지시하는 의미 있는 예언이다. 에덴동산은 마지막 날에 시온 및 예루살렘의 성화와 결부된다. 이것은 최초와 종말의 연결을 시사하는 의미 있는 대목이다.

내세의 개념에서 천국은 주로 현재의 세계 이후 도래할 영원한 생명의 나라로 이해된다. 이와 같은 사실은 하나님나라의 의미와 상통한다. 공관복음에 혼용되는 두 용어는 동일한 의미를 지닌다. 마가와 누가는 하나님의 나라를 사용하는데 비해 마태는 유대용어 천국을 선호한다. 그러나 드물지 않게 하나님의 나라 혹은 나라로 대체한다. 세 명의 복음가는 권위 있는 전승의 용어 하나님의 왕국, 혹은 나라를 받아들이는데 근본적으로 일치하고 있다.

1세기 후반의 종교적, 문화적 상황에는 천국을 지시하는 하늘나라가 하나님의 나라보다 용이하게 이해된다. 구체적 장소가 표시된 하늘나라는 추상적 개념인 하나님의 나라에 비해 그 의미가 어렵지 않게 머리에 들어온다. 여기에서 하늘은 성서의 문맥에서 사용된다. 하나님나라의 경우에는 나라가 단순한 공간을 넘어 통치와 주권을 포함하는 영적 의미를 지닌다. 따라서 보다 깊은 사고와 통찰을 필요로 한다. 공관복음에는 하나님의 나라가 비유 이야기 형식을 통해 서술되고 설명된다. 이를 통해 오해를 야기하기 쉬운 하나님나라의 의미가 구체적으로 밝혀진다.

천국과 하나님의 나라는 특히 종말의 관점에서 같은 차원에 있다. 하나님의 나라와 종말의 시점과의 긴밀한 연관은 공관복음 설교에서 독보적 위치에 있는 묵시연설에 거듭하여 강조된다. 장엄한 마가의 묵시설교에는 "복음이 먼저 만국에 전파되어야 하리라"라고 선언된다(막 13.10). 전 세계에 걸친 복음의 전파는 반드시 필요한 종말의 예비단계이다. 마태의 병행단락 마지막에는 동일한 내용이 보다 구체적으로 서술된다. "이 천국복음이 모든 민족에게 증언되기 위하여 온 세상에 전파되리니 그제야 끝이 오리라"(마 24.14). 짤막한 추가문이 삽입된 복합문장에는 천국복음의 '증언'이 '전파'로 다시 규정된다. 이어서 마지막 시점의 도래가 선언된다.

산상수훈 서곡에는 천국과 하나님의 나라가 동일한 의미로 사용된다. 천상의 행복을 주제로 삼은 찬가에서 축복의(makarios) 대상으로 두 차례에 걸쳐 강조된 천국의 소유는 바로 하나님나라의 보상이다(마 5.3, 10). 종말의 구원을 지시하는 하나님나라의 보상은 '... 복이 있도다'로 시작되는 축원시의 에필로그이다(5.12).

하늘에서 너희의 상이 큼이라.

풍성한 '하늘의 상'은 선행하는 명령문을 규정하는 환호의 외침 '기뻐하고 즐거워하라'를 뒷받침하는 결정적 근거이다. 기독교인이 지상의 핍박 가운데에서 환호를 구가할 수 있는 것은 마지막 날에 주어질 하늘나라의 상 때문이다.

문화사의 전통에서 천국은 보통 낙원과 같은 맥락에서 다루어진다. 두 단어는 인간이 추구하는 영원한 동경의 장소를 지시한다는 점에서 일치한다. 이와 같은 사실은 천국의 형상에 낙원이 도입되는 근거가 된다. 활기찬 생명력을 제공하는 녹색 숲의 낙원은 구원받은 자들이 마지막 시점에 들어갈 영생의 천국에 유추된다. 무성한 나무와 푸른 강이 있는 낙원은 천국을 주제로 삼은 기독교 성화에 자주 발견된다. 낭만주의 화가에 의해 즐겨 다루어진 동경의 낙원상은 환상적 천국풍경의 모사이다.

시성 Dante는 불후의 고전으로 평가되는 위대한 서사시 〈신곡〉의(Div-ina Commedia, 1308-21) 제3부를 천국에 할애하고 있다. 여기에서 표제로 선정된 천국에 해당하는 이탈리아어 명사 'paradiso'는 낙원의 의미를 포함한다. 제2부에 해당하는 연옥의 형상을 구성하는 일곱 층의 정상은 지상의 낙원이다. 정화의 불길 위에 놓여 있는 에덴동산은 연옥의 산을 힘겹게 올라간 인간의 무리가 오랜 노정의 끝에 도달하는 마지막 단계이다. 바로 이곳에서 제3부를 형성하는 천국의 순례가 시작된다. 여러 단계에 걸친 신비의 천상여행은 가장 높은 천국의 층에 거주하는 하나님을 향한 인간 영혼의 승천이다.

요한계시록의 마지막 종결환상인 새로운 낙원은 천상의 예루살렘을 이어받는 후속 장면이다. 거룩한 하나님의 도시인 천상의 예루살렘은 후세의 영향사에서 천국의 표상으로 받아들여진다. 새로운 예루살렘을 다룬 적지않은 삽화에는 배경을 형성하는 하늘이 즐겨 천국으로 묘사된다. 이것은 구원받은 자들이 거주할 영생의 안식처를 천국으로 보는 성서해석의 산물이다. 천상의 예루살렘은 종교사에 전승된 낙원과 천국의 종말적 완성이다. 명성 있는 성서화가의 묵시연작화에는 천상의 예루살렘 장면에 신비로운 천국풍경이 동반된다.

프랑스 Angers 성에 설치된 유명한 양탄자 벽화 〈요한계시록 연작화〉의 마지막에 등장하는 〈새로운 예루살렘〉은(1373-1382) 하나의 사례이

그림5) Angers 태피스트리 〈새로운 예루살렘〉, 1373-82, 43.9x29.3cm, Angers 묵시연작화

다. (그림 5) 무려 84점의 직조품으로 구성된 거대한 규모의 '묵시 태피스트리'(tapestry) 시리즈는 두 줄의 이중구조로 편성된 개별장면이 크게 여섯 부분으로 나누어진다. 마지막 단계에 속한 제73화 〈새로운 예루살렘〉은 종결환상을 다룬 일곱 장면의 세 번째 단계에 해당한다. 푸른색, 붉은색, 노란색이 교차되는 연한 채색의 화면에 진한 청색 바탕의 광활한 공간이 하늘의 배경을 형성한다. 그것은 현란하게 빛나는 수많은 작은 꽃과 나뭇잎 무늬로 수놓은 주황색 별의 천국이다.

　다수의 십자가 첨탑이 정상을 장식한 황금색 성곽이 광활한 하늘의 중심에 떠 있다. 입체의 구조를 지닌 옛 성의 양축을 형성하는 커다란 원형 기둥의 십자가 성탑이 하늘을 향해 높이 솟아오른다. 하늘에서 내려온 거룩한 성의 근원을 지시하는 시각적 표상이다. 아치형 성문이 좌측 하단

그림6) Angelico 〈최후의 심판〉, 템페라, 1425-30, 105x210cm, Firenze San Marco 박물관

에 보이는 성곽의 아래에 푸른 강물이 유연한 곡선을 그리며 활기차게 움직인다. 싱싱한 생명의 활력을 공급하는 생명의 강의 반영이다. 기다란 횡선무늬의 강변 좌우 끝자락에 놓여 있는 바위집단 위에 싱싱한 생명나무가 자라고 있다.

생명의 강과 생명나무는 새로운 예루살렘을 이어받는 종결환상인 새로운 낙원을 구성하는 기본요소이다. 9년 동안의 오랜 작업기간에 걸쳐 점차 보완된 양탄자 연작화의 정점을 형성하는 새로운 예루살렘의 묘사에는 두 개의 중요한 생명모티브가 서로 결합된다. 직사각형 화면의 상단 좌측에 세련된 곡선형 구름층에 의해 경계가 지어진 역삼각형 윤곽의 공간이 조성되어 있다. 기다란 구름무늬 집단이 떠 있는 공간의 내부에 황금빛 원형 십자가 후광을 지닌 천상의 주인 하나님이 붉은 겉옷의 옷깃을 휘날리며 두 손을 들어 축복의 동작을 취하고 있다. 그것은 천지창조의 마지막 날에 자신이 창조한 우주와 세계를 축원하는 전능자 하나님의 모습과 유사하다. 태초에 창조된 천지와 종말의 시점에 이루어질 새하늘과 새땅은 서로 연결되어 있다.

이탈리아 초기르네상스 화가 Angelico의 템페라 〈최후심판의 날〉에 (1425–1430) 제시된 천국은 낙원의 풍경과 동일시된다. (그림 6) 원래 이탈리아 로마에 위치한 Santa Maria degli Algerie 교회에 설치된 벽화는 (210x82.6m) 후일 Firenze의 San Marco 박물관으로 이송되어 보존된다. 1443년에 축성된 San Marco 박물관은 도미니카 수도승 Angelico 종교화의 고향이다. 중앙제단화의 상단 패널에 해당하는 유화는 공적 위촉에 의해 제작된 작품에 요구되는 정밀, 섬세, 밝은 음조를 보여준다. 이와 같은 양식구사는 보통 어두운 분위기를 자아내는 심판화에 새로운 특성과 질감을 부여한다.

부드럽고 선명한 색조의 화면 상단 중앙에 조성된 노란색 테두리의 넓은 타원형 공간 내부에 심판자 그리스도가 수많은 천사의 무리에 의해 둘러싸여 흰색 보좌 위에 좌정해 있다. 십자가 후광을 입은 그의 왼손은 하단 좌측의 지옥을, 오른손은 우측 하단의 천국을 가리키고 있다. 성녀 마리아와 세례요한이 좌우에 경배의 자세를 취하고 있다. 거대한 원형윤곽의 심판보좌 양측에 조성된 반원형 청색 공간에 제자들과 성인으로 구성된 일단의 집단이 성경책을 들고 두 줄로 앉아 있다. 좌정한 그리스도 아래에 연한 노란색 날개를 달고 있는 천사가 갈색 십자가를 들고 정면을 향해 서 있다. 천사의 발 좌우에 흰옷을 착용한 두 명의 천사가 아래를 향해 길고 가느다란 심판의 나팔을 불고 있다. 죽은자들이 밖으로 나온 열려진 무덤이 화면 하단의 중심을 형성한다.

화면 하단의 좌측에 위치한 천국의 공간에 천사들이 구원받은 영혼을 빛의 도시로 안내하는 아름다운 정원이 조성되어 있다. 기쁨의 낙원을 연상시키는 천국풍경은 수많은 나무, 풀, 꽃송이로 가득 채워진 숲의 동산이다. 평화로운 정원의 한 가운데에 작은 생명샘이 놓여 있다. 낮은 4각형 윤곽의 담으로 둘러싸인 샘의 좌우에 싱싱한 관목숲이 생명의 빛을 발한다. 다채로운 빛깔의 복장을 착용한 천사들이 샘의 주위에서 손을 마주 잡고 둥그런 원을 그리며 춤을 춘다. 종말의 낙원에 베풀어질 즐거운 합동축제의 윤무이다. 찬란한 은백색 옷을 입은 또 다른 천사에 의해 인도되는 우측의 무리는 어두운 무덤에서 일어나 자유를 얻은 구원의 영혼이다.

울창한 나무숲으로 둘러싸인 작은 녹색 동산의 상단 좌측 공간에 밝은 연분홍 채색의 성곽이 보인다. 아치형 천장의 성문 입구에 가느다란 줄기의 수많은 황금빛 광선이 넓은 폭의 파장을 형성하며 밖으로 분출된다. 하나님이 거주하는 신성한 천국에서 나오는 강렬한 빛의 신비이다. 흰옷을 입은 두 명의 여인이 두 손을 앞으로 펼치며 열려진 문을 향해 들어간다. '천사의 수도사'라는 뜻의 고귀한 명칭을 가진 경건의 화가는 최후심판 성화의 구성요소인 천국을 천상의 예루살렘이 동반된 새로운 낙원과 유추하여 묘사하고 있다. 이와 같은 착상은 천국과 낙원을 동일한 차원에서 바라보는 영향사 해석의 산물이다.

제2장
낙원이야기의 실천해석

전제: 해석의 열쇠

1) 두 나무의 상징

낙원이야기의 극적 전개는 상징의 성격을 지니는 두 나무의 서술에서 출발한다. 이야기의 서두에는 인간의 생성에 관한 짤막한 보고에 이어 하나님이 조성한 태고의 동산이 절제된 스케치로 기술된다. 여기에서 신성한 하나님의 정원은 특별히 매력적 장소로 나타난다. 이와 같은 인상을 부여한 요소는 무성하게 자라난 나무와 나뭇가지에 수없이 맺힌 열매의 아름다움이다(창 2.9).

> 여호와 하나님이 그땅에서 보기에 아름답고 먹기에 좋은 나무가 나게 하시니 동산 가운데에는 생명나무와 선악을 알게하는 나무도 있더라.

두 부분으로 구성된 객관적 진술문의 전반에는 하나님이 '보기에 아름답고 먹기에 좋은 나무'를 심었다고 지적된다. 에덴동산에 자라난 나무는 인간의 시각과 미각을 자극하는 매혹의 나무이다. 이와 같은 사실은 최초의 여인이 사탄 뱀의 유혹에 넘어가는 일차적 원인이 된다. 진술문의 후반은 생명나무와(es hajjim) '선악을 알게하는' 인식의 나무가(es haddaat) 동산의 중앙에 서 있다고 보고한다. 생명의 근원인 생명나무와 죄를 가져오는 인식나무는 서로 대조된다.

생명나무는 기독교 미술에서 주로 풍성한 원형 나뭇잎 숲으로 덮인 싱싱한 나무로 묘사된다. 튼튼한 나무줄기에서 여러 갈래의 뿌리가 땅속으로 뻗어있다. 고대동방의 성화에는 생명나무가 대추야자 열매가 달린 종려나무와 비슷하게 묘사된다. 생명나무와 대조되는 인식의 나무는 서양 회화에서 보통 사과나무로 통한다. 여기에는 언어유희의 측면이 중요하게 작용한다. 즉 인식나무의 속성인 악과 상징의 의미를 지닌 사과 사이에는 음향조화의 현상이 존재한다. 사과에 해당하는 라틴어 명사 'malus'는(장음 a) 악을 지시하는 유사어 'malum'에(단음 a) 유추된다. 라틴어 이중어법 'Malum ex malo'는 '사과에서 나오는 악'을 가리킨다.

생명나무는 후세의 종교예식에서 축제의 대상으로 선정된다. 로마 가톨릭 교회에는 부활절 금식기간과 십자가 선양의 축일에 생명나무가 위로를 제공하는 희망의 주체로 고양된다. 이것은 생명나무와 십자가의 긴밀한 연관을 증거하는 표식이다. 십자가 선양은 일부 개신교 교회에서 '성 십자가의 날'로 명명되는 기념일이다. 여기에 해당하는 라틴어 용어 'exaltatio crucis'에서 선행명사 'exaltatio'는 높힘, 선양, 현양을 뜻한다. 기독교 교회력에서 매년 9월 14일에 거행되는 전통적 축제는 십자가를 구원과 부활의 징표로 칭송한다.

부활절 이전의 참회기간에는 예수 그리스도에 의한 십자가 희생에서 치유와 구원을 발견하는 아담의 죄악이 묵상된다. 낙원이야기에 연원하는 인간의 원죄는 십자가 죽음의 사건에 의해 해소된다. 이것이 바울이 정립한 새로운 아담의 상징이다. 십자가 선양 축제일에 낭송되는 서문에는 '생명의 십자가나무'가 등장한다.

> 당신은 십자가 나무에서 세계의 구원을 이룩하였습니다. 낙원의 나무에 죽음이 찾아왔고 십자가 나무에 생명이 싹텄습니다. 나무에서 승리한 적은(악마) 나무에서 우리 주님 예수 그리스도에 의해 패배하였습니다.

낙원이야기의 출발점을 형성한 두 나무의 표상은 전체 줄거리의 전개를 인도하는 지표의 역할을 한다. 삶과 죽음을 지시하는 두 나무는 최초 인간의 삶과 존재를 규정한다. 창조주 하나님이 동산의 '한 가운데에' 두 나무를 설치한 것은 인간이 어떻게 살아야 하는가를 교시하는 지침이다. 장소의 부사 '중앙에'는 공간의 위치를 지시한다기보다 두 나무가 갖는 중심의 위치를 강조한다. 피조물 인간은 삶과 죽음의 갈림길에서 어느 하나를 선택하여야 한다. 생명나무는 영생을 선사하는 데 반해 인식나무는 죽음을 가져오는 원천이다. 동일한 장소에 서 있는 두 나무는 인간의 삶을 결정하는 갈림길을 지시한다.

문서의 저자가 본래의 이야기를 시작하기 전에 상반된 두 유형의 나무를 설정한 것은 특별한 의미가 있다. 독자는 앞으로 펼쳐질 여러 사건의 본질과 의미가 어디에 있는가를 예감한다. 그러나 본문의 줄거리에는 이와 같은 사실이 드러나지 않는다. 생명나무는 최초의 언급 이후 이야기의 종결장면에 이르러서야 다시 등장한다. 이에 반해 선악을 구분하는 인식의 나무는 유혹과 타락이야기의 전개에서 중요한 역할을 한다. 유혹과 심문의 장면에는 금지된 나무에 소속된 열매의 취득이 거듭하여 지적된다(창 3.1,3.3,11,12). 하나님의 계명을 위반한 불순종의 죄악은 이야기 전체의 흐름을 인도하는 중심범주이다.

서사이야기의 초반에서 하나님은 자신이 창조한 최초의 인간을 비옥한 토양의 에덴동산으로 안내한다. 그리고 동산을 '경작하고 지키도록' 분부한다. 이것은 매우 고귀한 사명의 위임이다. 이어서 앞으로의 사건전개에 결정적 역할을 담당할 금지명령을 천명한다(창 2.16-17).

> *2. 16 동산 각종 나무의 열매는 네가 임의로 먹되*
> *2. 17 선악을 알게하는 나무의 열매는 먹지 말라. 네가 먹는 날에는*
> *반드시 죽으리라.*

서로 이어진 두절은 하나님이 인간에게 내린 최초의 엄숙한 계명이다. 생명나무를 비롯한 '각종 나무'의 소유는 아담에게 분명하게 허용된다. 그것은 인간창조의 시점에 부여된 다스림의 특권에 합치된다. 만일 타락의 사건이 없었다면 인간은 주권을 지닌 자신의 현존을 얼마든지 연장할수 있다. 그러나 영원한 행복의 향유는 사탄의 유혹에 의한 자의적 범죄의 자행으로 무참하게 소멸된다.

풍요의 동산에 자라난 나무의 취득에 관한 허용에서 유일의 예외는 생명나무 옆에 서 있는 또 다른 나무, 즉 인식의 나무이다. 특별한 명칭을 지닌 나무는 외경의 옛 전통이나 옛 동방문서에 발견되지 않는다. 다시 말해 서사이야기 자체에서 생성된 고유의 나무이다. 이에 반해 옛 동방에서 상이한 변수로 등장한 생명나무는 한편으로 세계나무에(world tree) 연관되어 있고, 다른 한편으로 생명이라는 주도개념 아래 일찍부터 생명을 주제로 삼는 문서에 등장한다. 적지않은 옛 신화와 동화에는 비옥, 성장, 강인, 불멸을 상징하는 세계나무의 표상이 전해 내려온다.

'선악에 관한'이라는 후속구문이 동반된 인식나무는 하나님에 의해 취득이 금지된 대상이다. 금지된 나무에 달린 열매를 먹는 날에는 '반드시' 죽게된다(2.17). 단호한 금지명령은 인간에게 주어질 필연적 죽음의 숙명에 관한 예비선언이다. 사망이 존재하지 않던 영생의 동산에 거주하던 인간이 하나님의 계명을 위반하면 사망이 지배하게 된다. 인간세계에 공포와 좌절을 가져온 죽음의 발생은 전적으로 그 책임이 인간 자신에게 있다. 이것은 죽음의 숙명을 이해하는 중요한 근거이다.

이야기의 초반에 인식나무와 함께 언급된 생명나무는 그 후 무대에서 사라진다. 그러나 다원적 이야기를 마감하는 결구에 결정적 모티브로 다시 등장한다. 이로써 이야기 전체를 둘러싸는 순환의 원이 형성된다. 격정의 종결드라마인 동산추방의 장면에는 생명나무가 케루빔 천사에 의해 수호된다(3.24). 동산의 중심에 위치한 생명나무로 가는 입구의 폐쇄는 하나님의 금지명령에 제시된 죽음의 생성을 의미한다. 동시에 상실된 낙원으로의 귀환을 암시한다. 이 의미 있는 이중주제는 열려진 이야기의 메시지를 포착하는 핵심이다. 후세의 영향사에서 거듭하여 논의된 낙원의 상실과 회복은 생명나무의 심층분석에 의해 올바로 해명된다.

인식나무는 성서에서 창세기의 낙원이야기에만 등장한다. 비교의 대상이 없는 독자적 모티브는 당연히 이해의 어려움을 야기한다. 무엇보다 나무의 성격을 지시하는 인식의 개념이 문제가 된다. 인식이란 여기에서 사물의 본질을 파악하는 이성적 능력이 아니라 인간의 성장단계에서 생성되는 일반적 지식을 말한다. 이와 같은 지식은 인간이 세상에서 살아가기 위해 필요한 요건이다. 반면 지상적 지식의 과다는 하나님의 지혜로부터의 이탈을 의미한다. 하나님에게 근원을 둔 영적 속성인 지혜는 세상의 지식과 다르다.

낙원이야기에 사용된 인식의 개념은 주석사에서 흔히 철학과 인간학의 관점에서 설명된다. 즉 사물을 파악하는 지적 능력의 범주에서 규정된다. 이와 같은 논리에서 얻어진 결과는 성서의 지혜와 거리가 있다. 인간적 성숙의 산물인 지식은 신성한 하나님의 지혜와 일치하지 않는다. 인간의 발달과정에서 습득된 인식능력은 보다 높은 수준의 지적 세계에 도달하게 만든다. 그러나 그것은 영원한 생명을 추구해야 할 유한한 인간에게 요구되는 진정한 가치는 아니다. 생명과 영생은 선악을 알게하는 인식의 나무가 아니라 영적 지혜에 근원이 놓여 있는 생명나무에 소속된다.

선과 악에 관한 어원적 설명은 인식의 개념에 내재한 부정적 측면을 뚜렷하게 보여준다. 선과 악을 지시하는 히브리어 구문 'tov wa-ra'는 주로 연설에 사용되는 단어의 합성방식이다. 즉 보편적 의미를 나타내기 위해 반대되는 단어를 연결하는 수사적 표현이다. 선과 악을 합친 복합명사는 모든 것을 의미한다. 선악의 지식은 모든 것의 지식이다. 이와 같은 총체적 지식은 위험의 요소를 동반한다. 지식의 성장에 따른 우월의식과 교만은 자연의 인간을 병들게 만든다. 그리스어 명사 'hybris'에 유래하는 오만은 자만의 극단적 상태를 의미한다. 인간의 자만은 하나님의 계명을 거역하는 동인으로 작용한다.

선과 악을 구별하는 지식은 하나님의 지혜와 다른 개념이다. 낙원이야기의 중심모티브인 두 나무의 이해에는 지혜와 인식의 관계에 관한 깊은 통찰이 요구된다. 지혜와 구분되는 인식의 의미는 유혹자 뱀의 발언에서 읽을 수 있다. 사탄의 화신인 뱀은 이브에게 금지된 나무의 열매를 먹으면 '눈이 밝아져' 선악을 알 수 있다고 유혹한다(3.5). 선악의 인식은 눈이 먼 상태에서 벗어나는 것이다. 그러나 사탄이 말한 맹목의 해방은 어디까지나 우매한 인간을 유혹하기 위한 수단이지 진정한 하나님의 지혜를 말하는 것이 아니다.

한마디로 인식나무의 인식은 하나님의 선물인 지혜와 달리 왜곡된 인식이다. 선과 악의 구분에는 긍정의 측면이 아니라 부정적 요소가 우위를 차지한다. 선악과를 먹은 인간은 사탄의 약속과 달리 신적 지혜가 아닌 무가치의 인식을 경험한다. 범죄행위를 저지른 아담과 이브에게 발생한 수치심의 자각이 그 증거이다(3.7).

그들의 눈이 밝아져 자기들이 벗은 줄을 알고

짤막한 서술문은 금단의 열매를 먹은 후의 상태를 요약하여 설명한다. 문장을 마감하는 동사 '알다'는 원문에 '인식하다'로 표기되어 있다. 다시 말해 원래의 조화와 신뢰가 깨어진 파멸의 상황을 지시한다. '눈이 밝아져' 스스로의 벌거벗음을 '알게 된' 죄의 인간은 전에 모르던 부끄러움에 사로잡혀 긴급조치를 취한다. 그것은 무화과나무 잎을 따서 넓은 허리띠를 만들어 드러난 치부를 가리는 것이다. 무성한 동산의 자연에 속한 무화과나무 잎은 내면의 분열을 잠정적으로 진정시키는 수단으로 나타난다. 최초의 인간이 수치심의 발로로 인해 어쩔 수 없이 취한 자기은폐의 행동은 하나님으로 가는 통로를 가로막는 결과를 가져온다.

하나님이 인식나무 열매의 취득을 엄격하게 금지한 정확한 이유에 관해서는 본문에 구체적 설명이 없다. 따라서 오해와 편견을 야기하는 동인이

된다. 과격한 자유주의 성향을 지닌 일부 주석가는 폭력적 발언을 감행한 하나님의 권위주의 모습에서 소위 '검은 교사'의 이미지를 끌어내기도 한다. 그러나 그와같은 주장은 진보적 교육학의 입장에서 접근한 일방적 견해에 불과하다. 언뜻 지나치다고 생각되는 금지명령의 주된 의도는 다른 차원에서 찾아야 한다.

다행스럽게도 현명한 독자는 이야기의 마지막에 이르러 금지명령의 동기를 짐작할 수 있는 의미 있는 구문을 만난다(3.22).

보라 이 사람이 선악을 아는 일에 우리 중 하나와 같이 되었으니 그가 그의 손을 들어 생명나무 열매를 따먹고 영생할까 하노라.

강조의 어법 '보라'로 시작되는 복합문장의 전반은 인간이 선악의 인식으로 인해 '천상의 존재'처럼 변화되었다고 서술한다. '우리 가운데 하나와 같이 된' 것은 하나님과 같이 되었다는 뜻이 아니라 천상의 존재와 유사하게 되었다는 뜻이다. 이어지는 후반부는 자의적 판단에 의거하여 선악과를 먹은 인간이 동일한 방식으로 생명나무 열매도 취할 수 있음을 지적한다. 그러나 영생을 선사하는 생명나무의 소유는 죽음의 나무인 인식나무의 열매를 취한 죄의 인간에게 허용되지 않는다.

하나님 자신의 발언으로 표현된 종반의 구절은 계명위반에 따른 필연적 죽음에 관한 사전경고의 의도가 어디에 있는지 가늠하게 한다. 그것은 단순한 형벌의 위협이 아니라 영생과 인식사이에 존재하는 불일치를 지시한다. 불멸의 삶과 선악의 지식이 서로 화합될 수 없다는 사고는 생명나무와 인식나무의 근본적 대립에 근거한다. 생명과 영생은 인간의 인식과 다른 차원의 가치이다. 이 심오한 명제는 성서의 독자가 낙원이야기에서 얻는 유익한 교훈이다. 이야기의 서두를 장식한 두 나무의 상징은 종반에 이르러 그 의미와 기능이 분명하게 드러난다. 특히 생명나무와 인식나무의 대립이 첨예화된다. 이야기의 결구에는 생명나무의 보호에 의해 낙원으로의 귀환이 이루어질 것이라는 사실이 암시된다.

낙원이야기의 서술과 이해에서 중요한 역할을 하는 두 나무는 인간의 구원이 어떻게 실현되는가를 보여주는 은유의 매체이다. 인식나무 열매의 취득으로 영원한 생명이 거부된 죄의 인간에게 상실된 영생의 회복은 차단된 생명나무로의 접근과 접촉에 의해 가능해진다(3.24). 다원적 서사이야기를 마감하는 미해결의 과제는 요한계시록의 종결환상에 이르러 해소된다. 천상의 예루살렘에 이어진 새로운 낙원의 장면에는 치유의 능력을 보유한 싱싱한 생명나무가 생명의 강가에 자라난다(계 22.2). 미래를 향해 열려진 서사이야기의 종결부에 유보된 낙원의 회복은 종말의 공동체에서 완전하게 성취된다. 이것이 본문의 내용에 은폐된 생명나무의 은총이다. 이 의미 있는 주제는 성서전체를 조망하는 우주적 해석에 의해 명료하게 개진된다.

2) 최초인간의 창조

인간의 창조는 천지창조 사역의 제6일에 수행된 마지막 단계의 내용이다. 창조주 하나님은 땅의 생물과 짐승을 종류대로 창조한 이후 사람을 만든다. 여기에서 6일 동안에 걸쳐 진행된 창조과정은 정점에 도달한다. 인간창조의 원리는 세계창조의 마지막을 각인하는 보편적 '승인도식'에 의거한다(창 1.31).

하나님이 지으신 그 모든 것을 보시니 보시기에 심히 좋았더라.

위의 문장에서 서술부 '좋다'를 규정하는 부사부가어 '심히'는 완벽의 상태를 지시한다. 절대권능의 말씀으로 수행된 창조사역의 결과는 창조주 자신에게 최고의 만족감을 가져다 준다. 하나님은 스스로 창조한 인간을 축복하며 다른 피조물에 없는 고유의 특권을 부여한다(1.28).

생육하고 번성하여 땅에 충만하라. 땅을 정복하라 바다의 물고기와 하늘의새와 땅에 움직이는 모든 생물을 다스리라.

세 부분으로 구성된 복합명령문에 거듭하여 지적된 '다스림'은 우선 자연적 삶의 공간인 지상의 영역에 국한된다. 그러나 곧이어 모든 창조세계와 그에 속한 피조물의 문화통치로 확대된다. 인간창조의 서술에는 만물의 영장을 보장하는 통치의 권한에 중점이 주어진다.

여러 단락으로 구성된 낙원이야기의 서두에는 동산의 창설에 관한 언급에 앞서 천지창조 기사에 이미 지적된 인간창조의 행위가 보다 구체적으로 진술된다(창 2.7).

여호와 하나님이 땅의 흙으로 사람을 지으시고 생기를 그 코에 불어 넣으시니 사람이 생령이 되니라.

최초의 인간 아담은 '땅의 흙'에서 만들어진다. 히브리어 명사 'adamah'는 땅 혹은 흙을, 'adam'은 사람을 가리킨다. 두 단어 사이의 어원적 연관은 인간과 흙의 긴밀한 관계를 강화한다. 이와 같은 연계는 인간과 창조된 세계와의 조화와 통일을 지시한다. 흙의 재료에서 만들어진 인간은 생기의 투여에 의해 생령이 된다. 생기는 생명의 입김을(호흡), 생령은 살아 숨쉬는 존재를 말한다. 생령의 히브리어 'nefesch hajja'는 호흡이 있는 영적 생명체를 뜻한다. 하나님은 자신의 입김을 코에 '불어넣어' 생명력 있는 인간을 창조한다. 하나님의 성령을 부여받지 못한 인간은 아직 완전한 의미의 인간이 아니다. 그는 흙에서 생성된 육의 인간에 불과하다.

낙원이야기에 제시된 인간창조의 서술은 신학적 인간학을 형성하는 기초가 된다. 두 학문이 합성된 복합적 특수분과는 기독교 신학의 관점에서 하나님과 연관된 인간의 본질을 다룬다. 성서의 사상에 근거를 둔 학문이론의 출발점은 영혼, 성령, 육체와 같은 기본개념의 규명이다. 특히 인간생성의 원천인 성령은 성서의 문맥에서 상세하게 분석된다. 성령에 해당하는 히브리어 'ruach'는 영혼, 숨결, 바람을 뜻한다. 성령이라는 단어는 흥미롭게도 이미 성서의 첫머리에 등장한다. 창세기의 첫 절을 규정한 '태초의' 천지창조에 이어진 지상의 서술은 다음과 같은 문장으로 대언된다(창 1.2).

하나님의 영이 물 위에 운행하시니라.

간결한 과거시제 문장은 하나님의 영에 관한 최초의 언급이다. 깊은 수면 위에 '운행'하는(선회) 창조자의 영은 '혼돈과 공허'를(tohu wa bohu) 명료한 실재로 변화시킨다. 구약성서의 도입부에 성령이라는 단어가 등장한 것은 그것이 문서의 줄거리 전개에 중요한 지표가 된다는 사실을 예시한다. 하나님의 호흡을 가리키는 살아있는 영은 구약성서 뿐만 아니라 신약성서 전체를 관류하는 기본요소이다.

성령에 해당하는 히브리어 명사 'ruah'는 고대 그리스어에서 'pneuma'로 표기된다. 보다 정확하게 'pneuma hagion'으로 표기되는 성서용어는 하늘에서 내려온 성스러운 영을 뜻한다. 'pneuma'는 성서에서 숨결, 입김, 영적 호흡을 뜻한다. 한마디로 인간존재의 살아있는 호흡이다. 성서의 문맥에서 성령은 영혼, 정신 등의 개념과 연관하여 풀이된다. 그러나 고대철학에서 논의되는 'psyche'와 구분된다. 그리스어 동사 'psycho'(불다)에서 파생된 'psyche'는 원래 생명, 나아가 개성의 의식에서 '자신'을 뜻한다. 성령의 개념에는 영혼과 정신에 비해 신비적, 역동적 기능이 강화된다. 즉 인간의 내면을 변화시키는 영적 능력에 무게가 실린다. 이와 같은 능력은 인간을 창조한 하나님의 권능에서 온다.

위에 인용한 창세기 2장 7절에는 피조물 인간과 창조주 하나님의 긴밀한 내적 관계가 표현된다. 이것은 앞의 인간창조 행위에 의미 있게 지적된 동형상(eikon tou theou) 원리의 계승이다(1.27).

하나님이 자기 형상 곧 하나님의 형상대로 사람을 창조하시되

위의 문장에서 앞에 사용된 형상은 히브리어 명사 'selem'에, 뒤에 다시 언급된 형상은 'demut'에 해당된다. 동일하게 번역된 두 단어는 각기 그림자와 닮음을 뜻한다. 다시 말해 외형의 형태와 내면적 본질의 양면을 포괄한다. 그러나 하나님은 영적 존재로 인식되기 때문에 형상은 하나님의 품성을 지시한다고 볼 수 있다. 인간이 하나님의 모상으로 창조되었다는 사실은 그 근원에서 하나님의 본성을 지닌다는 사실을 의미한다.

'하나님의 형상'은 라틴어로 'imago dei'로 표기된다. 여기에서 명사 'imago'는 유사한 형상을 뜻한다. 영어명사 'image'가 여기에 해당한다.

'imago'와 같은 어원의 'image'는 실제의 사용에서 그 의미가 확대된다. 우리말로 이미지로 번역되는 'image'는 상, 영상, 그림 등 여러 의미를 내포한다. 라틴어 용어 'imago dei'는 하나님과 인간사이의 상징적 관계를 나타내는 형이상학 표현이다. 인간은 도덕적, 영적, 지적 에센스에서 '하나님의 형상'이다. 인간은 자신의 능력에서 하나님을 반사한다. 이와 같은 고유의 자질로 인해 인간은 다른 피조물과 구분된다. 그 구체적 요소는 합리적 이해, 창조적 자유, 자기실현 능력, 자기초월의 잠재성이다.

창세기 초반에 인간창조의 원리로 제시된 동형상 개념은 그 후로도 두 차례에 걸쳐 다시 언급된다(창 5.1,9.6).

5. 1: 하나님이 사람을 창조하실 때에 하나님의 모양대로 지으시고
9. 6: 이는 하나님이 자기 형상대로 사람을 지으셨음이니라.

앞의 문장은 아담의 계보를 서술하는 긴 단락의 첫 구절로 하나님이 인간을 창조한 날에 관한 회상이다. 여기에는 1장 26절에서 형상과 함께 언급된 '모양'이 형상의 대체어로 사용된다. 유사명사 형상과 '모양'은 교차적으로 사용된다. 뒤의 문장은 대홍수의 사건 이후 하나님이 노아와 맺은 귀중한 언약의 한 부분이다. 여기에는 인간의 존재와 삶이 '하나님의 형상'을 반사하기 때문에 살인을 자행해서는 안된다는 사실이 강조된다.

낙원이야기의 진행에는 최초의 인간이 저지른 범죄행위로 말미암아 인간의 원천적 본성인 동형상의 특권이 상실된다. 이것은 고귀한 영의 인간이 육의 인간으로 전락한 사실을 의미한다. 하나님의 영이 없는 인간은 흙으로 만들어진 육의 인간에 불과하다. 그러나 인간의 타락으로 '하나님의 형상'이 완전히 소멸된 것은 아니다. 비록 매우 미미한 상태라 하더라도 동형상의 흔적은 아직 남아 있다. 창세기의 저자가 창조시대의 기술에서 인간창조의 원리로 거듭하여 돌아간 것은 동형상 존재의 회복에 관한 암시로 볼 수 있다. 죄의 인간은 그리스도의 대속의 죽음에 의해 하나님을 닮은 영적 존재로 거듭난다. 성령의 부여로 시작된 하나님과의 교제는 십자가 사건 이후 다시 이루어진다.

창세기의 인간창조를 규정한 동형상 원리는 신약성서에 의미 있게 응용된다. 바울서신에는 여러 곳에 이에 관한 증거가 발견된다. 부활의 장인으로 고린도전서 15장 종반에는 보다 높은 차원을 향한 인간형상의 변화가 강조된다(고전 15.49).

> 우리가 흙에 속한 자의 형상을 입은 것 같이 또한 하늘에 속한 형상을 입으리라.

일인칭 복수대명사 '우리'를 주어로 삼는 보편적 범주의 문장에서 비교접속사 '같이'는 동일성에 근거한 점진적 상승을 지시한다. 즉 지상의 형상에서 '하늘의 형상'으로 이행하는 과정이 높은 수준의 고양임을 의미한다. 기독교인은 그리스도 안에서 영위되는 새로운 삶으로 인해 하늘에 소속된다. 원래 흙에 속한 그의 육체는 마지막 시점에 '하늘에서 온 자' 처럼 승화된다. 바울이 부활을 서술하는 기본지침은 지상적 육의 존재에서 천상적 영의 존재로의 변화이다. 이것이 기독교 신자 사이에 자주 오해를 야기하는 '몸의 부활'의 설명에서 얻는 진정한 메시지이다.

이브의 창조는 이야기의 제1부를 구성하는 단락의 마지막에 별도로 다루어진다. 여기에서 특이한 점은 최초의 여인이 흙이 아니라 인간신체의 일부에서 만들어졌다는 사실이다(2.21).

그가 그 갈빗대 하나를 취하고 살로 대신 채우고.

여자는 남자와 짐승과 달리 갈빗대에서 만들어진다. 여기에서 제조의
원료로 지적된 갈빗대는 도공이 자신의 형상을 튼튼하게 고정시키기 위해
활용하는 나무의 핵심에 비교된다. 특별한 신체 모티브 갈비뼈에는 출생
의 근원과 성격을 지시하는 비유적 의미가 들어 있다. 그것은 인간과 사
물의 균형을 잡는 중심의 의미이다. 수메르 쐐기문자에는 갈비뼈의 철자
표기가 삶을 나타내는 단어와 동일하다.

최초의 여인 이브의 생성이 남자의 갈비뼈에 근거한다는 사실은 남녀의
긴밀한 상호관계를 설명성하는 근거가 된다. 페미니즘 해석은 아담과 다
른 이브의 창조에서 여성의 지위에 관한 독자성을 본다. 흙이 아니라 인
간신체에 연원하는 최초여인의 출생은 여성의 존재에 고유의 특수성을 부
여한다. 이브의 존재를 지시하는 히브리어 'ezer'는 원래 '구조하다', '강
해지다'를 뜻한다. 여기에는 다른 사람을 대리하는 적극적 개입의 의미가
내포되어 있다. 이와 같은 사실은 여자의 역할을 지적하는 용어 '돕는 배
필'에 나타나 있다(2.18). 히브리어 'ezer kenegdo'에 해당하는 명사구는
상응하는 조력자를 뜻한다.

Michelangelo의 프레스코 〈이브의 창조〉에는(1509-10) 이브의 위상을
상승시키는 영향사 해석이 반영된다. Sistine 예배당에 설치된 장대한 천
지창조 천장화 시리즈에서 〈인간창조〉를 이어받는 다섯째 작품은 오랜
기간동안 이브의 수용사를 규정한 마리아 알레고리의 메아리이다. 창조
주 하나님에 의해 사탄을 물리칠 능력을 부여받은 최초의 여인은 메시아
를 잉태한 간구의 여인 마리아의 원조로 해석된다. 옅은 채색의 희미한 화
면에 풍성한 겉옷을 걸친 기다란 턱수염의 창조주가 허리를 깊숙이 굽인

그림7) Veronese〈이브창조〉, 유화, 1565-1575, 81x103cm, Chicago 미술연구소

채 두 손을 모아 무엇인가 청원하는 벌거벗은 이브에게 오른손을 들어 화답한다.

베네치아에서 활동한 이탈리아 르네상스 화가 Veronese의 유화〈이브창조〉는(1565-1575) 반세기 전에 제작된 Michelangelo의 모형을 따르고 있다. (그림 7) 매우 진하고 선명한 채색의 화면에는 진한 녹색 나뭇잎 숲이 무성한 거대한 나무 앞에서 발생한 여인의 창조가 연출된다. 은은한 색깔의 밝은 구름무늬가 떠 있는 연푸른 하늘이 배경을 형성한다. 붉은 의복 위에 청색 겉옷을 걸친 무성한 턱수염의 창조주가 앞에 서 있는 풍성한 몸매의 여인을 쳐다보며 왼팔로 그녀의 어깨를 감싸고 있다. 그의 오른쪽 손바닥은 이브의 얼굴을 가리고 있다. 특별한 형태의 신체동작은 이브가 하나님의 적극적 보호를 받고 있다는 사실을 증언한다. 화면의 중간에 위치한 이브의 나체상은 하늘을 가득 채운 구름무늬 집단의 빛에 반사되어 밝은 광채를 발한다.

한편 아담은 두터운 나무기둥 아래의 풀밭위에 옆으로 누워 두 손을 뻗은 채 깊은 잠에 빠져있다. 최초의 남자는 하나님이 자신의 '돕는 배필'을 어떻게 창조하였는지 알지 못한다. 여인의 생성을 위한 재료인 갈비뼈를 제공한 최초의 남자는 하나님의 적극적 배려 아래 있는 이브와 대조되어 묘사된다. 이와 같은 성향은 물론 인간의 조상 아담의 위치를 격하하거나 과소평가하는 것은 아니다. 다만 후세의 수용사에 형성된 이브의 존재적 고양에 강세를 부여하고 있다.

낙원이야기의 줄거리에서 이브의 창조 이후에는 최초의 남자와 여자의 만남이 하나님 자신에 의해 이루어진다. 하나님은 스스로 창조한 여인을 먼저 태어난 남자 아담에게 인도한다. 이브를 만난 아담의 입에서 나온 발언은 인간에 의한 최초의 담화이다. 그것은 단순한 첫인상의 표현이 아니라 내면의 감동에서 우러나온 한편의 시이다. 줄거리의 진행에는 2장 18절에 제시된 하나님의 자기증언에 대한 반응이다. "내가 그를 위하여 돕는 배필을 지으리라." 이제 인간은 자신의 정체성에 부합하는 피조물을 발견하고 감동어린 고백을 표명한다(2.23).

이는 내 뼈중의 뼈요, 살중의 살이라. 이것을 남자에게 취하였은즉 여자라 부르리라.

지시대명사 '이것'으로 시작되는 복합문장은 여자의 생성에 관한 칭송의 고백이다. 발언의 주체는 자기도 모르는 사이에 인간이라는 단어를 '남자'로 대체한다. 히브리어 언어사용에서 남자와 여자를 가리키는 'is'와 'issa'는 언어중첩 유희이다. 즉 남녀사이의 밀접한 연관과 근본적 동일성을 지시한다. 이와 같은 사실은 남녀의 원천적 관계를 규정하는 기초가 된다. 동일한 사실을 반복하여 강조하는 이중구문 '뼈중의 뼈, 살중의 살'은 육체와 정신의 혼연일체를 강조하는 탁월한 수사법이다. 아담의 시구는 그가 훌륭한 언어재능을 소유한 지적 인간이라는 사실을 증거한다. 인간창조의 시점에 주어진 영적 속성에 기인하는 특별한 능력은 곧이어 육의 인간으로 전락함으로써 소멸된다.

문서의 저자는 마지막으로 감격에 젖은 남자의 진술을 스스로 해설한다(2.24).

남자가 부모를 떠나 그의 아내와 합쳐 둘이 한몸을 이룰지어다.

인용문의 중심어 '한몸'은 좁은 의미의 성적 교류로 제한해서는 안 된다. 성서 히브리어에는 우리말의 '몸'에 맞는 단어가 없다. 이에 대한 대체어로 사용된 '육체'는 단순한 신체가 아니라 인간전체를 가리킨다. 따라서 '한몸'은 두 인간의 완전한 통일을 지시한다. 즉 하나의 삶을 사는 것이다. 남자와 여자는 원래 하나의 신체인 아담에 연원한다. 그들이 분리될 때에는 서로 보완하는 남녀의 형식으로 나타난다. 이렇게 되면 새로운 의미에서 '한몸'이 된다. 하나님이 결혼을 통해 남녀를 결합하기 때문이다(마3 19.5–6).

원래 남자의 조력자로 태어난 여인은 동산에서 추방당하기 전에 고유의 이름을 얻는다. 아담에 의해 명명된 하와는 히브리어 동사 'chajah'에서 파생된 Chawwah의 역어이다. 하와는 후일 라틴어 성서 〈Vulgata〉에서 Hava, Heva, Eva 등으로 표기된다. 오늘날 널리 사용되는 이름 Eva는 '삶', '살아있는'을 뜻한다. 하와로 불리워진 여인은 이어서 '모든 산자의 어머니'로 다시 표기된다(창 3.20).

그는 모든 산자의 어머니가 됨이더라.

새로이 표현된 이브의 명칭 '모든 산자의 어머니'에는 여자의 자연적 속성이 내포되어 있다. 남성과 달리 여성만이 인간의 생명을 이어갈 수 있다. 특별한 표현형식의 명사구는 전락한 이브의 위치를 상승시키는 결과를 가져온다. 즉 죄의 원조 이브에게 생명의 원조라는 존재의 특성이 부여된다. 후세의 영향사에 형성된 이브와 마리아의 연결은 이와 같은 복권의 산물이다. 완전히 다른 시기에 속하는 두 여인은 모든 생명의 원천인 '어머니' 표상에서 하나가 된다.

3) 구약적 지혜의 연관

나무의 상징에 관한 서술에 이미 드러나듯 지혜는 낙원이야기의 이해를 인도하는 원천적 요소이다. 지혜의 사상은 구약의 도입부를 구성하는 창조사 기술의 근원이며 토대이다. 창세기를 열어주는 첫머리에 지적된 '하나님의 영'은 천지창조 이전에 이미 존재한 하나님의 본성을 지시한다(창 1.2). "하나님의 영은 수면위에 운행하시니라." 수면위에서 선회하며 움직이는 '하나님의 영', 즉 성령의 활동은 천지창조의 원천인 지혜에 연관된다. 지혜는 하나님에게 근원을 두고 있다. 창세기의 도입부를 인도한 지혜의 모티브는 후속단락인 낙원이야기로 계승된다. 이와 같은 사실은 우선 서사이야기의 어휘사용과 모티브에서 확인된다. 그러면 성서가 말하는 지혜란 무엇인가? 히브리어 명사 'hokma'로 표기되는 지혜는 자연, 존재, 삶에 관한 깊은 이해와 통찰, 나아가 어떤 문제제기에 적합하고 타당하게 대처하는 능력을 의미한다. 지혜에 해당하는 그리스어 명사 'sophia'는 헬레니즘 철학, 플라토니즘, 기독교 신학의 중심개념이다. 원래 영리함, 기술을 뜻하는 단어는 지능을 뜻하는 'phronesis'의 유사어이다. 후세의 문화에서 원어 그대로 즐겨 사용된 추상명사 'sophia'는 라틴어 동사 'sapere'와 명사 'sapientia'와 같은 어원에 근거한다.

잠언 1장 7절에 의하면 하나님의 경외가 지혜의 출발점이다. "여호와를 경외하는 것이 지식의 근본이거늘." 여기에서 지혜의 2격명사 근본에 해당하는 히브리어 명사 'reschit'는 출발과 본질을 모두 의미한다. 하나님에 대한 지식과 두려움이 없는 삶 전체의 기본방향을 제시하는 지혜에 적합하게 동화될 수 없다. 잠언의 제목, 목적, 기본진술을 서술하는 여덟절의 도입부를 마감하는 새로운 시행은 문서 전체의 모토이다. 문서의 서두에 제시된 의미 있는 명제는 앞으로도 두 차례에 걸쳐 강조된다(잠 9.10,15.33).

지혜는 원래 격언의 특성을 지닌 잠언의 형식으로 표현된다. 잠언의 히브리어 명사 'masal'은 '대언하다', '…와 같다'는 어원에 유래한다. 즉 비교와 유추를 의미한다. 잠언 1장 6절에 등장하는 명사 비교는 원래 뒤엉킨 담화 혹은 암시를 지시한다. 그러나 'masal'의 의미는 점차 간결하고 힘찬 격언의 담화방식으로 확대된다. 격언의 문장은 민속적 관용구가 아니라 교사의 가르침에 관한 발췌이다. 잠언은 자연과 인간의 행위에 관한 법칙을 축약된 문체로 기술한다. 여기에는 수수께끼와 비유와 같은 수사 형식이 활발하게 구사된다. 지혜는 단순한 사변적 사고가 아니라 도덕적, 종교적 요소를 포함하는 실천의 지혜이다. 실천의 지혜는 체계적으로 구성된 잠언을 인도하는 기본범주이다.

잠언의 초반을 구성하는 13편의 공과에서 마지막 단계에 해당하는 8장 22-31절은 '지혜의 찬가'라고 불린다. 찬가의 첫머리에는 지혜가 태초의 창조 이전에 존재한 여호와의 '소유'로 칭송된다. 여기에서 '소유하다'로 번역된 히브리어 'qana'에는 '획득하다', '생산하다'의 의미가 들어 있다. 소유와 생산의 어느 경우로 해석하든 잠언에 서술된 지혜는 하나님과 긴밀하게 연관되어 있다. 즉 '만세전 부터' 하나님과 함께 존재한다. 지혜는 천지창조에 참여한 신성한 지혜로 인칭화된다. 다시 말해 창조의 사역에서 하나님의 중재자로 활동한다. 열절에 걸친 단락의 마지막에는 지혜가 '하나님의 곁에 있는' 창조의 대리자로 고양된다(잠 8,30).

내가 그 곁에 있어서 창조자가 되어.

잠언의 찬가에서 창조의 지혜로 인격화되고 승화된 지혜는 신약의 복음서에 의미 있게 계승된다. 요한복음 서곡에 제시된 '선재의 말씀'은 창조의 지혜에 연관된다. 숭고한 서곡을 열어주는 처음의 두절에서 그리스도의 존재는 이미 태초부터 하나님과 '함께 한' 로고스와(logos) 동일화된다(요 1,1-2). 여기에서 관사없이 사용된 하나님은 하나님의 본성을 지시하는 서술명사로 사용된다. 하나님에 동반된 전치사 '함께'는(pros) '하나님 곁에 있는' 지혜를 상기시킨다.

지혜의 개념은 낙원이야기를 이해하는 지침을 제공한다. 인식나무의 속성을 규정하는 선악의 인식은 지혜의 관계에서 적절하게 설명된다. 지상적 지식의 과잉은 하나님에게 속한 지혜의 본질과 화합할 수 없다. 죽음을 가져오는 인식의 나무는 영생을 선사하는 생명나무와 대립된다. 최초의 인간은 선악을 구분하는 인식능력의 소유로 인해 오히려 원래의 특권을 상실하고 행복의 동산에서 쫓겨난다. 사탄의 발언에 의하면 선악의 인식은 '눈이 먼' 몽매의 상태에서 벗어나는 영리함을 가져다준다.

여기에 등장하는 그리스어 명사 'orma'는 영리함과 동시에 간교를 뜻한다. 즉 좋은 목적뿐만 아니라 나쁜 목적을 위해서도 사용된다. 낙원이야기에서 뱀의 속성을 지시하는 간교함이 대표적 예이다(창 3.1). 최초의 여인이 교활한 뱀의 유혹에 넘어간 것은 자신에게 부족한 자질을 얻기 위해서이다. 그러나 그것은 잘못된 판단이다. 이브는 금단의 열매를 먹은 후에 '눈이 밝아져' 벌거벗음의 수치를 느끼게 된다. 창세기 3장 6절에 지혜의 의미로 표현된 영리함은 영적 지혜가 아니라 인간인식의 성장단계에서 생성되는 부정적 인식요소이다. 즉 영적 능력이 결여된 오도된 지혜이다.

야웨문서에 속하는 낙원이야기에는 지혜의 특성과 사고를 보여주는 어휘와 요소가 드물지 않게 발견된다. 이미 설명한 영리함 이외에 죽음의 숙명, 허무의 삶, 인간과 짐승의 창조 등이 모두 지혜에 근원을 두고 있다. 죽음과 불멸의 문제는 죄의 행위와 연관하여 다루어진다. 금단의 열매를 먹은 불순종의 행위는 필연적 죽음으로 귀결된다. 죽음은 하나님으로부터의 인간의 분리를 의미한다. 아담의 죄악으로 죽음이 세상에 들어오며(롬 5.12), 죄의 삯은 죽음이다(롬 6.23).

특히 생명나무는 지혜와의 긴밀한 관계에서 이해된다. 생명나무의 본질적 속성인 생명과 영생은 영적 지혜와 결부된다. 지혜문학을 대표하는 잠언에는 생명나무가 여러 곳에서 지혜, 의, 소망, 자제를 설명하기 위해 도

입된다(잠 3.18,11.30,13.12,15.4). 3장 18절은 생명나무가 '지혜를 얻은 자'에게
소속된다고 진술한다. 지혜는 지혜의 소유자에게 항상 새로워지는 생명
력의 원천이다. 11장 30절에는 생명나무가 '의인의 열매'와 동일화된다.
이어서 지혜로운 자가 '사람을 얻는다'고 지적된다. 여기에서 얻음의 대상
인 사람은 〈70인역 성서〉에서 영혼으로 번역된다. 지혜로운 자는 의의 행
위를 통해 생명나무가 된다. 이와 같은 표현은 시편을 열어주는 유명한
구절을 상기시킨다(시 1.3).

> 그는 시냇가에 심은 나무가 철을 따라 열매를 맺으며
> 그 잎사귀가 마르지 아니함 같으니
> 그가 하는 모든 일이 다 형통하리로다.

  3행의 시구에서 앞의 두 행은 의인을 '철을 따라 열매를 맺고 잎사귀가
마르지 않는' 싱싱한 나무와 비교한다. 여기에서 길게 서술된 나무는 바
로 생명나무이다. 그것은 요한계시록의 종결환상인 새로운 낙원의 중심
을 형성하는 생명나무와 일치한다(계 22.2). 영적 지혜에 연관된 생명나무
는 시편의 도입찬가에서 의인의 축복을 위한 비유매체로 등장한다. 마지
막 행에는 의인이 행하는 '모든 일'이 좋은 결과를 이루리라고 칭송된다.
물론 이것은 사람들이 일반적으로 생각하는 성공과 복지와 구분된다.
  낙원이야기에서 인간의 형벌에 관한 판결에 언급된 먼지의 은유는 전도
서의 주제인 허무와 무상을 대언한다. 지혜문학에 속하는 전도서에는 인
간의 삶이 종국적으로 '헛됨'에 의해 규정된다. '헛됨'에 해당하는 히브리
어 명사 'hebel'은 공허, 허무, 소용없음, 무의미를 뜻한다. 문서의 첫머리
에 탄식의 서술부 '헛되도다'가 다섯 번이나 반복된 것은 허무의 정도가

얼마나 강한가를 여실히 보여준다(전 1.2). 문서의 저자로 알려진 다윗의 아들 솔로몬왕은 이스라엘 왕 가운데에서 최고의 부귀영화를 누린 '예루살렘 왕'이다. 그러나 그가 향유한 화려한 삶은 오히려 '헛됨'의 정감을 증대시킨다.

낙원이야기의 종반에 등장하는 먼지의 모티브는 서두에 지적된 명사 흙의 대체어이다(창 2.7,3.19).

2.7 여호와 하나님이 땅의 흙으로 사람을 지으시고
3.19 너는 흙이니 흙으로 돌아갈 것이니라.

위의 두 인용문에서 나중의 문장에 사용된 흙은 먼지를 뜻한다. 문서의 저자는 이미 사용한 명사 흙을 먼지로 바꾸고 있다. 인간창조의 재료로 사용된 땅의 흙은 인간의 범죄와 타락 이후 먼지로 변한다. 먼지 혹은 티끌은 죄의 인간에게 주어진 죽음의 숙명을 지시한다. 이제 죽음은 필연성으로 나타난다. 서로 연관된 두 명사 흙과 먼지 사이에는 일정한 거리가 존재한다.

구원사의 맥락에서 볼 때 흙으로 돌아가는 죽음은 새로운 삶을 위한 관문이다. 공포와 절망에 의해 지배되는 죽음은 그 자체로 끝나는 것이 아니라 죄의 해소를 통하여 이루어지는 구원의 길을 열어준다. 예수 그리스도의 속죄의 희생으로 인하여 인간은 죄의 질곡에서 해방되어 사망을 제거하는 영생을 얻는다. 죽음이 없다면 부활도 존재할 수 없다. 이것이 성서가 말하는 죽음의 원리이다. 사도바울은 부활의 장인 고린도전서 15장 종반에서 재림의 시점에 죽은자와 산자가 모두 다시 살아난다고 증언한다(고전 15.52),

1. 에덴설화의 심층구조

최초의 성서이야기에 해당하는 에덴동산 설화는 제2의 창조서사이다. 천지창조 기사와 낙원이야기는 '톨레도트'(toledot) 도식에 의해 서로 연결된다. 히브리어로 족보 혹은 계보를 뜻하는 'toledot'는 창세기의 구조설정에 중요한 역할을 한다. 창세기에 모두 10회나 사용된 계보도식은 전체적으로 '톨레도트' 싸이클을 형성한다. '이것은 …의 족보니라'로 대언되는 가문의 색인은 아담의 족보로 시작된다(창 5.1). 이스라엘 백성은 유목민 시기의 과거에 대한 회상에서 민족의 원역사를 구두로 전승된 족보의 도움으로 기술한다.

원래 상이한 전거에서 생성된 두 이야기는 후세의 편집작업에 의해 하나로 통일된다. 그 경계를 형성하는 것은 창세기 2장 4절이다.

a 이것이 천지가 창조될 때에 하늘과 땅의 내력이니
b 여호와 하나님이 땅과 하늘을 만드시던 날에,

두 부분으로 구성된 복합문장에서 후반의 문장은(b) 전반의 문장이(a) 아니라 다음절에 연결된다. 즉 천지창조의 역사를 지시하는 것이 아니라 다음 시기, 특히 지상주민 최초의 역사에 관계된다. 구체적으로 낙원이야기와 여기에 이어지는 후속단락이다(창 2.4~4.26). 새로운 이야기의 연쇄에서 주목할 점은 창조의 하나님 엘로힘이(Elohim) 여호와로(Jahwe, JHWH) 이전된 사실이다. 여호와 하나님은 주님(Adonai)으로 인식되는 하나님의 개인적 명칭이다.

비교적 방대한 분량의 서사이야기는 최종문안이 기원전 4세기 경에 완성된 것으로 추정된다. 그러나 생성의 근원은 기원전 9-7세기로 거슬러 올라간다. 이 시기는 솔로몬 왕의 통치기간에 해당한다. 문서의 저자는 예루살렘 궁성이나 성전에 봉직한 필경사 학파에 속한 인물로 알려져 있다. 탁월한 문학적 재능을 소유한 그는 이웃나라 문화와 교양에 관한 지식을 겸비한 '지혜의 화자'이다. 낙원이야기와 동방신화, 낙원이야기와 구약의 지혜와의 연관은 여기에서 이해된다.

성서연구사에서 알파벳 약칭 J로 표기되는 야훼문서는 제사장 문서와(P) 함께 가장 널리 인정받는 모세5경의(Pentateuch) 원류이다. 18, 19세기 주석학에서 발전된 '원증서가설'에(Urkundenhypothese) 의하면 다섯 권의 율법서는 네 개의 상이한 전거, 즉 야훼문서, 제사장 문서, 엘로힘 문서, 신명기 문서에서 생성된다. 역사비평 연구에 근거하는 새로운 가설이론은 1970년에 이르기까지 서유럽에서 모세5경 연구의 고전적 모델로 통용된다.

연대상으로 제사장 문서에 선행하는 야훼문서는 율법서의 설화적 특성을 대언한다. 이와 같은 사실은 낙원이야기의 서사성을 뒷받침하는 근거가 된다. 원래 독자적으로 전승된 역사적 문서는 후일의 보완작업을 거쳐 오늘날의 성서로 이입된다. 원문의 버전은 대부분 유지되지만 완성된 문안은 전승된 전체내용 가운데에서 간추려진 것이다. 따라서 이해의 어려움을 야기하는 결과로 이어진다. 영향사의 과정에서 텍스트의미의 확정을 둘러싸고 발생한 지속적 논쟁은 복합적인 생성사에 일차적 원인이 있다.

낙원이야기에는 J문서의 특징을 보여주는 부분이 자주 발견된다. 가장 뚜렷한 예는 인간과 흙의 밀접한 관계이다. 이야기의 초반에 서술된 인간 창조의 대목에는 흙에서 만들어진 최초인간이 아담이라고 명명된다. 인간은 존재의 처음 단계에 흙과 조화를 이루며 살아간다. 그러나 금단의 열매를 먹은 이후 '원래의 조화'는 와해된다. 여호와 하나님은 형벌의 선언에서 땅을 저주하며 사람이 땅의 소산을 얻기 위해 땀을 흘리며 수고를 하여야 하리라고 선언한다. 그리고 인간은 죽은 후에 흙으로 돌아가야 하는 허무의 숙명에 처해진다(창 3.19).

J문서의 연관을 보여주는 또 다른 요소는 신성과 인성 사이의 경계이다. 최초의 남녀는 하나님의 자리로 올라가고 싶은 그릇된 욕망으로(3.5) 선악과를 취한 결과 행복의 동산에서 쫓겨난다. 원래 주어진 고귀한 동산지기의 임무와 불멸의 삶은 무효로 돌아간다. 이제 유한한 인간은 지상의 삶에서 수고와 고통을 감수해야 한다. 창조주 하나님과 인간의 엄격한 분리는 피조물 인간이 하나님의 창조질서에 어떻게 대처해야 하는가를 가르친다. 하나님을 떠난 죄의 인간은 파멸의 나락으로 떨어지는 어둠의 숙명에 처해진다.

창세기 2-3장의 두 장에 걸쳐 기술된 방대한 분량의 이야기는 크게 세 부분으로 나누어진다(창 2.4-3.24). 제1부의 내용은 에덴동산의 창설과 인간 원래의 행복(2.8-25), 제2부는 죄악의 발생과 범죄행위에 대한 형벌(3.1-21), 제3부는 동산의 추방과 미래의 회복에 대한 기대이다(3.22-24). 이와 같은 단계적 전개를 통해 전체의 줄거리가 명료하게 조망된다. 문서의 본론에 해당하는 제2부는 다시금 유혹의 장면(3.1-6), 하나님의 심문(3.7-13), 징벌의 집행으로(3.14-21) 나누어진다. 세 단계는 하나로 이어져 있다.

이야기의 구성방식에서 주목할 점은 일정한 모티브로 되돌아가는 회귀의 특성이다. 이와 같은 현상은 독자의 관심을 일깨우는 기능을 발휘한다. 예를 들어 유혹장면에 속하는 3장 3절에 등장하는 금지명령은 2장 17절로의 복귀이다. "네가 먹는 날에는 반드시 죽으리라." 금지명령의 위반은 형벌의 선언장면에 해당하는 3장 17절에서 징벌의 근거로 다시 지적된다. "내가 네게 먹지 말라한 나무의 열매를 먹었은즉." 유사한 내용이 세 차례에 걸쳐 언급된 것은 그 내용이 매우 중대함을 의미한다. 열매의 취득에 대한 금지명령과 계명위반에 따른 엄중한 판결은 줄거리 전체를 관류하는 중심범주이다. 여기에 낙원이야기가 갖는 기독교 특성이 있다.

이야기의 플롯을 규정하는 다원적 도식은 단순한 평면적 성격을 넘어 입체적 심층구조의 특성을 지닌다. 각기의 개별부분에는 서술된 내용의 표면에 명시적으로 나타나지 않는 은폐된 의미가 내재해 있다. 이와 같은 잠재의미는 관련문맥의 범위를 벗어나는 폭넓은 조망에서 해명될 수 있다. 낙원이야기의 메시지는 원래의 본문에 연관된 총체적 해석을 필요로 한다. 예를 들어 이야기의 종반을 구성하는 추방장면은 구체적 내용의 결여로 인해 저자의 진정한 의도가 유보되어 있다. 미완의 우화로 취급되기도 하는 종결사건은 추후의 귀환이라는 전제아래 합당하게 이해될 수 있다. 이런 점에서 낙원의 상실에 이어지는 낙원의 회복이 중요한 이슈로 대두된다.

세절의 종결장면에는 타락과 추방을 거쳐 이루어질 희망의 구원이 예시된다. 구원의 가능성이 없는 타락은 그 자체로 아무런 의미가 없다. 여기에서 우리의 관심은 하나의 기본주제에 집중된다. 그것은 '타락의 행위가 어떻게 구원으로 이어지는가' 하는 물음이다. 반전의 논리를 필요로 하는 근본적 주제의 전개를 위해서는 성서전체의 문맥으로 시선을 돌려야 한다. 즉 구약과 신약이 상호연결에 의거해야 한다. 하나님에 의해 세상에 보내진 그리스도는 십자가 죽음을 통해 모든 인간을 죄의 사슬에서 해방한다. 에덴동산 설화의 종반에 잠정적으로 제시된 구원의 복음은 새로운 메시아의 십자가 사건에 의해 완전하게 실현된다. 이것이 타락과 구원의 변증법 역학이다.

서사이야기의 초반에는 최초인간의 창조에 이어진 에덴동산의 창설이 기술된다. 창조주 하나님은 자신이 창조한 인간을 위해 삶의 터전을 마련한다. 그리고 그를 동산으로 인도하여 비옥한 토양의 정원을 경작하고 지키도록 지시한다(2.15). 능동의 타동사 '지키다'는(schmar) '보호하다. 보존하다'를 뜻한다. 경작과 보존의 두 요소는 최초의 인간아담에게 주어진 원래의 사명이다. 그것은 하나님에 의해 인간에게 부여된 '다스림'의 권한에 부응한다(1.28). "땅에 움직이는 모든 생물을 다스리라." 여기에서 의미 있는 명제 '땅의 지배'가(dominium terrae) 파생한다. 모든 생물의 지배를 지시하는 창세기 1장 28절은 후세의 수용에서 흔히 문화명령이라는 범주 아래 설명된다.

최초의 인간을 위한 고귀한 임무의 부여에 이어 하나님의 계명이 주어진다(2.16-17). 간략한 두 절의 내용은 서로 연결된 두 부분으로 구성된다. 아담과 이브는 무성한 동산에 자라나는 '각종나무의 열매'를 임의로 먹을 수 있다. 모든 종류의 나무열매가 일상의 식량으로 제공된다. 다만 선악을 알게 하는 나무의 취득은 철저하게 금지된다. 엄격한 금지명령을 위반한 경우에는 필연적으로 죽음의 숙명이 따른다. 이야기의 초반에 명시된 금지명령은 앞으로의 줄거리를 인도하는 중요한 지표이다.

뱀과 여인의 긴밀한 대화로 전개된 유혹장면은 전체줄거리의 진행에서 가장 극적이고 역동적인 부분이다(3.1-6). 뱀은 에덴동산에 생성된 모든 들 짐승처럼 하나님의 피조물에 속한다(3.1). 동시에 말을 하고 사고하는 능력을 지닌 특별한 뱀으로 소개된다. 즉 높은 수준의 이성적 능력을 소유한 인물처럼 서술된다. 이런 측면에서 자주 동물과 인간의 양면을 지닌 이중존재로 받아들여진다. 사탄이 언어구사 능력은 영리함의 재능을 원하는 여인을 유혹에 빠뜨리는 동인으로 작용한다.

낙원이야기에 등장하는 뱀은 사탄의(satan) 대리자이다. 뱀과 사탄의 동일화는 요한계시록에서 분명하게 확인된다. 여인과 용에 관한 중간환상에 삽입된 미가엘 전투의 장면에는 사탄이 '옛뱀'으로(그리스어 'ophis') 표기된다(계 12.9). "큰 용이 내쫓기니 옛뱀 곧 마귀라고도 하고 사탄이라고도 하며." 고대 셈족의 종교와 히브리 신화에는 'tannin'이라 불리우는 용의 괴물이 등장한다. 사탄과 옛뱀의 동일화는 문서의 후반에 나오는 천년왕국 장면의 도입부에도 지적된다(20.2). 요한계시록에 두 차례에 걸쳐 언급된 옛뱀은 에덴동산의 뱀에도 해당된다.

유혹이야기는 심리적 유혹술의 걸작으로 평가된다. 저자가 제한된 범위 내에서 탁월한 유혹의 심리학을 완성한 것은 놀라운 일이다. 이것은 고전적 낙원이야기가 근대적 특성을 지닌다는 사실에 대한 반증이다. 상대적으로 독립된 형태의 단편 이야기에는 당시의 문서에 발견하기 힘든 진전된 어법과 높은 수준의 내용이 포함되어 있다. 단락의 첫 절에서 유혹자 뱀은 하나님의 명령을 기괴하게 변형시키는 외형상 정돈된 질문으로 말문을 연다(3.1).

하나님이 참으로 너희에게 동산 모든 나무의 열매를 먹지 말라 하시더냐?

부정반어법을 사용한 자극적 문장에서 뱀은 원래의 금지명령을 교묘하게 왜곡한다. 그는 금지의 대상인 하나의 나무를 '모든 나무'로 확대함으로써 하나님을 관용이 결여된 냉혹의 주체로 매도한다. 여기에는 하나님의 계명에 대한 거부감을 지닌 사탄의 자세가 나타나 있다. 풍요의 동산에는 값진 열매로 가득찬 나무가 수없이 존재한다(창 2.9). 이들은 모두 만물의 영장 인간이 자유로이 취득할 수 있는 유익한 식량이다. 간접화법에 의거한 질문은 중요한 기본사실을 도외시한 채 한가지 금지조항 만을 문제 삼는다.

이브는 변형된 뱀의 질문에 대해 처음에는 비교적 올바르게 대처한다. 그러나 답변의 중심을 동산의 중앙에 있는 하나의 나무로 돌리면서 다음과 같이 응수한다(3.2-3).

3.2 동산나무의 열매를 우리가 먹을 수 있으나
3.3 동산 중앙에 있는 나무의 열매는 하나님의 말씀에 너희는 먹지도 말고 만지지도 말라. 너희가 죽을까 하노라 하셨느니라.

원래 하나님에 의해 금지된 행동은 열매의 접촉이 아니라 취득이다. 이 브가 '만짐'의 행위를 덧붙여 사실을 과장한데 관해서는 심리학적 설명이 가능하다. 그것은 자신의 욕망에 관한 두려움 때문이다. 이제 매혹의 나무는 근처에 접근하는 일조차 위험한 대상으로 나타난다. 뱀은 자신의 발언을 수정하는 여인의 답변에 직접 개입하는 대신에 또 다른 첨예한 현안으로 주의를 환기시킨다. 즉 '결코 죽지 않으리라'는 역전의 단언을 통해 상대방의 내적 분열과 공포를 진정시킨다(3.4). 하나님의 선언을 부정하는 사탄의 반박에는 상대방을 현혹하는 교묘한 술책이 숨어 있다. 탐스러운 과일의 섭취가 바로 죽음을 가져오는 것은 행복의 에덴동산 여건에서 상상하기 어려운 일이다. 실제로 선악과를 먹은 두 남녀는 '그날에'(2.17) 죽지 않는다. 하나님이 경고한 필연적 죽음은 심문과 형벌의 판결 이후 동산추방의 장면에서 비로소 언급된다. 여기에 지적된 생명나무 통로의 폐쇄는 죽음을 의미한다(3.22). 계명위반의 범죄를 저지른 최초인간에게 죽음의 숙명은 낙원을 떠난 지상의 삶에서 비로소 이행된다.

사탄의 치밀한 작전수행은 단순한 속임수에 그치지 않는다. 그는 매우 노련한 방식으로 하나님의 계명에 대한 여인의 불신을 조장한다. 이것은 일연의 유혹발언에서 마지막 일격에 해당한다(3.5).

너희가 그것을 먹는 날에는 너희 눈이 밝아져 하나님과 같이 되어 선악을 알줄 하나님이 아심이니라.

위의 문장은 하나님의 적대자인 사탄의 유혹방식을 보여주는 전형적 사례이다. 매우 세련된 형식의 발언에서 하나님은 인간이 자신과 '같이 되는' 것을 경계하는 비천한 존재로 나타난다. 즉 인간을 창조한 하나님이 질투의 주체로 비하된다. 그러나 이미 지적한 것처럼 질투 혹은 시기는 지옥으로 추락한 사탄의 속성이다.

이미 사탄이 던진 올가미에 걸려든 여인은 달콤한 언변의 위험성을 감지하지 못한다. 사탄은 인간의 약점을 교묘하게 이용하는 악의 대부이다. 어두운 맹목의 상태에서 벗어나고 싶은 욕망에 사로잡힌 여인은 주저함이 없이 '탐스러운' 과일을 따먹는다. 하나님과 '같이 되고 싶은' 오만한 망상의 발로이다. 스스로의 분수를 의식하지 못한 여인은 옆에 있는 남자에게도 동일한 행동을 권한다(3.6). 인간은 결코 전능자 하나님의 자리에 앉을 수 없다. 인간의 모든 불행, 대립, 분열은 이 중요한 기본사실을 망각하는 데 기인한다.

금단의 열매를 취한 결과는 우선 수치심의 발로로 나타난다. 벌거벗음의 자각에 의해 생성된 수치심은 순수한 마음의 결여에서 나오는 내적 불안과 공허의 표시이다. 두 남녀는 억누르기 힘든 부끄러움에서 벗어나기 위해 무화과나무 잎으로 앞치마를 만들어 신체의 중심부위 를 가린다 (3.7). 무화과나무 잎은 자연존재에서 문화존재로의 이행을 지시하는 비유 상이다. 성서의 화자는 인간의 최초 옷입기 행위를 변화된 문명의 현상으로 서술하고 있다.

2. 타락이야기의 성격과 의미

최초의 인간에 의한 범죄와 이에 따른 징벌은 에덴동산 설화를 타락이 야기로 보게 한다. 성서의 문맥에서 타락은 죄악으로 인한 멸망 혹은 파 멸을 의미한다. 타락이라는 단어는 낙원이야기에 등장하지 않는다. 그러 나 서기 100년 경에 생성된 〈에스라 4서〉에 발견된다. 유대문화에 연원 하는 기독교 묵시문서에는 다음과 같은 에스라 예언자의 탄식이 기록되 어 있다(7.118).

> *아 아담이어 너는 무슨 일을 자행하였는가. 네가 죄를 저질렀을 때에 타락은 너 뿐만 아니라 우리 자손 모두에게 들어왔다.*

질문과 응답의 형식을 취한 두 문장은 최초인간 아담의 범죄로 인한 죄 의 상속을 인상적으로 표현한다. 이것은 타락의 사건이 초래한 지속적 영 향력을 요약한 탁월한 증언이다. 오늘날 성서주석과 교회설교에서 기피 현상을 보이는 성서용어 타락은 순수한 순종에서 죄악의 불순종으로 넘 어가는 멸망의 상태를 지시한다. 다시 말해 하나님을 버린 인간의 총체적 멸망을 가리키는 기독교 개념이다.

타락의 이해에는 죄의 개념이 필수적이다. 성서의 타락은 한마디로 죄

그림8) Michelangelo 〈타락과 추방〉, 1509-10, 프레스코, 280x570cm, Sistine 예배당 천장화

에 의한 파멸이다. 타락을 지시하는 독일어 복합명사 'Sündenfall'은 문자 자체로 '죄의 추락'을 뜻한다. 이와 같은 타락의 의미는 성서에 제시된 죄의 개념에 부합한다. 죄에 해당하는 히브리어 명사 'hattat'는 화살이 과녁에서 '빗나감'을 의미한다. 죄란 하나님의 뜻에 어긋나는 일탈행위를 말한다. 유사명사 'awon'은 하나님으로부터의 일탈과 사회적 범죄를 모두 의미한다. 여기에 해당하는 그리스어 명사 'hamartia' 역시 '표적의 놓침'을 뜻한다. 죄는 근본적으로 하나님으로부터 떨어져 나가는 자의적 행위이다. 이런 점에서 철저하게 기독교적 특성을 지닌다.

타락의 행위는 그 자체로 감정과 사고, 즉 삶의 변화를 자초한다. 그것은 더 이상 범죄를 저지르기 이전의 순수한 상태는 아니다. 사탄의 유혹에 연원하는 타락의 결과는 징벌의 집행과 동산으로부터의 추방이다. 낙원이야기의 영향사에서 거듭하여 지적된 잃어버린 낙원은 여기에 근거한다. 낙원의 상실은 수많은 작가와 예술가의 창작욕을 움직인 매력적 주제이다. 낙원의 모티브를 소재로 삼은 근대성화를 보면 인간의 타락과 동산의 추방이 중심에 위치한다. 서로 긴밀하게 연결된 두 사건은 하나의 작품에 동시에 묘사되기도 한다.

Michelangelo의 프레스코 〈에덴동산의 타락과 추방〉은(1509–10) 화면의 좌우에 타락의 범죄와 낙원의 추방을 함께 제시한다. (그림 8) 낙원이야기의 복합주제를 다룬 작품은 Sistine 예배당에 설치된 천장화 시리즈의 여섯 번째 작품에 해당한다. 길게 펼쳐진 직사각형 화면의(280×570cm) 중앙에 나뭇잎 숲이 수평으로 늘어진 인식나무가 서 있다. 육중한 나무의 두터운 둥치는 굵직한 뱀의 몸통에 의해 이리저리 감겨져 있다. 뱀의 정상을 형성하는 것은 노란 머리를 휘날리는 여인의 형상이다. 유혹자 뱀은 나뭇잎 숲의 아래에 옆으로 누워 있는 이브에게 금단의 열매를 내밀고 있다. 이브는 오른팔을 바위에 받치고 왼팔을 높이 들어 작은 열매를 받고 있다.

상세하게 재생된 프레스코의 구성에서 눈에 띄는 특징은 화면의 좌측, 중간, 우측의 장면을 지시하는 벽기둥 형상이다. 유혹의 장면, 인식나무 줄기, 동산의 추방을 대언하는 세 기둥은 상단에 위치한 기다란 팔의 모양에 의해 철자 m의 형식으로 서로 이어져 있다. 칼을 앞으로 뻗은 붉은 옷 천사의 기다란 팔이 팔의 형상 전체를 대언한다. 시각작품의 세 구성요소를 문자기호의 제스처를 통해 서로 연결시키는 특별한 접합방식은 매우 진전된 구성기법이다. 혁신적 예술사조인 르네상스 회화의 우수성을 증명하는 이와 같은 양식수단은 낙원이야기의 중심사건을 다룬 천장화의 질적 수준을 높여준다.

유사한 현상이 인물의 묘사에도 감지된다. 남녀 주인공의 누드상에는 천재화가가 창작의 초기단계에 종사한 해부학 스케치의 여운이 나타나 있다. 아담과 이브의 나체는 피부의 특색과 근육의 굴곡에 따라 세밀하고 입체적으로 재현된다. 유혹과 추방장면에 제시된 두 남녀의 형상에는 활력적 동작을 보여주는 육체와 움츠러든 자세의 육체가 대조를 이룬다. 화면전체의 구성은 주변 요소를 배제한 채 필요한 부분만 부각시킨다. 이와 같은 집중화 방식은 화가의 의도를 명료하게 드러내는 효과를 가져온다. 바티칸 도시의 사도궁전 예배당을 찾은 방문객은 낙원이야기의 중심을 형성하는 두 사건의 상호관찰에서 역사적 예술작품이 주는 메시지를 확인한다. 그것은 창조주 하나님의 계명을 위반한 피조물 인간의 범죄행위가 가져올 엄중한 형벌의 교훈이다.

타락이야기의 읽기에는 범죄의 근원과 동기를 둘러싸고 하나의 의문이 제기된다. 창조주 하나님은 순수한 행복의 동산에 왜 선악을 알게 하는 인식의 나무를 배치하였는가 하는 물음이다. 하나님이 자신이 만든 인간을 시험하기 위하여 의도적으로 유혹의 덫을 놓았다는 오해는 주석사의 진행에서 한동안 지속된다. 그러나 이와 같은 부정적 사고는 창조주 하나님의 원대한 뜻을 간과한 성급한 판단에 불과하다. 일부의 학자사이에 제기된 까다로운 질문의 해답을 위해서는 창조주 하나님과 피조물 인간의 상관관계에 관한 깊은 성찰이 요구된다.

선악과 취득의 금지를 명령한 하나님의 엄격한 조처에는 인간의 자유의지에 관한 시험이 중요한 동인으로 지적된다. 일반적 자유의지의 개념에는 다양한 선택 가능성에서 결정을 단행하는 주관적 능력이 중요하게 고려된다. 인간 창조의 사역에 주어진 다스림의 특권에는 그에 합당한 책임이 따른다. 그렇지 않으면 인간은 무분별한 자유와 방종에 빠져드는 위험에 처하기 때문이다. 하나님이 행복의 동산에 인식의 나무를 설치한 근거는 자유의 개념에 필수적인 윤리적 범주에 의해 적절하게 설명된다. 극도의 긴장 상황에서 전개된 유혹장면의 마지막에 인간이 스스로 취한 행동은 '도덕적 자율성의 와해'로 설명된다.

예지적 해석가는 최초의 인간을 파멸에 이르게 한 타락행위의 근원을 하나님의 신뢰와 인간의 자기책임 사이의 불화에서 찾고 있다. 하나님을 떠난 인간의 자의적 행동은 자아, 이웃, 주변을 포함한 총체적 멸망을 가져온다. 이것이 '무화과 나뭇잎의 문화'로 비유된 어두운 인간세계의 실상이다. 문서의 저자에 의해 선정된 특별한 모티브 무화과 나뭇잎은 인간의 약점과 오류를 대언하는 상징의 매체로 나타난다. 후세의 수용에서 중요한 자리를 차지하는 본문의 구절은 사탄에 의한 유혹의 결과를 설명하는 한 절의 진술이다(3.7).

> 이에 그들의 눈이 밝아져 자기들이 벗은 줄을 알고 무화과나무 잎을 엮어 치마로 삼았더라.

'그들'을 주어로 삼는 과거시제의 문장은 수치심의 자각에 따른 자기은폐의 행위를 서술한다. 신학교수 Sandler에 의하면 무화과 나뭇잎으로 중요한 신체 부위를 덮는 것은 '초월의 폐쇄'로 규정되는 질병의 증상을 지시한다(Sandler, 〈낙원에 금지된 나무〉, 2009, 130-131쪽). 죄의 인간은 무화과 나뭇잎의 사용으로 하나님 영광의 빛이 방사될 수 있는 가능성을 제거한다. 무화과 나뭇잎은 인간이 하나님의 신비로 향하는 통로를 가로 막는다. 위에 지적한 '무화과 나뭇잎의 문화'는 인간이 하나님을 떠나 스스로 살아가야 하는 고통의 문화생활을 비유한다.

성서의 개념인 타락은 후세의 수용사에서 종교의 범위를 넘어 일반학문의 분야에서 다루어진다. 특히 철학, 윤리학, 심리학의 영역에서 고유의 방식으로 응용된다. 독일 관념론은 인간학의 측면에서 의식의 성장에 따른 약점과 오류의 생성을 지적한다. 인식나무의 열매를 먹은 후의 인간은 더 이상 완전한 의미의 인간이 아니다. 그는 하나님에 의해 부여된 영적 능력을 상실한 육의 인간이다. 따라서 본능적 감정과 자의적 판단에 의거하여 행동한다. 여기에서 인간의 가치를 말살하는 죄악과 범죄가 발생한다.

심리학 해석은 유사한 입장에서 성인의 위기에 관한 문제를 제기한다. 두 남녀가 불순종의 범죄를 저지른 이후 벌거벗음의 상태를 인식하고 느낀 수치심은 인간적 성숙의 부작용이다(창 3.7). 완전한 순수의 상태에서 느껴보지 못한 부끄러움의 생성은 악의 대부인 뱀의 유혹이 가져온 결과이다. 수치심의 감정은 성적 인식에 관계된다. 성의식의 문제는 이미 인식나무의 개념에 내포돼 있다. 히브리어 동사 'jd'는 '알다'와 함께 '성을 인식하다'의 의미를 포함한다. 이와 같은 어원적 관찰은 선악과 나무에서 성적 요소를 보는 근거를 제공한다. 선악과의 취득에 따른 죄악의 발생을 성적 타락의 측면에서 바라보는 일부의 관점은 여기에 근거한다.

타락의 주제와 불가분의 관계에 있는 죄의 해석에는 신학적으로 중요한 의미를 지니는 원죄의 개념이 유도된다. 라틴어 용어 'peccatum originale'로 표기되는 원죄는 최초인간의 죄악뿐만 아니라 인류 전체의 죄를 포함한다. 죄의 조상을 가진 인간은 누구나 그들이 초래한 원래의 재앙에 참여한다. 인간은 태어날 때부터 오염된 속성과 죄의 성향을 물려받는다. 죄의 상속은 원죄의 교리를 형성하는 토대가 된다.

원죄에 관한 성서의 기초는 창세기의 타락 이야기, 시편 51장 5절, 로마서 5장 12-21절이다. 참회의 기도인 시편 51장 5절은 다음과 같이 노래한다.

내가 죄악 중에서 출생하였음이어 어머니가 죄 중에서 나를 잉태하였나이다.

위의 시행은 제목의 안내에 표기된 것처럼 사무엘하 12장 1-13절에 연결되어 있다. 열세 절의 단락은 다윗에게 주어진 나단의 형벌경고를 서술한 주요한 대목이다. 두 부분으로 구성된 기도는 수치심에 사로잡히고 죄의식에 의해 비하된 내면의 의식상태를 잘 표현한다. 그럼에도 불구하고 하나님의 자비를 향한 참회의 신앙이 드러나 있다.

신약성서에서 원죄의 문제를 논리적으로 설명하는 모형적 근거는 사도 바울의 중심서신 로마서 5장의 서두이다(롬 5.12).

그러므로 한 사람으로 말미암아 죄가 세상에 들어오고 죄로 말미암아 사망이 들어왔나니 이와 같이 모든 사람이 죄를 지었으므로 사망이 모든 사람에게 이르렀느니라.

위에 인용한 복합문장은 아담과 그리스도의 대립관계를 서술하는 기다란 단락의 도입시행이다. 전체단락의 내용을 예시하는 의미 있는 구절에는 한 사람과 많은 사람의 관계에 관한 기본공식이 제시된다. 결과를 지시하는 접속부사 '그러므로'로 시작되는 진술문에는 '한 사람'의 잘못된 행동이 죄악과 사망을 가져온 통로라는 사실이 강조된다. 단계적 논리에 의해 전개된 복합문에는 두 개의 전치사 '말미암아'와(그리스어 'dia') '속으로'에(그리스어 'eis') 강세가 주어진다. 다시 말해 원인과 진입의 의미가 부각된다. 장소의 부사구 '세상(kosmos) 속으로'는 세계에 내재한 죽음의 현존을 지시하는 비유의 표현이다.

바울이 로마서 제5장 후반에 정립한 죄의 인간학은 후세에 정립된 원죄론의 토대로 인정된다. 열절에 걸친 기다란 단락에는 아담과 그리스도의 관계를 통해 죄와 구원의 문제가 상세하게 개진된다(롬 5.12~21). 여기에서 저자는 진술의 내용을 명료하게 전달하기 위해 반예형론의(Anti-Typologie) 방법을 도입하고 있다. 이 특별한 이론은 성서해석의 기본방법인 예형론의(typology, Typologie) 실천적 응용이다. 여기에서 아담-그리스도의 관계는 역의 형식에서 서로 긴밀하게 연결된다.

바울의 논리전개에서 '오실자의 모형' 아담은(5.14) 새로운 인간을 대언하는 '제2의 아담' 그리스도와 특별한 방식으로 대비된다. 최초의 인간이 저지른 죄악으로 말미암아 인류가 죽음에 이른 것처럼 새로운 아담에 의한 속죄의 사건으로 인해 인류는 사망의 질곡에서 벗어난다. 아담이 저지른 범죄가 정도가 크면 클수록 이를 분쇄하는 구원의 실현은 그만큼 더 강화된다. 논리의 결과를 지시하는 후자의 측면에 강세가 놓이는 진술방식은 정도의 수치를 강조하는 비교부사 '더욱'에(5.17) 의해 뒷받침된다. 축약된 형식의 부사 '더욱'은 '더욱 크게'를 뜻한다. 반예형론의 기초인 역전의 논리는 여기에서 양극의 확대로 이해된다.

서신의 저자는 단락의 종결부에서 첫 절의 기조로 돌아간다(5.1). 즉 이미 제시된 내용을 다시 한번 소개하면서 그곳에 결여된 부분을 새로이 보충한다(5.18).

그런즉 한 의로운 행위로 말미암아 많은 사람이 의롭다하심을 받아 생명에 이르렀느니라.

접속부사 '그런즉'으로 시작되는 기다란 진술문은 이제까지의 비교논리에서 한 걸음 더 나간다. 하나님의 뜻에 완전하게 순종한 예수님의 고난의 길은 고통과 죽음의 잔을 받아들임으로써 목표에 도달한다. 그와같은 '의의 행위'는 모든 인간을 생명으로 인도한다. 단락전체의 전개를 위한 기본도식인 아담과 그리스도의 역전관계는 구원의 핵심인 생명의 획득으로 귀결된다.

로마서 5장 12절에 제시된 아담-그리스도의 병행은 두 개의 기본사실로 요약된다. 첫째 원죄가 없다면 인간은 불멸을 유지할 수 있다. 원래의 낙원에 거주한 인간은 불멸의 존재이다. 죽음은 하나님과의 단절에서 생성된다. 둘째 모든 사람이 죄의 숙명에 처해진다. 즉 사망은 모든 사람에게 해당된다. 누구나 아담 '안에서' 죄를 짓는다. 하나님에 대한 불순종은 인간의 내면에 무질서를 가져온다. 그러나 죄의 상속은 그 자체로 해소의 씨앗을 지니고 있다. 이와 같은 사실은 하나님의 구원사역에 의해 현실화된다. 새로운 철학적 알레고리는 교회의 원죄이론이 믿음의 순종에 대한 거역에서 발생하였다고 이해한다.

인간의 역사에 죄악의 발생을 초래한 가공할만한 타락의 사건은 후세의 화가에게 강한 창작충동을 불러일으킨다. 특히 근세로 접어들면서 형벌과 심판을 수반하는 타락의 시각적 가공이 활발하게 이루어진다. 이와 같은 성향은 인간의 죄성에 의해 지배되는 악의 세계에 관한 의식과 판단이 강화되면서 더욱 가속화된다. 시대의 변천과 함께 점차 강도를 더해가는 인간의 죄악과 범죄는 그 근원이 되는 타락의 사건에 관심을 돌리도록 유도한다. 상상력이 풍부한 화가는 타락의 행위를 예술적, 감각적으로 묘사하려 시도한다. 여기에는 시대의 발전과 함께 활성화된 인간의 의식변화와 혁신적 표현양식이 중요한 역할을 한다.

플랑드르 화가 Rubens의 유화 〈인간의 타락〉은(1628-29) 당시에 활성

그림9) Rubens 〈인간의 타락〉, 1628-29, 유화, 238x184.5cm, Madrid Prado 박물관

화된 타락의 주제를 집중적으로 다룬 낙원화의 범례이다. (그림 9) Madrid 의 Prado 박물관에 보존된 인상적 유화에서 최초의 두 남녀는 균형을 상실한 불안정한 모습으로 나타난다. 그들에게는 그 어떤 외부의 도움이 필요해 보인다. 사탄의 분신인 뱀은 절반은 아기, 절반은 뱀의 형태를 취하고 있다. 풍성한 몸매의 이브는 왼손을 들어 이중형태의 유혹자가 아래로 내미는 둥근 과일을 서슴없이 받고 있다. 맞은 편에 있는 남편의 만류를 외면한 그녀의 행동은 금지된 열매의 취득이 자의적 결정에 의한 것임을 보여준다. 그녀의 다리 옆에 앉아 있는 작은 여우의 등장은 이와 같은 사실을 뒷받침 한다.

Rubens의 유화는 르네상스의 베네치아 화가 Titian의 동일제목 작품에(1550) 제시된 모델을 따르고 있다. Rubens는 1629년의 스페인 여행에서 Titian의 그림을 직접 보았다고 전해진다. 그러나 아담의 신체근육, 두 남녀의 모습, 전체 분위기의 조성에 변화를 주고 있다. 서로 대조되는 자세로 묘사된 두 남녀 사이에는 범죄행위를 유발하는 시선의 교환이 감지되지 않는다. 이브는 이미 탐스러운 과일을 먹고 싶은 욕망에 사로잡혀 있다. 아담의 뒤에 서 있는 작은 나무의 나뭇가지에 앉아 앞의 장면을 주시하는 주황색 앵무새는 새로이 추가된 부분이다.

Rubens의 아담은 아름다운 청년이 아니라 성숙한 남자이다. 그의 나체를 특징짓는 강한 근육의 상태는 바티칸 박물관에 전시된 대리석 조각 〈Velvedere 토르소〉의 남성 누드를 연상시킨다. 신체의 윗부분과 다리가 잘려나간 고대의 단편 조각에는 가슴과 배의 부위와 허벅지에 드러나는 근육의 굴곡이 부각된다. 덥수룩한 머리와 단단한 근육의 신체를 소유한 아담은 상체를 약간 숙인채 앞에 서 있는 여인을 올려다보며 그녀의 어깨를 조심스레 왼손으로 밀쳐낸다. 뱀의 유혹에 넘어간 이브에게 하나님의 계명을 상기시키기 위해서이다.

두툼한 둥치의 고목 아래에 있는 바위에 오른손을 바치고 앉아 있는 아담의 표정은 매우 진지해 보인다. 비교적 적극적으로 행동하는 아담의 인물상은 소극적으로 묘사된 Titian의 아담과 차이가 있다. Titian의 아담은 상체를 뒤로 제치고 주저하는 듯한 자세로 과일을 손에 쥐고 있는 여인의 얼굴을 쳐다본다. 가느다란 나무줄기에서 내려온 기다란 월계수 가지 나뭇잎이 이브의 풍만한 나체의 가운데 부분을 가리고 있다. 금단의 과일을 취한 그녀는 이미 성의식의 자각에 의한 부끄러움에 사로잡혀 있다.

이에 반해 아담의 하체는 예전의 상태 그대로이다. 아직 이브가 건네준 과일을 먹지 않은 그에게 죄의식이나 수치심은 존재하지 않는다. 그러나 그의 활력적 제스처에는 어딘가 감각적, 성적 요소가 배어 있다. 그것은 변화된 시대양식의 반영이다. 섬세한 표현력을 소유한 화가는 사탄의 유혹에 대응하는 두 남녀의 내면에 일어난 미묘한 심리차이를 얼굴표정과 행위묘사를 통해 드러내고 있다. 이와 같은 묘사방식은 아담과 이브의 인물상에 근본적으로 거리를 두지 않는 종래의 경향에서 한 걸음 더 나간 진척된 형태의 화법이다.

3. 형벌의 선언과 낙원의 추방

유혹과 추방의 사건은 선행하는 창조이야기와 문체상으로 구분된다. 낙원이야기의 중반과 종반을 구성하는 두 부분은 팽팽한 긴장감에 의해 지배되며 드라마틱한 대화로 편성된다. 그러나 원래 분리되어 전승된 두 이야기는 일찍부터 하나의 이야기에서 밀접하게 연계된다. 예를 들어 2장 9절에 언급된 생명나무는 3장 22절에 다시 등장한다. 이와 같은 순환구조에 의해 문서전체의 일관성이 보장된다. 인간창조와 유혹 및 추방이야기는 적지 않은 오차와 상치에도 불구하고 하나의 통일을 조성한다. 아담과 이브의 인물상은 두 이야기의 상호연계에서 적합하게 형성된다. 후세에 묘사된 최초인간의 형상은 범죄행위 이전과 이후를 모두 포함한다.

낙원이야기의 정점을 형성하는 타락의 사건에는 심문의 장면이 따른다 (3.8-13). 심문은 인간의 범죄행위에 관한 하나님의 직접적 청취이다. 새로이 시작하는 여섯 절의 단락은 동화같은 도입부로 시작된다(3.8).

그들이 그날 바람이 불 때 동산에 거니시는 여호와 하나님 소리를 듣고.

날이 서늘한 시간에 하나님이 '동산에서 거니는' 것은 평소에도 하나님이 동산에 머물며 자신이 창조한 인간을 보살핀다는 표시이다. 여기에는 하나님이 자신의 백성과 함께 한다는 기본명제가 암시되어 있다. 그러나 범죄를 저지른 인간은 하나님의 음성이 들리자 동산의 나무 사이에 몸을 숨긴다. 하나님은 아담의 이름을 부르며 "네가 어디 있느냐"고 물어본다(3.9). 여기에서 장소를 가리키는 의문부사 '어디에'가 사용된 것은 특별한 의미가 있다. 피조물인 인간의 삶과 사고에서 중요한 것은 그가 속해있는 장소이다. 그는 자신의 위치를 벗어나 하나님의 자리에 오르려 해서는 안된다. 최초의 남녀는 바로 이와 같은 착오로 인해 범죄를 자행하고 가혹한 형벌에 처해진다.

아담과 이브가 '하나님의 낯을 피하여' 동산의 나무 사이에 몸을 숨긴 것은 수치심이 아니라 앞으로 닥쳐올 심판에 대한 두려움 때문이다. 전에 모르던 죄의식의 자각은 주어질 형벌에 대한 무서움을 가져온다. 자기 은폐의 행동은 하나님과의 관계에서 부정적 변화를 의미한다. 극심한 공포의 감정은 아담으로 하여금 스스로 저지른 범죄의 원인이 여자에게 있다고 변명하게 만든다. 비겁한 변명에는 여인을 창조한 하나님에 대한 책임전가도 포함된다(3.12).

하나님이 주셔서 나와 함께 있게 하신 여자 그가 그 나무열매를 내게 주므로 내가 먹었나이다.

위의 문장에는 삶의 동반자가 '그 여자'로 호명된다. 이와 같은 비하의 표현에는 '돕는 배필'을 주신 하나님에 대한 원망과 비난이 들어 있다. 천지창조의 마지막 단계에서 하나님의 동형상으로 지어진(1.27) 인간의 고귀한 본성은 이제 철저하게 붕괴된다. 범죄행위의 동인을 제공한 자로 지목된 여인은 동일한 어조로 금단의 열매를 먹은 것은 뱀의 사주 때문이라고 항변한다. 여기에 제시된 변명의 원은 우리 모두에게 해당한다. 인간은 보통 스스로 저지른 죄악의 원인이 남에게 있다고 주장한다. 유혹의 장면에 유혹의 심리학이 존재한다면 심문의 과정에는 자기변명의 심리가 작용한다.

3장 12-13절의 두절에 제시된 아담과 이브의 답변에는 단순한 자기변명을 넘어서는 긍정적 해석의 가능성이 존재한다. 이와 같은 사실은 선행하는 절의 마지막을 규정하는 하나님의 물음 "그 나무 열매를 네가 먹었느냐"에 근거한다(3.11). 여기에서 심문자는 최초인간의 두려움이 수치심이 아니라 금지된 열매를 먹은 계명위반에 있음을 지적한다. 이로 인해 두 남녀는 스스로의 죄가 무엇인지를 분명하게 깨닫는다. 죄의 자각과 인식은 회개의 길을 열어준다. 이와 같은 사실은 본문의 줄거리에 언급되지 않는다. 그러나 독자는 제2부의 마지막을 장식하는 두절에서 이에 관한 가능성을 발견한다(3.20-21). 제3부로 넘어가는 짧은 단락에는 아담의 새로운 이름 부여에 의해 추락한 이브의 위상이 제고된다. 뿐만 아니라 사랑의 하나님은 가혹한 형벌에 처해진 가련한 부부를 위해 스스로 가죽옷을 지어 입혀준다.

심문의 과정에 이어진 징벌의 선언은 단계적으로 이루어진다(3.14-19). 전체줄거리의 진행은 물이 흐르듯 중단없이 계속된다. 여섯 절의 문장은 모두 이인칭 단수대명사 주어 '너'의 부름에 의해 인도된다. 세 번째 문장에는 '나'와 '너'의 상호관계에 의거한다. 이와 같은 연계의 화법은 형벌의 선언이 피할 수 없는 목전의 사실임을 지시한다. 전체의 문안은 아래에 같은 운문으로 고쳐 쓸 수 있다. 그것은 마치 한편의 시처럼 들린다.

1 네가 이렇게 하였으니 네가 ... 더욱 저주를 받아 배로 다니고

2 내가 너로 여자와 원수가 되게 하고

3 내가 너에게 임신의 고통을 크게 더하리니

4 네가 ... 나무의 열매를 먹었은즉 땅은 너로 말미암아 저주를 받고

5 네게 가시덤불과 엉겅퀴를 낼 것이라.

6 네가 흙으로 돌아갈 때까지 얼굴에 땀을 흘려야 먹을 것을 먹으리니.

병행형식으로 표기된 여섯 행의 구성에서 처음 두 행은 뱀, 중간의 한 행은 여인, 마지막 세 행은 남자에 관계된다. 독자는 시 전체의 읽기를 통해 세 범죄자에게 주어진 형벌의 내용을 훌륭하게 조망할 수 있다.

하나님의 계명을 손상한 범죄에 대한 판결의 선언은 유혹자 뱀, 최초의 범죄자 여인, 후속의 공범인 남자의 순서로 진행된다. 세 범죄자에게 각기의 상황에 맞는 징벌이 주어진다. 말을 하는 능력을 소유한 뱀에게는 땅에 '기어다니며' 흙을 먹는 저주가 주어진다. 이것은 아무런 힘도 없는 무기력한 사탄의 속성을 지시한다. 뱀의 유혹에 넘어간 여자에게 선언된 형벌의 내용은 임신의 고통과 남자의 예속이다.

하나님의 엄격한 금지명령을 직접 듣고 준행하지 않은 남자에게 노동의 수고가 범죄의 대가로 부과된다. 한 걸음 더 나아가 전에 존재하지 않던 허무한 죽음의 숙명이 발생한다. 노동의 수고와 해산의 진통은 히브리어 언어사용에서 서로 대응한다. 흙으로 만들어진 최초의 인간에게 땅의 저주가 형벌의 요소로 추가된다. 원래 비옥하던 땅의 저주는 환경의 파괴를 초래하는 동인이 된다. '가시덤불과 엉겅퀴'의 번성은 밭의 소산을 감소시키는 결과를 가져온다. 이와 같은 지적은 팔레스티나 토양의 황폐가 유대인의 농사와 농촌생활을 어렵게 만드는 요인으로 설명되기도 한다.

　뱀을 향한 징벌에서 중요한 부분은 사탄의 패배이다(3.15). "여자의 후손은 네 머리를 상하게 할 것이요." 예언적 성격의 선언은 미래의 메시아에 의한 사탄의 파멸을 분명하게 지시한다. 요한계시록 종반에는 사탄의 종국적 퇴치가 명백하게 증거된다(계 20.10).

　　그들을 미혹하는 마귀가 불과 유황못에 던져지니.

　사탄의 세력은 하나님의 피조물인 인간을 멸망에 빠뜨리는 지상의 힘을 소유한다. 그러나 결국 하나님의 아들 그리스도의 권능에 의해 패배당한다. 구원사의 맥락에서 큰 의미를 지니는 사탄의 패배가 창세기 서두에 이미 예시된 것은 낙원이야기가 갖는 우주적 성격을 증거한다.

　제3부를 위한 전환의 계기는 이미 제2부의 마지막 절에 준비된다. 사랑과 자비의 하나님은 엄한 징벌의 판결을 받은 아담과 이브를 위해 가죽옷을 지어 입혀준다(3.21).

　　여호와 하나님이 아담과 그의 아내를 위하여 가죽옷을 지어 입히시니라.

　가죽옷은 모피로 만든 상의를 가리킨다. 독립된 성격의 문장에 지적된 특별한 조처는 일찍부터 이해의 어려움을 야기한다. 이미 무화과나무의 사용에 제시된 옷입기 모티브에 내재된 새로운 의미의 가능성 때문이다. 일부의 주석가는 현실적 입장에서 모피옷의 착용을 벌거벗은 신체에 털이 생성되는 피부의 변화로 설명한다. 즉 영의 신체에서 육의 신체로의 전락을 지시한다. 여기에서 남녀사이의 성적 차이와 성의식의 문제가 발생한다.

또 다른 주석가는 가죽옷의 제공을 곧 일어날 추방의 집행 이후 닥쳐올 외부세계의 거친 생활에 필요한 의복의 장만으로 풀이한다. 즉 모든 날씨의 변화에 대비할 수 있는 안전조치이다. 기독교전설에 기록된 추방 이후의 삶에 부응하는 이와 같은 해석은 자신이 창조한 인간과의 단절을 복구하려는 하나님의 배려로 해석된다. 구원사의 문맥에서 보면 후자의 경우가 설득력이 있다. 하나님은 그리스도의 십자가 죽음을 통해 최초의 인간을 죄악에서 해방한다. 여기에서 동산의 추방을 명령한 창조주 하나님과 죄의 인간 사이의 화해가 이루어진다.

낙원이야기를 마감하는 제3부는 선행하는 두 부분에 비해 매우 간략하게 기술되어 있다(3.22–24). 그러나 압축된 세 절에 이야기의 중요한 결론이 제시된다. 그것은 인간의 타락에 따른 형벌의 결과인 동산의 추방과 함께 추후에 이루어질 귀환의 암시이다. 두 요소는 낙원이야기의 성격을 규정하는 종결의 모멘트이다. 동산의 추방은 제3부의 도입주제이다. 여기에서 추방의 모티브는 강한 뉘앙스를 지닌 동사 '쫓아내다'로 표현된다(3.24).

이같이 하나님이 그 사람을 쫓아내시고.

주체가 명시된 능동의 타동사 '쫓아내다'는 원래 '인연을 끊게하다'를 뜻한다. 즉 에덴동산의 행복한 삶에서 떨어져 나감을 의미한다. 이와 같은 언어사용에는 천상의 위력이 감지된다. 낙원의 추방을 다룬 일부의 성화를 보면 동산에서 쫓겨나는 두 남녀의 무기력과 좌절감이 극도의 사실성으로 묘사된다.

우의적 '지혜이야기'로 불리우는 추방의 사건에는 현대적 문명비판의 착상이 내재해있다. 행복의 동산에서 쫓겨난 추방자는 낯선 세상에서 생존의 유지를 위해 많은 수단과 방법을 필요로 한다. 여기에서 지상의 인간에 의해 이루어지는 문화개발의 역사가 시작된다. 세속적 행복의 소유를 향한 인간의 욕망에 따른 물질문명의 발전을 부정적 시각으로 바라보는 비판적 성향의 학자는 낙원에서 추방당한 인간의 삶의 방식에서 자신의 견해를 주장하기 위한 타당한 근거를 발견한다. 단순한 줄거리의 추방이야기에는 인류문화의 발달과 동시에 그에 따른 위기의 발생을 예시하는 유익한 힌트가 들어 있다.

성서의 독자는 이야기의 마지막을 장식하는 추방의 사건에서 자연스럽게 다음과 같이 자문하게 된다. 하나님은 왜 자신이 창조한 고귀한 인간을 동산에서 내쫓는 모순된 결정을 단행하였는가? 인간적 측면에서 제기될 수 있는 까다로운 물음에 대한 답변은 추방장면의 서두에 간접적으로 주어진다(3.22).

보라 이 사람이 선악을 아는 일에 우리와 같이 되었으니 그가 그의 손을 들어 생명나무 열매도 따먹고 영생할까 하노라.

비유의 수사법을 사용한 진술문은 신중한 해석을 필요로 한다. 금단의 열매를 먹고 선악을 인식하게 된 죄의 인간이 참된 회개의 수행이 없이 영생을 얻는 것은 불가능한 일이다. 그는 하나님의 구원사역이 이루어질 때까지 오랜 기간 동안 어둠의 세계에 머물러야 한다. 언뜻 지나친 처사로 여겨질 수 있는 동산의 추방은 철저하게 인간 자신의 잘못된 판단과 행위에 따른 결과이다.

불행하게도 인간의 자율성에 의거하는 선악의 인식은 하나님이 선사하는 은총의 나라로 가는 입구를 가로막는 결과를 가져온다. 생명나무 통로의 차단은 이에 관한 상징이다. 그러나 하나님은 인간이 원하는 영생의 길을 완전하게 막은 것이 아니다. 인간의 미래의 숙명은 하나님이 지닌 사랑과 자비의 힘에 맡겨져 있다. 여호와 하나님이 죄의 인간을 동산에서 내보낼 때 그것은 자의적으로 단행한 결정이 아니다. 낙원의 추방은 인간의 자기추방에 관한 하나님의 동참이다.

낙원이야기의 줄거리는 서두에 언급된 생명나무의 수호로 종식된다. 열려진 이야기의 원래 메시지를 암시하는 종결문은 앞에 지적한 낙원의 귀환을 뒷받침하는 의미 있는 구절이다(3.24).

> 하나님이 에덴동산 동쪽에 그룹들과 두루 도는 불칼을 두어 생명나무의 길을 지키게 하시니라.

위의 진술은 앞에 지적된 생명나무의 폐쇄를 긍정적으로 변환하는 보완의 기능을 지닌다. 창조주 하나님은 케루빔 천사에게 번쩍이는 '불의 칼'을 주어 생명나무로 가는 길을 '지키도록' 조처한다. (라틴어 명사 'Cherubim'은 단수 'Cherub'의 복수형이다.) 여기에 사용된 타동사 '지키다'는 '하나님의 신성한 거처를 유지함'을 의미한다. 낙원이야기의 결구를 장식한 생명나무의 보호는 미래에 실현될 영생의 구원을 예시한다.

케루빔은 하나님에게 직접 봉사하는 초지상의 천사이다. 히브리어 성서에서 여러 상이한 역할을 담당하는 천사에게 동산의 문을 경비하는 임무가 부여된다. 그에게 주어진 '불의 칼'은 불길처럼 번쩍이며 타오르는

그림10) Masaccio 〈낙원의 추방〉, 1424, 프레스코, 208x88cm,
Firenze Santa Maria 교회 Brancassi 예배당 벽화

칼을 가리킨다. 번개와 같은 힘에 의해 불꽃이 일어나는 칼은 종교사에 전승된 모티브이다. 하나님은 생명나무가 위치한 성소를 안전하게 수호하기 위해 케루빔 천사에게 '불의 칼'을 제공한다. 이것은 창조주 하나님의 적극적 의지를 보여주는 징표이다.

최초인간의 타락행위에 기인하는 에덴동산의 추방은 극적, 격정적 특성으로 인해 시각적 표현력을 소유한 화가의 창작욕을 불러 일으키기에 충분하다. 여기에는 처참하게 동산 밖으로 쫓겨나는 두 남녀의 형상에 초점이 맞추어진다. 에덴동산은 더 이상 평화로운 태고의 낙원이 아니라 죄의 인간에게 주어진 가혹한 형벌의 현장이다. 적지 않은 경우 '불의 칼'을 소지한 하늘의 천사가 추방행위의 주체로 등장한다. 본문의 줄거리에 나타나 있지 않은 이와 같은 사실은 후세의 영향사에 형성된 추가적 상상의 산물이다.

이탈리아 초기르네상스 화가 Masaccio의 프레스코 〈에덴동산 추방〉은(1426-28) Michelangelo의 천장화 〈에덴동산의 타락과 추방〉에 영향을 미친 작품이다. (그림 10) 거대한 규모의 천지창조 연쇄화에 속한 작품에는 중앙에 서 있는 인식나무를 중심으로 좌측에 타락의 사건이, 우측에 동산의 추방이 배치된다. 격정의 터치로 처리된 우측 후속화를 위한 기본구도는 바로 Masaccio의 모델이다. 그것은 하늘을 나는 화염검 천사의 위협에 의해 힘없이 쫓겨나는 두 남녀의 처절한 모습이다. Michelangelo의 화면에는 공포와 절망에 사로잡혀 성급하게 도피하는 아담과 이브의 벌거벗은 자세와 동작이 최고의 사실성으로 표현된다.

Firenze의 Santa Maria 교회 Brancacci 예배당 전면의 벽은 Masaccio의 프레스코 시리즈로 장식되어 있다. 화가가 사망한 해인 1428년에 완성된 만년의 연쇄작품은 화가의 가장 중요한 업적으로 평가받고 있다.

그림11) Paolo 〈세계의 창조와 낙원의 추방〉, 템페라, 1445, 46.4x52.1cm, New Yorck Metropolitan 박물관

낙원이야기의 마지막 사건을 다룬 〈에덴동산 추방〉은 여섯 편의 작품이 두 겹으로 나누어 배치된 거대한 벽화에서 좌측 상단에 위치한다. 기다란 직사각형 형태의 화면에는(208x88cm) 동산에서 추방당하는 두 남녀의 모습이 전면에 클로즈업 된다. 아치형 천장의 성문 밖으로 급히 걸어가는 그들의 나체는 선과 윤곽이 아니라 빛과 색채의 기능에 의해 지각된다.

이브는 특별한 스타일의 '비너스 푸디카(venus pudica) 자세', 즉 한 손으로 가슴을, 다른 손으로 하체의 중심을 덮은 S자 형태로 묘사된다. 그것은 강한 수치심에 사로잡혀 어찌할 줄 모르는 여인의 상태를 잘 나타낸다. 위를 쳐다보는 그녀의 얼굴은 견디기 힘든 내면의 애통에 젖어 있다. 옆에서 걸어가는 덥수룩한 머리의 아담은 두 손으로 얼굴을 쥐어짜고 있다. 앞으로 닥쳐 올 극심한 지상의 고통에 괴로워하는 자의 행동이다. 스스로 저지른 범죄의 책임을 남에게 전가한 비겁한 남녀에게 엄한 징벌을 내린 하나님의 호통소리가 여러 줄기의 흑색 선으로 대언된다. 한편 기다란 흑색 칼을 오른손에 쥐고 하늘위에서 감시하는 붉은 옷 천사의 얼굴에 따스함의 표정이 배어있다. 형벌의 죄인에게 가죽옷을 지어 입힌 하나님의 배려와 사랑의 표시이다.

이탈리아 화가이며 삽화가인 Paolo의 템페라 〈세계의 창조와 낙원의 추방〉은(1445) 낙원의 추방을 다룬 일반적 성화와 구분된다. (그림 11) 목재 위에 황금빛을 입힌 작은 패널은(46.4×52.1cm) 원래 Siena의 San Domenico 성당에 기증된 〈Guelfi 제단화〉 하단에 〈낙원〉과 함께 배치된 프레델라(predella)이다. 그러나 지금은 독립된 작품으로 Metropolitian 박물관에 보존되어 있다. 매우 진하고 선명한 채색의 화면에 제시된 대상은 위대한 서사시인 Dante의 〈신곡〉에 나오는 낙원의 표상이다. 화가는 이중구조의 화면에서 매혹의 환상과 서사의 사건을 결합한다. 그 결과 Siena 화파 걸작의 고유양식이 생성된다.

거의 정사각형 형태의 윤곽을 지닌 화면의 좌측 상단에 청색 날개를 달고 있는 수많은 천사에 의해 호위 된 황색 후광의 창조주가 하늘을 날으며 오른손 손가락으로 자신이 창조한 세계를 가리킨다. 창조의 사역을 주관한 하나님은 타오르는 천상의 빛에 잠겨있다. 청, 백, 적의 상이한 색깔로 장식된 다원적 원의 체계에 의거한 기하학 구도는 종교사에 전승된 우주의 도식이다. 우주는 최초의 네 요소를 대언하는 집중적 원으로 둘러싸인 천상의 천구로 묘사된다. 그 중심에 연한 갈색의 거대한 바위산, 녹색이 지배하는 평평한 육지, 작은 산이 떠 있는 기다란 강으로 구성된 지구가 위치하고 있다.

아름다운 세계지도 옆에 우측 하단의 대지에서 올라오는 네 개의 강이 흑색 횡선으로 표시된 낙원이 자리하고 있다. 우주생성과 낙원추방의 두 장면은 창조와 타락이라는 낙원이야기의 근본주제와 일치한다. 진한 녹색 풀밭 위에 피어난 오만가지 꽃송이는 타락이전의 죄 없는 순수한 상태를 지시한다. 왜소하게 묘사된 아담과 이브는 불길을 휘날리는 커다란 나체천사에 의해 동산 밖으로 쫓겨난다. 두 남녀는 고개를 돌려 두려운 눈빛으로 천사의 얼굴을 쳐다보며 걸어간다. 13-15세기에 이탈리아 Siena에서 개화한 Sienese 화파에 속하는 종교화가는 에덴동산의 비극 장면에 신성한 천지창조 사역을 대조시키고 있다. 이로 인해 인간의 타락이 창조주 하나님의 구원사역에 속한 것이라는 사실이 예술적으로 증언된다.

부록 1: 아담과 이브의 생애

최초인간의 생애에 관해서는 낙원이야기에 구체적 언급이 없다. 다만 이어지는 창세기 4장에 아담과 이브가 동산에서 추방당한 이후의 역사적 사실이 보고된다(창 4.1-26). 상대적으로 방대한 단락은 가인과 아벨의 이야기와 가인문화 형성의 두 절반으로 편성되어 있다. 야웨저자에 의한 가인과 아벨의 이야기는 창조사의 서술에서 셋째 단계에 해당하는 사건이다(4.1-15). 전체줄거리는 선행하는 낙원이야기와 병행하여 기술된다. 즉 창조(출생)에서 타락을 거쳐 이루어질 구원의 가능성이 제기된다. 죽음의 위협에 대한 솔직한 고백이후 가인에게 주어진 생명의 표는 내적, 외적 회생을 지시하는 상징이다(4.15). 그것은 가죽옷을 선사받은 아담의 구원에 유추된다.

창세기 4장을 마감하는 간략한 종결단락은 아담과 이브의 셋째 아들 셋의(Set) 출생과 그 결과를 서술한다(4.25-26). Set은 '하나님이 깨우셨다'를 뜻한다. 두절의 범위에서 요약된 후속이야기는 선행하는 이야기와 완전히 대립되는 사실을 증언한다. 새로이 태어난 아들 셋은 아벨과 '다른 씨앗', 즉 아벨을 대신하는 자식이다. 이브는 축복받은 아들 셋의 모습에서 하나님에 의한 제2언약의 회복을 본다. 셋은 자신이 낳은 아들의 이름을 에노스(Enosch)라고 명명하고 자식을 신앙의 힘으로 양육한다.

셋과 에노스의 시대에서 존귀한 그리스도 족보가 시작된다. 다음 절을 구성하는 아담족보의 마지막에는 아담의 마지막 후손 노아와 그의 첫째 아들 셈의(Sem) 출생이 지적된다(5.28-32). '안위하는 자'로 규정된 노아는 500세가 되어서야 세 아들을 낳는다. 오랫동안 자식이 없는 불행의 삶을 산 노아에게 거대한 주님의 은총이 주어진다(6.8). 아버지와 형제들과 함께 대홍수의 재앙에서 살아남은 셈은 후일 여러 종족과 집단을 이끄는 지도자가 된다. 마태가 자신의 복음서 첫머리에 다윗과 함께 호명한 예수 그리스도의 조상 아브라함은(마 1.1) 바로 셈족의 후예이다.

셋이 아들에게 부여한 이름 에노스는 죽음의 존재를 뜻한다. 이와 같은 의미는 신학적으로 중요한 가치를 지닌다. 인간은 죽음의 숙명을 분명하게 인식할 때 비로소 생명의 근원인 하나님을 찾게 된다. 창세기 4장의 결구에 제시된 새로운 역사적 사건은 여기에 연결된다(4.26).

그때에 사람들이 비로소 여호와의 이름을 불렀더라.

시간부사 '그때에'로 시작하는 과거시제의 문장은 여호와 봉헌에 관한 최초의 사례이다. 객관적 진술문의 내용은 상황부사 '비로소'의 삽입에 의해 그 의미가 강화된다. 이제까지 수행된 모든 예배는 외적 형식에 근거하는 개인의 경배가 중심을 이룬다. 그러나 믿는자의 공동체 예배는 여호와 하나님에 대한 합동의 헌신으로 전환된다. 이것이 가인문화와 대조되는 야웨문화의 특징이다.

이미 지적한 대로 히브리어 성서에는 아담과 이브의 생애에 관한 기록이 발견되지 않는다. 그러나 추방당한 최초의 남녀가 어떻게 살았는가 하는 질문은 성서의 독자에게 커다란 흥미를 유발한다. 이런 이유에서 일찍부터 유대문화에는 인간조상의 삶에 관한 이야기가 생성된다. 이와 같은 문서는 전통적으로 여섯 개의 상이한 제목으로 나누어 전승된다. 여러 문서를 모아놓은 집합서적은 정경에 공식적으로 받아들여지지 않았기 때문에 외경(apocrypha)으로 불리운다. 신학자들은 일반적으로 외경을 멀리하지만 역사가에게는 반드시 필요한 자료이다. 창세기의 제2보고에 비해 많은 지식과 정보를 제공하기 때문이다.

역사적으로 전승된 다수의 전설 가운데 문화사와 미술사의 측면에서 중요한 문서는 기독교 전설의 모형으로 인정받는 〈아담과 이브의 생애〉(Vita Adae et Evae)이다. 낙원에서 추방당한 최초인간의 일상생활을 충실하게 기록한 모음집은 후세에 커다란 영향력을 행사한다. 원래 그리스어로 작성된 버전은 4세기에 라틴어로 번역된 이후 중세 전체에 걸쳐 광범위하게 보급된다. 모두 51장으로 편성된 라틴어 버전은 크게 네 부분으로 나누어진다. 제1부는 아담과 이브의 참회(1–16장), 제2부는 가인과 아벨의 출생(17–29장), 제3부는 아담의 질병(30–44장), 제4부는 아담과 이브의 죽음을 (45–51장) 다룬다.

그림12) Bloemaert, 〈낙원의 추방 이후의 아담과 이브〉, 유화, 26.5x20.5cm

최초의 인간 아담과 이브가 에덴동산에서 추방당한 이후의 생활상은 화가의 상상력을 자극하는 흥미로운 소재이다. 네덜란드 화가이며 판화가인 Bloemaert의(1566-1651) 유화 〈낙원의 추방 이후의 아담과 이브〉는 아담의 가족이 깊은 숲속에서 힘겹게 살아가는 단면을 보여준다. (그림 12) 원래 '북부 매너리즘'의 영향아래 있던 Bloemaert의 회화양식은 17세기 초에 당시에 발전한 새로운 바로크 스타일로 전환된다. 매우 짙은 색감으로 처리된 작은 화면에(26x20.5cm) 세 인물이 등장한다. 넓게 퍼진 회색 구름무늬가 어두운 하늘을 지배하는 음울한 산악풍경이 배경을 형성한다. 연출된 사건의 현장은 나뭇잎 숲이 우거진 거대한 고목 아래의 풀밭이다.

신체의 가운데 부분만을 흰색 천으로 감은 야생적 외모의 젊은 아담은 손잡이가 달린 커다란 삽을 왼발로 누르며 진한 갈색 땅 위에 놓여 있는 돌을 걷어내고 있다. 그 옆에 젊은 유모가 상당히 자라난 아기를 분홍색 덮개로 싸서 안고 있다. 미모의 이브는 유모의 오른쪽에 왼팔로 땅을 받진 채 옆으로 앉아 있다. 흰색 천을 상단에 감은 기다란 깃대가 곁에 서 있다. 노란색 드레스를 걸친 그녀의 시선은 아담의 삽이 움직이는 곳을 향하고 있다. 작은 얼굴을 지닌 금발여인의 표정에 체념과 좌절의 감정이 배여있다. 유연하게 휘어진 세련된 곡선 모양의 두 뿔을 가진 건장한 황소가 뒤에서 가족을 지키고 있다. 우측 후면에 위치한 밋밋한 진녹색 언덕 위에 어두운 내부공간이 보이는 입구가 있는 작은 움막이 세워져 있다.

〈아담과 이브의 생애〉에서 후세에 강한 영향력을 행사한 중요한 부분은 아담의 최후에 관한 이야기이다. 아담은 930세에 이르자 죽음이 목전에 다가왔음을 예감한다(창 5.5). 극심한 신체적 고통을 감수하던 노인 아담은 셋째 아들 셋을 낙원의 성문으로 보낸다. 그곳에서 고통을 진정시키는 자비나무의 기름을 구해오기 위해서이다. 그러나 대천사 미가엘은 셋에게 그리스도가 아담을 낙원으로 인도한 후에야 그의 부친이 치유의 기름을 얻으리라고 전한다. 아버지가 사망한 후에 셋은 미가엘이 심판의 날까지 아버지를 하나님의 손에 맡기는 것을 보게 된다. 그 후 6일이 지나 이브 역시 죽음을 맞는다. 그녀는 죽기 전에 자신의 아들들에게 부모의 이야기를 석판과 진흙판자에 기록할 것을 부탁한다.

〈아담과 이브의 생애〉에 기록된 아담의 최후는 후세의 기독교미술에 의미 있는 소재로 수용된다. 이탈리아 르네상스 화가 Franzesco의 프레

그림13) Franzesco 〈아담의 죽음과 매장〉, 프레스코, 1452-1466,
연작화 〈진정한 십자가 전설〉, Arezzo San Francesco 바실리카

스코 〈아담의 죽음과 매장〉은(1452-1466) 역사적 증거이다. (그림 13) 두 부
분으로 나누어 묘사된 프레스코는 화가의 웅대한 연작화 〈진정한 십자
가 전설〉의 일부이다. 여기에는 Jacobus의 기독교 전설모음집 〈황금전
설〉에(Legenda aurea, 1259-1266) 전해진 그리스도의 신성한 십자가에 관한
역사가 다루어진다. 오랜 기간동안 진행된 특별한 모티브의 전체묘사는
아담의 죽음에서 시작하여 연대기 순으로 전개된다. 이탈리아 중부도시
Arezzo의 성 Franziskus 바실리카의 전면벽을 장식한 거대한 규모의 시
리즈는 초기르네상스 미술의 걸작으로 손꼽힌다.

커다란 아치형 장식지붕의 테두리 내부에 조성된 반원형 공간의 좌측에
아담의 매장이, 우측에 아담의 죽음이 배치된다. 연대상으로 보면 우측에
서 좌측으로의 이동이다. 흥미롭게도 두 화면 사이로 보이는 비좁은 후
면공간에 순백의 의복을 착용한 하나님이 불의 칼을 들고 있는 천사에게
무엇인가 지시하는 모습이 작은 크기로 삽입된다. 상실된 낙원의 회복을

암시하는 의미 있는 부속장면이다. 화면의 배경을 형성하는 야외풍경의 중앙에 서 있는 거대한 흑색 나무는 에덴동산 나무의 반향이다.

아담의 죽음에 관한 장면은 전체화면에서 분리되어 독립된 형태로 제시되기도 한다. 단순한 구도의 화면 중심에 오랜 세월동안 새로운 삶을 살다 노령의 나이로 죽음을 맞이하는 아담의 형상이 제시된다. 이것은 인간이 처음으로 죽음을 경험하는 극적 현장이다. 그러나 죽음을 목전에 앞둔 아담의 모습에는 인류에게 원죄를 물려준 죄인의 모습을 찾아볼 수 없다. 풍성한 백발에서 은빛 광채가 발산되는 벌거벗은 주인공은 뒤에 서 있는 이브에 의해 가볍게 부축을 받으며 의연한 자세로 땅바닥 위에 앉아 있다. 가벼운 복장을 착용한 회색 머리의 이브는 왼손에 잡고 있는 지팡이에 몸을 의지한 채 오른손으로 남편의 머리를 받치고 있다.

두 눈을 크게 뜨고 있는 아담은 오른손을 살짝 들어 올리며 앞에 서 있는 남자에게 무엇인가 지시한다. 아담의 세 아들 가인, 아벨, 셋이 서로 다른 자세로 주위를 둘러싸고 있다. 그들은 모두 깊은 생각에 잠긴 채 아버지의 유언을 경청한다. 독특한 스타일의 흑색 의복을 걸치고 겸손하게 두 손을 앞으로 모은 채 아버지의 오른쪽 바로 곁에 똑바로 서 있는 수려한 외모의 청년은 셋째 아들 셋이다. 아버지의 신뢰가 돈독한 그는 아담이 죽은 후에 길이 기억될 중요한 업적을 남긴다.

이와 같은 사실은 위에 언급한 전설집 〈황금전설〉에서 확인된다. 죽음의 병에 시달리던 노인 아담은 자비나무의 기름을 구해오기 위해 귀한 아들 셋을 낙원의 성문으로 보낸다. 이 대목은 〈아담과 이브의 생애〉와 일치한다. 셋은 미가엘 천사로부터 나무기름 대신에 아담이 저지른 범죄의 원천인 인식나무 가지를 얻는다. 하나님의 사신인 천사는 낙원이야기와 달리 인식나무에서 앞날의 치유가 이루어지리라고 전한다. 이것은 아담이 자행한 범죄의 해소를 지시하는 예비적 징표이다.

자신의 집으로 돌아온 셋은 아버지가 이미 죽은 사실을 알게 된다. 커다란 슬픔에 잠긴 그는 멀리서 가져온 어린 나뭇가지를 아버지의 무덤에 심는다. 작은 나뭇가지는 잘 자라나 거대한 나무가 된다. 셋이 조심스럽게 아담의 무덤에 옮겨심은 식물은 생명나무로 이전된다. 이것은 새로운 아담을 시사하는 의미 있는 예표이다. 〈황금전설〉에 지적된 나무의 변용은 후세의 수용에서 인식나무와 생명나무의 결합을 가져오는 동인이 된다. 중세후기 이후에 제작된 일부의 에덴성화에는 이와 같은 사실이 반영된다.

아담의 무덤에 연원하는 전설의 나무는 오랜 시간이 흐른 후에 예수님의 고난을 거쳐 그가 처형될 십자가의 제조에 활용된다. 후세의 영향사에 정립된 십자가나무의(lignum crucis) 상징은 여기에 근거한다. 십자가나무는 낙원의 나무인 인식나무와 생명나무에서 생성된 기독교 생명나무이다. 이제 가혹한 처형의 도구인 나무십자가는 새로운 생명나무의 표상으로 받아들여진다. 고통의 십자가는 살아있는 생명나무로 이전된다. 인식나무, 생명나무, 십자가나무의 의미 있는 연계에서 인간의 영적 발전을 위한 기독교의 조망이 유도된다.

부록 2: '모든 산자의 어머니' 이브

낙원이야기에 등장하는 다수의 모티브 가운데 '모든 산자의 어머니' 처럼(창 3.15) 이해의 난관을 초래한 경우도 드물다. 줄거리의 종반에 최초의 여인 이브에게 새로이 부여된 명칭은 특수한 비유형식으로 인해 그 의미가 독자를 향해 열려있다. 영향사의 측면에서 가장 우세한 접근방법은 인간의 생성에 연관된 신화적 해석이다. 신화해석은 일찍부터 낙원이야기의 근원과 성격을 이해하는 원천적 방법으로 간주된다. 이야기의 생성에서 중심위치에 있는 모티브 나무, 숲, 뱀 등은 모두 고대신화에 등장하는 기본요소이다.

고대 신화이야기에는 '모든 산자의 어머니'를 규명할 수 있는 근거가 발견된다. 그것은 구석기시대 이후 통용된 '원래의 어머니'(Urmutter) 표상이다. 오랜 역사적 전승에 의거하는 신화모티브가 성서이야기에 적절하게 용해된 것으로 설명된다. 영어 'first mother'로 표기되는 조어 '원래의 어머니는' 창조의 여신, 수호의 여신, 지혜의 여신, 삶의 여신, 모든 것의 어머니 등 다양한 의미를 내포한다. 한마디로 여성의 생명력을 상징하며 인간에게 축복, 복지, 풍요, 지혜를 선사한다.

신화적 요소를 지닌 표현형식 '모든 산자의 어머니'는 이미 종교사의 전승에 나오는 용어이다. 제2경전에 해당하는 책 〈예수 시라크〉(Jesus Sirach)에는 인간의 숙명을 지시하는 흥미로운 기록이 발견된다(40,1).

하나님은 인간에게 거대한 수고 / 무거운 멍에를 부과하였다. / 인간이 어머니의 품에서 나와 / 모든 산자의 어머니로 돌아갈 때까지.

위에 인용한 4행시에 의하면 인간은 '어머니의 품에서' 태어나 '모든 산자의 어머니'로 돌아간다. 여기에 지적된 출생과 귀환의 병행은 인간적, 우주적 어머니의 상에 맞지 않는다. 유다왕국의 필경사 Ben Sira의 서술은 창세기 2-3장의 내용과 상치된다. 낙원이야기의 줄거리에는 인간이 흙에서 생성된 이후 흙, 즉 먼지로 돌아간다(창 2.7,3.19). 외경에 실린 지혜문학의 대표적 문서에는 인간이 태어난 이후 돌아가는 장소가 '모든 산자의 어머니'이다.

신화의 영역에는 앞에 언급한 '원래의 어머'니가 또 다른 모티브 '어머니 여신'에 연결된다. 두 용어는 자주 동의어로 사용된다. 대지모신으로 표기되는 지상의 여신은 신적 인칭화에서 '어머니 여신'과 차이가 있다. 지상의 여신은 대지의 비옥과 풍요를 나타내는 여신인 데 비해 '어머니 여신'은 여성적 신성의 관념에 의거한다. 구체적으로 식물과 동물의 번식, 그리고 인간의 복지에 관여한다. 보통 생명의 제공자로 혹은 제신의 어머니로 존경을 받는다. '어머니 여신'의 유사명칭 '위대한 어머니'는(Magna Mater) 이집트와 그리스의 종교와 신화에 나오는 여신을 가리키기도 한다.

예수 그리스도의 모친 마리아의 존칭으로 사용되는 '신성 어머니'는 코이네 그리스어에서 'Theotokos'로 표기된다. 'theo'와 'tokos'가 합성된 복합명사는 신성의 출산을 의미한다. 즉 성모 마리아에 의해 예수 그리스도가 신성과 함께 인성을 지닌 존재로 태어났다는 사실을 지시한다. 예수 그리스도는 두 인물이 아니라 '위격(位格)의 결합'에서 두 본성을 소유한 하나의 인물이다. '육화된 하나님의 어머니'로도 불리우는 'Theotokos'는 4세기 이후 라틴어 명칭 'Mater Dei'로 통용된다. 'Theotokos' 도상의 기본유형은 미래의 메시아를 안고 있는 성모의 초상이다. 일부의 경우에는 후광의 마리아가 자신의 측면에 위치한 인류의 구원자를 손으로 가리킨다.

'모든 산자의 어머니'는 후세의 수용사에서 이브와 마리아의 밀접한 관계를 형성하는 근거가 된다. 이브-마리아 도식이 마리아 도상화의 형성에 미친 영향의 중요성은 최근에 출간된 귀중한 책자에서 증명된다. 신학자 Keel은 Schroer와 함께 편찬한 공저 〈이브, 모든 산자의 어머니〉

의(2004) 마지막 장에서 마리아상의 역사적 발전을 조망하고 있다(266–273쪽). 12쪽에 걸친 유익한 서술은 이브-마리아 도식이 어떻게 광범한 마리아상으로 용해되었는가를 잘 보여준다. '모든 산자의 어머니' 이브는 수세기에 걸쳐 기독교의 지중해 지역과 유럽대륙에서 여러 형태의 마돈나상에 도입된다.

여기에서 주목할 점은 서기 413년의 에베소 종교회의 이후 마리아가 그리스도의 출생뿐만 아니라 신적 출산의 주체로 선언되었다는 사실이다. 그 결과 6세기에는 4세기의 카타콤 프레스코나 석관화에 비해 마리아의 위상이 강화된다. 지중해 동부지역에 생성된 6세기 전반의 상아탑 조각에는 아이를 안고 정면을 향해 앉아 있는 어머니의 형상이 중앙에 위치한다. 예물을 들고 있는 세 명의 현자가 존엄의 얼굴을 지닌 여인을 엄호하고 있다. 현자들을 조종하는 상부의 위치에 십자가 막대를 들고 있는 천사가 서 있다.

Keel이 기술한 마리아상의 역사적 발전은 고대 이집트에서 20세기에 이르는 장구한 기간을 포괄한다. 이브-마리아 도식은 근세로 접어들면서 점차 마돈나 성화에서 중요한 위치를 차지한다. 15세기에는 개별적 선구자의 뒤를 이어 '진정시키는' 여인 혹은 수유하는 마리아상이 지배적 유형으로 대두된다. 라틴어 용어 'Maria lactans'로 표기되는 '진정시키는' 여인의 뿌리는 옛 이집트 문화로 거슬러 올라간다.

북유럽 르네상스의 초기 네덜란드 화가 Weyden의 초기유화 〈마리아를 그리는 성자 누가〉는(1440) '진정시키는' 마리아 형상에 증정된다. (그림 14) 수많은 영향력 있는 성서화를 후세에 남긴 종교화가는 최초의 마돈나 초상을 그린 인물로 알려진 누가를 직접 화면에 도입한다. 가톨릭 교회는 순교자로 전해 내려온 누가를 '복음가 성자' 누가로 명명한다. 특별한

그림14) Weyden 〈마리아를 그리는 누가〉, 1440, 템페라 유화, 137.5cmx 110.8cm, Boston 미술박물관

형태의 마돈나화에는 화가성자 누가를 향한 Weyden의 관심과 사랑이 나타나 있다.

세련된 양식의 방안에 길고 가느다란 모피선으로 가장자리 금박이 수를 놓은 비단 겉옷의 드레스를 착용한 갈색 머리 여인이 낮은 벤취위에 앉아 있다. 여기에 묘사된 여인은 후기고딕 양식 이상의 여성미를 보여준다. 단아한 모습의 여인은 시선을 아래로 향한 채 흰색 포대기 위에 비스듬한 자세로 옆으로 누워 있는 나체의 아기에게 젖을 물리고 있다. 후일 새로운 메시아로 등단할 아기 예수를 열심히 양육하는 어머니 마리아의 사랑스러운 자태이다. 환하게 밝아오는 연푸른 하늘 아래 펼쳐진 전원의 풍경이 배경화를 형성한다. 두 개의 기다란 흑색 돌기둥 사이의 좁은 공간을 통해 두 명의 남녀가 보인다. 종교적 순례자로 보이는 그들은 다리의 석조난간 앞에 서서 옛 도시의 건물과 나무 사이로 흘러가는 잔잔한 수면의 강을 바라본다.

특이하게도 수유하는 마리아의 모습은 녹색 방석 위에 두 다리를 약간 굽힌채 서 있는 누가에 의해 또 다른 화면으로 옮겨진다. 의사의 직업을 가진 그는 여기에서 붉은 겉옷을 걸치고 연갈색 둥근 모자를 눌러쓴 화가로 등장한다. 그의 등 뒤로 펼쳐진 복음서가 탁자 위에 놓여 있는 서재의 길고 좁은 단면이 보인다. 왼손으로 흰색 종이를 잡고 오른손으로 기다란 펜대를 가볍게 놀리는 화가의 시선은 맞은편 벽면을 향하고 있다. 회색 머리의 중년 남자인 그의 얼굴은 화가 자신의 초상으로 추측된다. 최후의 심판을 다룬 〈Beaune 다폭제단화〉를(1446-1452) 비롯한 수많은 걸작의 제작으로 유럽 종교화 발전의 기틀을 마련한 Weyden은 예술의 창시자로 인정받는 성자 누가를 존경하는 내면의 감정을 자신이 선호한 자화상 형식으로 표현하고 있다.

반종교개혁 시기에는 또 다른 형식의 마돈나화, 즉 마리아 승천과 성녀 잉태 성화가 전면에 부상한다. 마리아 도상의 역사에서 중요한 위치에 있는 두 유형의 작품에서 마리아는 보통 하늘에 서 있는 숭고한 자세로 묘사된다. 마리아 승천은 성녀 마리아가 하늘로 올라간 사건을 기념하는

그림15) Reni 〈마리아 승천〉, 1642, 유화, 295x208cm, München Alte Pinakothek

축제일이다. 축제행사의 중심은 예수님의 모친 마리아가 그리스도 구원행위와의 유일한 연결로 인해 최초의 구원받은 여인으로 예수님의 부활체에 참여하였다는 사실이다. 17세기 중반 이후 널리 보급된 Reni의 승천화와 Murillo의 성녀잉태 도상은 무려 1000회 이상 시각적 모사의 대상이 될 정도로 폭넓은 인기를 획득한다.

Bologna 화파의 거장 Reni의 유화 〈마리아 승천〉은(1642) 원래 이탈리아 도시 Modena의 Spilamberto 교회에 설치된 높은 중앙제단화이다. (그림 15) 현재는 München의 Alte Pinakothek에 전시되어 있다. 고전적 미의 이상과 격정의 정감의 결합은 종교화가의 미술작품을 특징짓는 고유 양식이다. 찬란한 빛으로 채워진 짙은 채색의 질감은 관찰자의 뇌리에 승천환상에 강한 인상을 각인한다. 이미 생존시에 '신성의 화가'(il divino)라는 존칭을 얻은 종교화가의 후기양식에 의거한 초기바로크 시기의 제단화는 19세기에 들어와 높은 가치를 인정받는다.

'비교적 커다란' 규격의 유화는(295x208cm) 조형적 빛의 효과를 창출하는 섬세한 양식의 구현을 위해 특별히 비단을 그림의 바탕재료로 사용한다. 보드라운 비단위에 그려진 선명한 채색의 화면위에 진한 황금빛 구름무늬에 의해 둘러싸인 타원형 공간이 배경을 형성한다. 승천의 장소인 천상의 신비를 나타내는 시각적 표징이다. 연분홍 드레스 위에 맑고 풍성한 진한 청색 가운을 걸친 마리아가 위를 쳐다보며 하늘로 올라간다. 길게 늘어진 금발머리가 휘날리는 여인의 머리 주위로 황금빛 후광이 밝은 광채를 발한다. 숭고한 정감을 자아내는 제단유화는 당시에 개화한 마리아 승천화를 대표하는 걸작이다.

바로크 시기의 마돈나화는 지상의 곤궁에서 벗어나 하늘의 영역으로 들어가는 신성한 여인의 모습을 표현한다. Lucca 광장에 설치된 이탈리

그림16) Lazzoni 〈별들의 마리아〉, 1687, 조각, 이탈리아 Lucca 광장

아 조각가 Lazzoni의 조각 〈별들의 마리아〉는(1687) 대표적 사례이다. (그림 16) 이탈리아 중부지역 Tucany에 위치한 Lucca는 르네상스 시대의 성벽도시이다. 장엄한 기념비적 조형물에서 여인의 형상은 흑색 별무늬로 장식된 거대한 바퀴 모양의 원형화환에 의해 각인된다. 풍성한 연회색 의복을 착용한 여인이 드높은 돌기둥의 머리장식 위에서 초생달과 용을 밟은 자세로 정면을 향해 서 있다. 고대신화에 유래하는 두 요소는 요한계시록의 묵시여인 단락에 나오는 모티브이다.

십자가 조형장식의 작은 흑색 왕관을 머리에 얹은 마리아는 자애로운 표정으로 축복의 손동작을 취하며 지상의 소요와 혼란을 내려다 본다. 승천의 마리아 전승에 대두된 천상의 여왕 모티브의 반영이다. 숭고한 조각작품의 배경을 형성하는 직사각형 공간은 관찰자의 시각을 정화하는 효과를 가져온다. 순수한 백색 구름무늬로 덮여있는 맑은 창공은 성스러운 승천 여인의 도상을 다룬 조각작품의 분위기에 걸맞는 자연공간이다. 중세유적이 다수 보존된 역사적 도시의 원형경기장 야외광장에 우뚝 서 있는 마리아 승천의 도상은 전통적 승천화와 구분되는 고유양식의 조형작품이다.

17-18세기의 마돈나상은 19-20세기에 대두된 마리아 현현의 선구적 모형이 된다. 마리아는 단순한 성녀의 형상을 넘어 신적 속성의 반사로 나타난다. 현대의 마리아화는 이미 형성된 여인의 상에 근거하여 다른 고귀한 여인상과 결합된다. 그 결과 세계화시대에 부응하는 새로운 형태의 마리아상이 생성된다. 20세기에 시도된 마돈나상의 독자화 경향은 변화된 시대추세에 따른 인간적 상상력의 산물이다. 마리아 형상에 관한 오랜 역사적 흐름은 끊임없이 변화하는 역동적 풍경으로 우리를 안내한다. 다채로운 양상의 파노라마는 '모든 산자의 어머니' 이브가 지닌 보편적 매력

의 증거이다.

부록 3: 아담-이브 도상의 변천

낙원이야기의 주인공 아담과 이브는 기독교 미술사에서 지속적으로 다루어진 소재이다. 상상력이 풍부한 화가들은 인간존재와 인간문화의 근원을 보여주는 최초의 인간상을 시각적으로 구현하고 싶은 강한 욕구를 느낀다. 아담-이브의 도상은 단순한 인물화의 범위를 넘어 보다 넓은 인간의 영역으로 확대된다. 여기에는 화가 자신의 관점과 착상이 중요하게 작용한다. 때로 성서의 범위를 벗어나는 독자적 경향은 19세기 종반 이후 제작된 진전된 양식의 작품에서 뚜렷하게 감지된다.

아담-이브 형상의 변천은 이미 12세기에 시작된다. 13세기 초에 Niedersachsen 거장에 의해 제작된 템페라 〈낙원의 타락〉은(1200) Hildesheim의 성 Michaelis 수도원 교회에 설치된 거대한 규모의 연작천장화의(27.6x8.7M) 일부이다. 이새의 뿌리, 즉 예수님의 족보를 다룬 연작화의 마지막 단계에 해당하는 기념비적 나무천장화에는 흥미롭게도 예수님의 초상이 도입된다. 좌측에 위치한 나무의 정상에 조성된 작은 타원형 공간의 내부에 후광의 그리스도가 정면을 응시하고 있다. 진한 갈색 의복을 착용한 그의 오른손은 축복의 동작을 취하고 있다. 생명나무의 역사적 수용에 형성된 십자가 구원을 지시하는 의미 있는 비유상이다. 타락의 모티브를 제목으로 삼은 중세 수도원 교회의 낙원화에는 아담과 이브가 원래의 위상을 되찾을 영광의 부부로 이전된다.

기독교 도상의 역사에서 보면 르네상스 시기로 접어들면서 아담과 이브의 인물은 시대적 전환의 물결과 함께 새로운 조망에서 관찰되고 해석

그림17) Cranach 1세 〈아담과 이브〉, 1526, 유화, 117x80cm,
London Courtauld 미술갤러리 연구소

된다. 당시의 사상을 지배한 인문주의 추세는 최초의 인간상을 보편적 성격을 지닌 인간적, 문화적 관점에서 바라보도록 유도한다. 그 결과 예술가 자신의 관점과 판단이 가미되는 독자적 산물이 생성된다. 이와 같은 성향은 때로 성서 원래의 의미를 그르치는 결과를 가져올 수 있다. 그러나 현명한 관찰자는 창조적 상상력에 의거한 예술작품에서 성서이야기가 수신자의 내면에 작용하는 역동적 응용의 가능성을 확인한다.

아담과 이브의 형상은 16세기 초반에 왕성한 창작활동을 벌인 두 명의 명성 있는 독일 종교화가에 의해 집중적으로 다루어진다. Cranach 1세와 Dürer는 낙원이야기의 주인공인 최초남녀의 시각적 가공에 열정을 쏟은 시각예술가이다. 개성적 표현양식에 의거한 작품에 제시된 인물상은 아담과 이브가 새로운 변혁의 시대에 어떻게 대응하였는가를 보여주는 바로미터이다. 하나님이 창조한 최초의 인간은 '인간의 새로운 발견'이라는 시대의 이념 아래 재조명된다.

Cranach는 1510년에서 1538년에 이르는 28년의 기간동안 여러 위탁자의 주문에 의해 무려 50점에 달하는 아담-이브의 유화를 제작한다. 두폭 제단화 형식은 수많은 작품의 구성을 위한 기본도식이다. London의 Courtauld 미술갤러리 연구소에 보존된 1526년의 유화 〈아담과 이브〉는 인물화 시리즈의 총화라 할 수 있다. (그림 17) 여기에 제시된 두 남녀의 나체상은 근본적으로 1531년의 유화까지 이어진다. 방대한 시리즈의 후반단계에 속하는 작품에는 두 인물 뿐만 아니라 낙원의 구성요소가 동반된다. 원시의 자연풍경에 인간, 식물, 동물, 하늘이 한데 어우러져 완전한 조화를 이루고 있다. 온순한 사자와 어린양도 아직은 적대의 상황에 처해있지 않다.

풍성하고 화려한 자연세팅을 배경으로 삼은 매혹적 나체형상은 당시의 미술을 주도한 이탈리아 르네상스 유형에서 벗어나 국제 고딕양식으로 돌아가는 미의 이상을 보여준다. 14세기 말과 15세기 초반 유럽대륙에 형성된 국제 고딕양식의 특징은 자연주의풍으로 신중하게 처리된 세부묘사와 장식적 요소의 강조이다. 세밀한 형식과 구성의 화면에서 관찰자의 시각을 자극하는 것은 중앙에 위치한 두 남녀의 나체형상이다. 이브의 유연한 몸매와 자연스러우면서도 야생적 특성을 지닌 아담신체의 피부색은 서로 대조된다. 여인의 나체는 흰색 광채를 발하는 데 반해 남자의 신체는 어둠의 색조에 의해 지배된다.

외형상 균형을 갖춘 인식나무는 장식효과를 강화하는 수많은 빨간 과일로 가득차 있다. 탐스럽게 무르익은 둥근 사과는 이브의 시각과 미각을 자극할 정도로 유혹적이다. 왼손으로 길게 늘어진 나뭇가지를 잡고 있는 이브의 오른손은 맞은편에 서 있는 아담의 손에 과일을 쥐어준다. 포도송이가 맺힌 포도나무 가지의 잎사귀가 두 남녀의 중심부를 가리고 있다. 이것은 뱀의 유혹에 의한 범죄행위가 이미 진행되었음을 지시한다. 본문에 나오는 무화과나무는 포도나무로 대체된다. 포도주는 그리스도가 십자가에서 흘린 구속의 피를 상징한다. 화면의 배경을 형성하는 연푸른 하늘의 아래에서 솟아오르는 은백색 광채는 구원의 모티브에 부응한다.

이브가 쥐어주는 빨간 과일을 오른손에 잡고 있는 중년의 아담은 왼손으로 덥수룩한 곱슬머리를 긁고 있다. 생기를 상실한 그의 음울한 눈빛은 태연한 표정의 이브에 비해 어딘가 불안한 기색을 띠고 있다. 후세의 매체에는 관찰자에게 묘한 감정을 자아내는 아담의 얼굴이 확대의 형태로 제시되기도 한다. 아담은 이브의 권유에 동화되지 못한 회의의 인간으로 나타난다. 최초의 죄인 여인과 두 번째 공범인 남자의 감정표현에 일정한 거리를 두는 세밀한 묘사방식은 기존의 유형에 비해 진전된 형태이

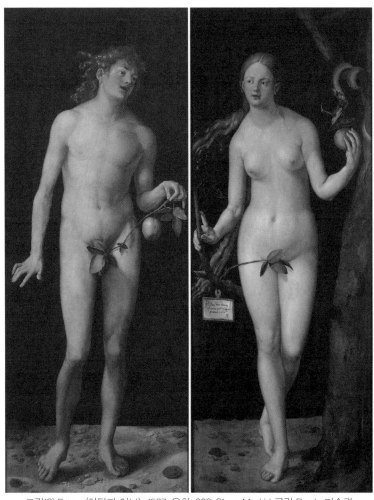

그림18) Dürer 〈아담과 이브〉, 1507, 유화, 209x81cm, Madrid 국립 Prado 미술관

다. 이와 같은 성향은 후세의 낙원화에 드물지 않게 발견된다.

　　근대 독일미술의 거장 Dürer의 유화 〈아담과 이브〉는(1507) 당시에 무
르익은 시대양식을 반영한다. (그림 18) 르네상스 시기에는 아담과 이브가
이상적 인간상을 구현하기 위한 모형으로 대두된다. 두 남녀의 나체는 비

레와 조화의 법칙에 의거하는 인체미의 특징을 보여준다. 그것은 질서와 조화의 천지창조 원리에 부합한다. 화가의 베니스 여행 이후 나온 세련된 양식의 유화는 독일 최초의 신체크기 누드화이다. 두 개의 나무패널로 구성된 거대한 규모의 작품에서(209x81cm) 두 남녀의 형상은 동일한 높이에 근거한다. 그러나 피부색 질감은 서로 대조된다. 어두운 색깔의 배경과 선명한 대조를 이루는 밝은 채색의 여인 나체상은 관찰자의 미적 감각을 자극하는 최고의 인체미를 구현한다.

직사각형 윤곽의 배경을 형성하는 진한 흑회색 공간은 타락의 정감을 지시하는 색채상징이다. 두 남녀의 자세와 행동에는 뱀의 유혹에 넘어간 범죄의 상황이 나타나 있다. 유연하게 휘어진 이브의 왼손에 뱀의 주둥이에 맞닿은 빨간 사과가 들려있고, 오른손은 기다란 무화과나무 가지를 쥐고 있다. 무화과나무의 초록색 잎사귀가 여인의 중심부를 가리고 있다. 아담의 오른손 손가락에 들려있는 무화과나무 가지의 끝자락에 달린 잎사귀도 그의 성기를 덮고 있다. 시각적으로 표현된 타락의 모티브는 인체의 심미성에 또 다른 정감을 부여한다.

Dürer는 독일 동판화의 정밀성을 르네상스의 해부학 지식과 결합한다. 여기에서 다른 화가에게 발견하기 힘든 고유의 회화양식이 탄생한다. 볼록한 나무판자 위에 그려진 섬세한 유화는 최고의 정밀묘사로 인해 재능있는 복사전문가라 할지라도 원작과 동일하게 재생하기 힘들다. 신체피부의 미세혈관과 잔주름까지 외부로 드러난다. 화면전체를 각인하는 뚜렷한 명암의 교차는 회화적, 입체적 특성을 강화한다. 두 남녀의 인물표정은 인체의 색깔처럼 대조적으로 묘사된다. 입을 약간 벌린 아담의 얼굴은 고대조각의 형상을 닮아 있고, 무엇을 요구하는 듯한 이브의 눈빛은 강한 유혹자의 시선이다. 오른쪽 어깨에서 허리 아래에까지 길게

늘어진 금발 곱슬머리도 유혹의 정감에 부응한다.

　가장 두드러진 입상의 특징은 두 남녀가 취한 신체포즈이다. 좌측에 위치한 남자의 오른쪽 발의 뒤꿈치는 좀 더 걸으려는 듯 약간 들려 있다. 반면에 우측에 서 있는 여자의 두 발은 매혹적으로 서로 교체되어 전체의 균형을 이룬다. 각기 다른 곳을 바라보는 두 남녀의 눈빛 역시 고유의 특징을 보인다. 그러나 신체동작의 유연한 율동성은 두 남녀의 공통요소이다. 3년 전에 시도된 동판화 〈아담과 이브〉의 예비습작을 거쳐 완성된 두 번째 인물화는 두 남녀의 형상을 새로이 개발된 미적 양식기법으로 표현한 탁월한 예술작품이다. 한편 비판적 시각에서 보면 최고의 인체미를 구현한 유화에는 외형의 미와 탐익의 유혹에 넘어가기 쉬운 근대인간의 위기의식이 암시되어 있다.

　바로크 시기는 오랜 역사를 지닌 에덴동산 성화의 개화기이다. 혁신적 양식을 추구한 시기에는 행복의 거처인 태고의 동산에 비해 이야기에 등장하는 사건이 전면에 등장한다. 즉 흙에서 만들어진 아담의 창조, 남자의 옆구리에 연원하는 이브의 생성, 사탄의 뱀에 의한 이브의 유혹, 타락의 범죄, 타락행위로 인한 낙원의 추방 등이다. 특히 타락과 추방이 중요한 주제로 다루어진다. 낙원의 추방을 다룬 작품에는 동산에서 쫓겨나는 두 남녀의 비참한 모습이 신체동작을 통해 지각적으로 표현된다. 그것은 창조주의 가혹한 형벌에 처해진 가련한 죄인의 내면을 사로잡은 좌절과 절망의 표출이다.

　Rubens가 1615년 Brueghel과 함께 제작한 유화 〈인간의 타락이 있는 에덴동산〉은 낙원이야기의 여러 사건을 포괄하는 다원적 형상이야기이다. (그림 19) 서사의 기능을 발휘하는 시각작품은 인간세계에 악이 들어오기 직전의 긴장상황을 연출한다. 곧 일어날 타락의 사건은 여러 동물의 행

그림19) Rubens, Brueghel, 〈인간의 타락이 있는 에덴동산〉, 1615, 유화, 74.3x114.7cm, Hague Mauritshuis 박물관

동과 연관하여 병행의 기호행위로 예시된다. 세밀한 동물묘사를 통하여 인간의 상황을 암시하는 기법은 에덴동산의 시각적 전이에서 진전된 형태이다. 화면의 좌측 하단에서 사과를 먹는 원숭이는 죄를 상징한다. 이브의 오른쪽 발꿈치에 앉아 있는 분노의 고양이는 잔인한 부정행위를 대언한다. 범죄행위의 진행단계를 지시하는 사과의 이동은 뱀-이브-아담의 순서로 진행된다. 세 주인공의 윤곽은 기다란 삼각형을 형성하고 있다.

성한 나뭇잎 숲에 의해 지배된 선악과 나무 아래에 나체의 이브가 위의 나뭇가지에 매달린 뱀의 주둥이에서 내려온 사과를 왼손에 쥐고 있다. 무성성한 황금빛 금발머리를 아래로 길게 늘어뜨린 채 옆으로 서 있는 나체의 이브는 성적 매혹의 여인이다. 그녀의 오른손은 앞의 바위위에 걸터 앉아 있는 남자에게 사과를 넘겨준다. 탄탄한 신체근육의 건장한 체구를 지닌 야생의 남자 아담은 여인이 앞으로 내민 사과를 오른손으로 받고 있다. 여기에 제시된 최초남녀의 인물과 동작은 작품의 제목을 형성하는 타락의 주제를 대언한다.

낭만주의 시기에는 태고의 에덴동산이 원초의 고향을 향한 동경의 장소로 표현된다. 이와 같은 이념을 표현하는 낙원화에는 전원적 자연풍경이 중심을 형성한다. 오스트리아 낭만주의 화가 Wenzel의 만년의 유화 〈지상낙원의 아담과 이브〉는(1800~1829) 이상적 낙원풍경의 모형을 제시한다. (그림 20) 장대한 스케일의 화면에 연출된 울창한 숲의 풍경은 잎이 무성한 거대한 나무, 오만가지 꽃송이가 피어난 싱싱한 식물, 배경을 형성하는 희미한 윤곽의 선으로 구성된다. 이것은 자연, 인간, 짐승이 하나로 어우러진 지상의 낙원이다. 화면의 좌측 후면에 위치한 연푸른 강은 생명의 근원이다.

인간과 동물은 조화로운 질서속에 아무런 두려움이 없이 함께 생활한다. 드넓은 숲의 동산에 무려 200종이 넘는 동물이 모여 있다. 다채로운 동물의 묘사는 뛰어난 시각적 표현력을 보여줄 뿐만 아니라 과학적 지식에 의거하여 정확한 세밀함으로 재생된다. 동물화가의 특출한 재능을 증거하는 대목이다. 나뭇가지 위에 앉아 있는 여러 종류의 새들은 고유의 색채에 의해 심미적으로 묘사된다. 시각적 영감이 풍성한 화가는 모든 동물이 함께 서식하며 즐기는 원초적 자연세계의 재구성을 통해 평화로운 전원상을 연출하고 있다.

전면의 공간을 구성하는 넓다란 녹색 평원의 중앙에서 무성한 나뭇잎 숲으로 덮인 인식나무가 서 있다. 갈라진 나무줄기에 기다란 몸통을 감

그림20) Wenzel 〈지상낙원의 아담과 이브〉, 1800-1829, 247x336cm, 유화,
바티칸 Pinacoteca

고 있는 뱀의 주둥이가 이브를 위협하고 있다. 옆모습의 나체여인은 허리
를 약간 굽힌 채 앞에 있는 아담에게 작은 나뭇잎이 달린 과일을 내민다.
굵은 나무등치 아래의 평평한 풀밭 위에 앉아서 오른손을 들며 여인을 쳐
다보는 남자의 얼굴은 무슨 말을 하려는 것처럼 보인다. 여기에 제시된
두 남녀의 형상은 타락행위를 자행한 죄인의 거리가 있다.

특히 안정감 있는 아담의 형상은 긍정의 차원에서 묘사된다. 밝은색 피
부를 지닌 건장한 체구의 아담은 수많은 동물을 지키는 목동이며 싱싱한
식물과 아름다운 꽃을 돌보는 관리자의 모습을 띠고 있다. 이와 같은 인

그림21) Gaugin 〈아담과 이브, 잃어버린 낙원〉, 유화, 1890, 46x54,9cm, Yale 대학교 미술관

물상은 하나님이 최초의 인간에게 부여한 정원사의 임무에 부합한다. 밝은 광채로 빛나는 아담과 이브의 모습은 원래의 에덴동산에서 만물의 영장으로 존재한 행복한 시기의 삶을 상기시킨다. 에덴동산을 소재로 삼은 Wenzel의 낭만주의 유화는 제목에 표시된 '지상낙원'의 특성을 구현하고 있다.

19세기 종반에 이르러 아담, 이브, 낙원, 뱀의 형상은 완전히 변화되어 새로운 예술적, 지적 의미를 획득한다. 당시에 활발하게 대두된 상징주의 미술양식은 성서의 소재를 다룬 종교화에도 영향을 미친다. 독일 화가이며 조각가인 Klinger의 부식동판화 〈아담과 이브, 작품 III〉에는(1898) 숲속의 풀밭 위에 관능적 자세로 홀로 앉아 있는 이브의 나체가 소개된다. 그것은 더 이상 태고의 에덴동산에서 창조주의 특별한 보호아래 생성된 축복의 여인은 아니다. 화가는 최초의 여인을 시대의 정감과 기호에 맞는 여인상으로 이전하고 있다. 이와 같은 경향은 진취적 성향을 지닌 다른 화가의 작품에도 보여진다.

　프랑스 화가 Gaugin은 유화 〈아담과 이브, 잃어버린 낙원〉(1890)에서 변화된 낙원에 거주하는 최초의 남녀를 소개하고 있다. (그림 21) 여기에서 화가는 새로운 낙원상을 설계하기 위해 자신이 만년에 체류한 Tahiti 섬의 풍경을 도입한다. 후기 인상주의 화파에 속한 Gaugin은 생애의 마지막 10년 가운데 대부분을 고국에서 멀리 떨어진 외딴 섬에서 보낸다. 프랑스 Polynesia령에 속한 Tahiti 섬은 태평양 한 가운데에 위치한 가장 큰 호주의 섬이다. 화가 특유의 색채조합 기법이 구사된 환상적 작품의 배경은 습기찬 아열대 지방의 세팅이다. 비교적 작은 크기의 유화에는 (46x54.9cm) 표제를 형성한 낙원의 상실이 암시되어 있다. 좁은 폭의 기다란 강에 면한 벌판에 자라난 이국적 식물과 두 마리의 동물은 낭만주의의 에덴동산 풍경화에 묘사된 대상과 거리가 있다. 화면의 중앙에 위치한 기이한 나무의 녹색 나뭇잎 아래에 기다란 갈색 머리를 늘어뜨린 나체여인이 뒷모습의 형태로 홀로 서 있다. 자신의 고향을 저버린 쓸쓸한 추방여인의 모습이다. 우측 후면에 녹색 나뭇잎의 앞치마를 걸친 두 남녀가 슬픈 표정으로 동산에서 쫓겨난다. 커다란 흰색 구름 속에 파묻힌 날개달린 천사가 아래의 장면을 내려다 본다. 태고의 에덴동산을 소재로 삼은 작품에는 고국을 떠나 머나먼 이역에서 외롭게 살아가는 화가 자신의 만년의 삶이 투영되어 있다.

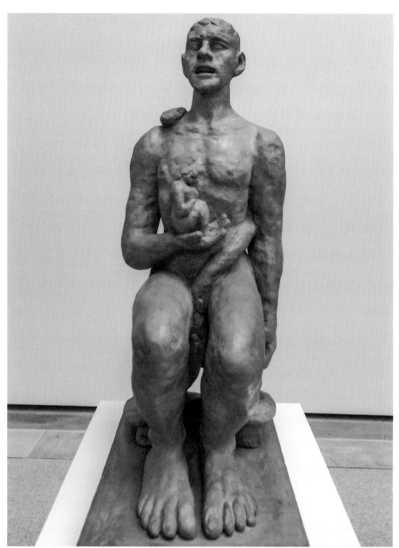

그림22) Beckmann 〈아담과 이브〉, 1936, 석고 조각, 87x35.5cm, Hamburg 미술관

이와 같은 성향은 화가가 사망하기 전해에 발표된 알레고리 유화 〈아담과 이브〉에서(1902) 분명하게 확인된다. 또 다른 Tahiti 섬의 자연환경이 반영된 단순한 구도의 작품은 두 남녀의 형상에 초점을 맞춘다. 여기에는 12년 전의 낙원화에 비해 개인적 정감이 강하게 표출된다. 짙은 채색의 어

두운 화면에 제시된 장소는 해안가 숲속이나 황량한 지역이다. 서로 다른 방향을 향해 서 있는 벌거벗은 두 남녀의 자세는 어딘가 어색해 보인다. 무성한 머리와 턱수염을 지닌 아담은 이브를 등지고 돌아서서 말없이 아래를 내려다 본다. 눈을 부릅뜬 거대한 뱀의 위협 아래 있는 이브의 표정에는 우울과 공포의 감정이 배어 있다. 그녀의 왼손은 가슴 위에 올려져 있다. 두 번째 Tahiti 체류 기간에 제작된 만년의 작품에는 화가 자신의 내면을 엄습한 소외화 감정이 여과 없이 드러난다.

독일화가 Beckmann의 조각 〈아담과 이브〉는(1936) 예술가의 삶과 존재를 대언하는 내면의 정감과 의식을 높은 질감의 예술양식으로 표현한다. (그림 22) 국제적 명성을 획득한 화가의 후기작에 속하는 조형작품은 이미 세 차례에 걸쳐 시도된 동일제목의 유화에서 한 걸음 더 나간다(1907,1917,1932년). 상이한 시기에 생성된 세 편의 유화에는 최초의 남녀가 동일한 크기와 가치로 묘사된다. 주로 유화와 그래픽 미술에 종사한 화가가 남겨 놓은 8편의 조각시리즈에 속하는 귀중한 예술품은 Hamburg 미술관에서 중요한 기능을 담당한다. 전시장을 찾은 관람객은 화가의 유화와 조각사이에 존재하는 의미 있는 연관을 직접 확인한다.

작은 규모의 석고조각은(87×35.5cm) 3차원으로 조형된 채색의 볼륨과 질량의 매력으로 관찰자의 시선을 끈다. 수직의 돌의자 위에 곧은 자세로 앉아 있는 건장한 체구의 아담은 특이하게도 화가의 자화상이다. 옆으로 벌려진 그의 입은 알 수 없는 공포의 감정과 동시에 이를 극복하려는 강한 의지를 나타낸다. 움푹 패어진 깊이에서 빛나는 두 눈동자도 이에 부응한다. 커다란 오른쪽 손바닥 위에 웅크리고 앉아 있는 미세한 이브의 옆모습 좌상은 마치 외부로부터 보호를 받고 있는 듯 보인다. 두 남녀의 일원화를 지시하는 특별한 묘사방식은 종전의 아담-이브 도상에 발견하기 힘든 현상이다. 아담 상체의 뒷부분을 휘감은 기다란 뱀이 오른쪽 어깨 위로 머리를 내밀고 이브를 내려다 본다. 곧 닥쳐올 인간적, 사회적 재앙은 사탄의 분신인 뱀의 위협으로 가시화된다.

아담의 인물은 매우 경직된 나체상으로 조형된다. 가슴, 팔, 다리, 커다란 두발에 드러나는 근육의 힘은 극도의 긴장을 나타낸다. 이것은 예술가의 적개심을 불러일으킨 Nazi의 이상적 신체상에 대한 의식적 저항이다. 불우한 독일 유대화가는 국가사회주의 정권의 억압에 맞서는 내면의 항거를 최초인간의 자화상을 통해 비유적으로 표명하고 있다. 화가가 선호한 자화상 형식은 여기에서 사회비판의 성격을 지닌다.

1937년 München에서 개최된 '타락한 예술' 전시회에는 바로 전해에 발표된 화가의 조각 〈아담과 이브〉가 선정된다. 다수의 지성적 예술가를 좌절로 몰아넣은 비극적 사건과 때를 맞추어 Beckmann은 자신의 조국을 떠나 네덜란드로 이주한다.

중간부
신약성서의 낙원
– 낙원에 관한 세 개의 사례

신약성서에는 낙원이라는 단어가 세 곳에만 등장한다. 이와 같은 언어 절제의 현상은 낙원의 가치가 높이 평가되지 못한다는 사실을 반증하는 것은 아니다. 상이한 문서에 분리하여 제시된 귀중한 사례는 구약의 모티브인 낙원에 관한 새롭고 의미 있는 조망을 증거한다. 서로 다른 담화상황에 등장하는 세 개의 실례는 각기의 문맥에 따라 사용된다. 따라서 어떤 통일된 범주에서 관찰되지 않는다. 그러나 현세와 구분되는 피안의 영역에 관계된다는 점에서 공통된다. 낙원사의 전통에서 형성된 내세의 풍경은 그리스 신화에 등장하는 하계나 하데스와 구분된다. 이상적 지상낙원과 대비되는 신성한 천상의 낙원은 신약에 언급된 낙원을 이해하는 기초이다.

사후세계의 관념에서 낙원은 죽음 이후에 의인의 영혼이 머무는 중간기간의 장소로 해석된다. 유대종교에 전승된 과도기의 개념은 신약에서 한 걸음 더 진전된다. 마태복음의 부활기사에는 예수님의 죽음과 부활사이에 놓여 있는 안식일의 정황, 즉 무덤의 정적을 가늠할 수 있는 구절이 발견된다. 그것은 '자던 성도의 일어남'에 관한 의미 있는 지적이다(마 27.52). 여기에서 동사 '자다'의 과거형에 해당하는 그리스어 'kekoimemenon'은 구체적으로 다시 일어나기 위한 준비상태를 지시한다. 부활의 사건에는 일정한 기간의 예비단계가 전제된다.

1) 첫째 사례는 전승된 낙원의 표상에 내재된 중간기간에 연결된다. 누가복음에 나오는 십자가처형 장면의 후반에는 두 행악자가 예수님과 함께 끌려간 사실이 지적된다(눅 23.32-33). 그들은 해골의 장소라 불리우는 골고다 언덕에 예수님의 좌우에 못박힌다. 십자가 처형장의 실상을 사실적으로 기술하는 단락의 종반부에는 매우 특별한 사건이 삽입된다. 그것은 십자가상의 예수님과 그 옆에 세워진 십자가에 매달린 한 사람의 강도 사이에 이루어진 상호대화이다.

누가의 고유기사에 속하는 짧은 대목은 당시에 통용된 낙원의 의미를 파악하는 중요한 전거이다. 단락의 서두에 행악자로 표기된 범죄자는 당시에 활동한 종교적 열성당원으로 간주되기도 한다. 그리스어 명사 'zelotes'로 불리우는 용어는 손에 창을 들고 '하나님을 위해 열열하게 싸운' 유대의 정치집단을 가리킨다. 만일 이와 같은 판단이 유효하다면 악행자의 개념은 반감된다. 예수님과 대화를 나눈 강도는 맞은편에 위치한 또 다른 강도와 달리 예수님이 불의한 행동을 저지르지 않았다는 사실을 알고 있다. 그는 십자가 아래의 사람들과 함께 예수님을 비방하는 동료 강도에게 스스로의 죄를 모른채 하나님을 두려워하지 않는다고 꾸짖는다(눅 23.40-41).

하나님의 아들을 알아본 강도는 스스로 천명한 원수사랑의 계명을 죽음을 앞둔 마지막 순간에 몸소 실천한 예수님의 행위를 옆에서 목격한 증인이다. 두 행악자와 함께 십자가에 못박히는 순간 예수님은 놀랍게도 하나님 아버지에게 다음과 같이 청원한다(눅 23.34).

> *아버지 저들을 사하여 주옵소서. 자기들이 하는 것을 알지 못함이니이다.*

위의 복합문장에서 후반문의 서술부 '알지 못함'의 대상을 지칭하는 '저들'은 이어지는 연쇄장면에서 밝혀진다. 34-37절에는 예수님의 옷을 나누어 제비를 뽑는 놀이를 하는 사람들과 '자신을 구원하지 못하는 그리스도'를 희롱하는 관리와 군인들이 언급된다. 앞의 행위는 시편 22장 18절에 예시되어 있다(요 19.23-24). "내 겉옷을 나누며 속옷을 제비뽑나이다." 당시 유대인의 의복에서 속옷은 보통 솔기없는 긴 통으로 짜여있어 나누기 힘들다. 로마 군인들은 겉옷만 전리품처럼 분배한 것이다. 십자가에 못박힌 자의 옷을 찢어 나누는 처사는 옷의 주인을 모독하는 죄와 불의의 행동이다.

'아버지여'로 시작되는 두 부분의 문장에는 예수님이 평소에 강조한 용서의 행위에 관한(눅 17.3-4) 중요한 이유가 들어 있다. 그것은 불의한 행위를 저지르는 사람들이 스스로의 행동이 죄라는 사실을 모르고 있다는 사실이다. 우리가 다른 사람의 죄를 용서할 수 있는 것은 자신도 의식하지 못한 상태로 죄를 저지르기 때문이다. 사탄의 권세가 지배하는 세상에서 살아가는 인간은 누구나 가릴 것 없이 모두 죄인이다. 예수님이 십자가에 처형당하는 절박한 시간에 하나님에게 드린 기도의 청원은 용서의 십자가를 상징하는 모형으로 통용된다.

혹독한 채찍질로 만신창이가 된 예수님은 십자가 위에서 오히려 자신을 모욕하고 조롱한 사람들을 위해 기도한다. 이와 같은 일을 옆에서 지켜본 강도는 커다란 마음의 변화를 일으킨다. 자신이 과거에 저지른 범죄를 진정으로 뉘우친 그는 예수님을 향해 다음과 간청한다(눅 23.42).

예수여 당신의 나라에 임하실 때에 나를 기억하소서.

위의 발언은 소극적 성격의 겸손한 표현이다. '당신의 나라에서 나를 기억해달라'는 것은 기적을 바라는 병자의 청원에 비하면 그 강도가 매우 미미하다. 그러나 여기에는 하나님의 나라와 부활에 관한 확신이 들어 있다. '당신의 나라'는 새로운 메시아에 의해 통치될 그리스도의 나라이다. 짧은 발언을 시작하는 '예수여'는 주님을 영접한 자가 사용하는 친밀의 호칭이다. 뜻밖의 간구에 접한 '예수님은 다음과 같이 응답한다(눅 23.43).

내가 진실로 네게 이르노니 오늘 네가 나와 함께 낙원에 있으리라.

일반적 예상을 뛰어넘는 놀라운 발언은 십자가 구원에 관한 확고한 선언이다. 즉 강도와 다름없는 나를 위한 영원한 생명의 선포이다. 이런 점에서 구원의 은혜에 관한 이해에서 매우 중요한 의미를 지닌다. 짧막하고 단순한 진술문에 선행하는 구문도식 "내가 진실로 네게 이르노니"는 어떤 중요한 내용이나 사건을 예시하는 성서의 어법이다. 특히 나와 너의 친밀한 관계가 부각된다. 상대방의 호칭 '예수여'에 대응하는 이인칭단수 대명사 '너'를 주어로 삼은 문장에 강조된 내용은 '낙원의 머무름'이다. '머무름'이란 영속적 '있음'을 뜻한다.

미래시제의 본문장은 시간부사 '오늘'로 시작된다. 이것은 낙원에 들어가는 시간이 죽음 직후의 시점이라는 사실을 지시한다. 구원받은 자가 낙원에 들어가는 데에는 그 어떤 시간이 필요하지 않다. 발언자의 확고한 의지를 보여주는 답변에서 전체의 강세는 '나와 함께'에 놓여진다. 특별한 문맥 아래 사용된 상황부사구는 분리할 수 없는 '내면의 연합'을 뜻한다. 여기에서 중요한 것은 상이한 두 파트너가 공유하는 공통의 특성과 요소이다. 그들은 죽은 후에 주어지는 영생의 소유에서 하나가 된다.

십자가상의 예수님이 회개한 강도에게 곧 찾아올 거처로 지적한 낙원은 죽은자가 새로운 삶을 위한 부활을 기다리는 안식의 장소(requies)이다. 이미 전승된 유대문서에 등장하는 의미 있는 관념은 죽음과 부활 사이의 중간상태를 지시한다. 죽은자의 영혼은 부활하기 전까지 평안을 보장하는 예비장소에 머물게 된다. 죽은자의 부활은 피안세계의 표상에서 낙원의 성격을 규정하는 중요한 전제이다. 처절한 고통의 죽음을 앞둔 예수님이 자신의 마지막 동반자에게 전한 확고한 약속은 부활과 구원의 복음에 관한 또 다른 선포이다. 그것은 축복받은 낙원의 머무름이 회개의 행위를 수행한 모든 죄인에게 통용된다는 사실을 가르친다.

예수님이 생애의 마지막 순간에 한 사람의 선한 강도를 통해 천명한 구원의 복음은 수세기 동안 유대사회에 무르익은 미래의 기대에 관한 확실한 증언이다. 그것은 하나님의 뜻에 합당하게 자신의 삶을 마감한 의로운 자는 하나님과 '함께하는' 낙원의 거주를 거쳐 영원한 천국에서 영생을 누릴 것이라는 위대한 은총의 약속이다. 다른 종교와 문화에도 전승된 내세의 관념은 여기에서 기독교의 사고체계로 통합된다. 성서의 범위 밖에서 다루어진 피안의 풍경과 유대민족에 전해 내려온 미래의 소망은 기독교의 낙원으로 의미 있게 흡수된다. 에덴동산에 근원을 둔 지상의 낙원은 보다 높은 차원의 영적, 초월적 낙원으로 이전된다. 요한계시록의 종결환상인 천상의 예루살렘과 새로운 낙원에는 지상의 낙원이 천상의 낙원으로 승화된다.

소위 '일곱 마지막 말씀'에(일곱 십자가 말씀, Septem Christi Verba) 속하는 예수님의 최후진술은 최고의 긴장감을 고조시키는 극적 처형장면의 진행에 편입된 작은 막간극처럼 여겨진다. 실제로 두절의 대화는 후세의 편집에 의한 산물로 추정되는 추가장면에 속한다. 그러나 누가의 고유기사에 속하는 독보적 단락은 고난사의 노정 이후 예수님이 한 개인에게 제공한 유일의 구원선포이다. 이런 점에서 회개한 강도의 사건이 기독교 역사에서 기념할 만한 이벤트로 재조명된 것은 놀라운 일이 아니다.

후세의 영향사에서 새로운 이름을 얻은 선한 강도 Dismas는 최초의 성자로 추대된다. 공식적으로 인정받은 '성자 Dismas의 축일'은 십자가 처형일로 추정되는 가톨릭 교회의 전통축제일 3월 25일이다. 〈로마 순교록〉 제2단락에는 '선한 강도'를 기념하는 기사가 실려있다. Dismas의 간절한 기도 "예수여 당신의 나라에 임하실 때에 나를 기억하소서"는 성 Chrystomos 예식에서 성찬행사에 선행하는 기도에 세 차례나 낭송된다. Dismas의 기도는 기독교 장례식에도 즐겨 부르는 퇴장곡으로 사용된다.

그림23) Moskos 〈예수님의 십자가처형〉, 1711, 템페라, 91x70cm, 베네치아 헬레니즘 연구소

135

Dismas는 니고데모 외경복음에 언급된 'dusme'에서 파생된 명칭이다 (10.2). 고대 그리스어 명사 'dusme'는 일몰, 죽음을 뜻한다.

최초의 성자 Dismas는 십자가 처형장면을 구성하는 중요한 역사적 인물로 대두된다. 일부교회에는 십자가에 매달린 Dismas의 조각상이나 인물 아이콘이 벽장식으로 선정된다. Kreta섬 출신의 그리스 화가 Moskos에 의해 제작된 템페라 〈예수님의 십자가처형〉은(1711) 성자 Dismas의 인물에 초점을 맞춘 처형화이다. (그림 23) 직사각형 윤곽의 작은 화면에서 (91x70cm) 전체의 구성은 일반적 처형화의 모델을 따르고 있다. 화면의 하단에는 로마군인과 유대 종교지도자가 운집해 있다. 해골의 형상이 가운데 위치한 작은 언덕의 우측에 세 명의 군인이 처형된 자의 옷을 나누어 갖기 위해 제비를 뽑고 있다. 가운데 위치한 십자가 아래에는 세 명의 여인이 경배의 자세를 취하고 있다.

그러나 작품의 포커스는 '선한 강도'와 십자가의 예수님이 나란히 서 있는 좌측 상단에 주어진다. 이 부분은 '내면의 연합'이라는 본문의 문맥에 부합하는 시각적 재현이다. 동일한 후광이 동반된 두 인물은 상이한 외형에도 불구하고 통일과 조화를 형성한다. 이에 반해 우측 상단에 위치한 또 다른 강도는 참혹한 상태로 묘사된다. 작은 십자가 횡목에 두 팔을 감고 있는 초췌한 신체의 '선한 강도'는 고개를 옆으로 돌려 거대한 십자가에 매달린 예수님을 쳐다보며 무엇인가 간절히 간구한다. 간청자의 얼굴표정은 더 할 수 없는 진지함으로 가득차 있다.

기다란 흑색 창의 끝에 붙어있는 날카로운 화살에 찔린 예수님의 옆구리에서 가느다란 핏줄기가 아래로 쏟아진다. 사건의 발생시점은 낙원의 머무름에 관한 축원의 직후로 보인다. 전체화면의 중간지대를 형성하는 회색 예루살렘 성전건물의 집단은 형상이야기의 현장이 골고다 언덕임을 가리킨다. 높은 사다리를 밟고 올라간 로마군인이 오른손으로 들어 올린 칼로 두 다리에 핏자국이 남아 있는 '선한 강도'를 위협하고 있다. 특이하게도 빨간 상의를 입은 작은 천사가 공중에서 위기상황에 처한 처형자의 머리에 영롱한 보석으로 장식된 둥근 면류관을 씌워준다. 생애의 마지막 순간에 회개를 통한 진솔한 신앙고백으로 인해 낙원에 들어간 은총을 경험한 '선한 강도'의 최후승리를 지시하는 시각적 표상이다.

화면 상단의 배경을 이루는 짙은 암흑의 구름무늬 공간과 뚜렷하게 대조되는 진한 황금빛 채색의 타원형 하늘은 구원받은 자가 곧 머무를 안락한 낙원을 상징한다. 이런 점에서 본문의 내용에 충실한 시각적 재현이다. 처형장면의 수용과정에서 별로 주목을 받지 못한 바로크 시기의 처형화는 전승된 성자 Dismas의 회상에 바쳐진 역사적 기념물이다. 일부의 경우에는 두 강도사이에 예수님이 위치한 상단의 장면이 분리되어 독자적으로 제시된다. 후기 Kreta 화파의 화가에 의해 제작된 바로크 시기의 처형화는 십자가에 못 박힌 좌우의 두 강도를 유사하게 묘사하는 일반적 관례를 벗어난다.

예수님은 창세기의 에덴동산 이야기에 연원하는 단어 낙원을 유대종교에 통용된 과도기 장소의 의미로 사용하고 있다. 즉 죽음과 부활사이에 위치하는 중간기간을 지시한다. 이로 인해 고전적 성서용어는 새로운 활력적 기능을 발휘한다. 그것은 낙원의 머무름이 독자에게 주는 살아있는 현재적 의미이다. 영원한 생명의 나라에서 그리스도와 공유하는 미래의 삶에 관한 확신은 종말의 위기에 처한 좌절의 인간에게 참된 위로와 희망을 선사한다. 십자가상의 예수님이 선한 강도에게 선사한 고귀한 약속은 공관복음의 모토인 구원의 복음에 관한 재천명이다. 성서의 독자는 고난극의 클라이맥스인 십자가 처형장면에 삽입된 작은 단막극을 읽으면서 더 할 수 없이 소중한 은혜를 체험한다.

2) 둘째 사례는 바울서신에 인상적으로 기록된 사도바울의 간증이다. 그는 고린도후서 12장에서 적대자들이 과시하는 자기자랑의 허풍에 맞서 과감하게 스스로의 경험을 고백한다(고후 12.1-4). 네 절의 서술은 약함과 영광의 경험을 서술하는 첫째 단락의 도입부이다. 바울의 간증은 그 자체로 끝나는 것이 아니라 귀중한 자기고백을 동반한다. 하나님은 바울이 자신에게 주어진 환상체험으로 인해 자만에 빠지지 않게 하기 위해 특별히 '육체의 가시'를 부여한다.

12장 7절에 사용된 명사구 '육체의 가시'는 그 의미를 명확하게 규정하기 어렵다. 명사 '가시'는 Luther의 성서번역 개정판에서 '말뚝' 혹은 '막대'로 번역된다. 육체의 고통에 연관지어 보면 심한 두통에서 발생하는 예리한 '막대'의 찌름을 생각해 볼 수 있다. 폐부를 찌르는 아픔은 동시에 영적 고통을 의미한다. 결과적으로 비유어 '육체의 가시'는 극복할 수 없는 신체와 정신의 질병을 지시한다. 나아가 바울에게 가해지는 적대자의 심한 공격에 관계된다. 그러나 바울의 삶을 지배한 내적, 외적 고난은 오히려 '약함의 강함'이라는 역설의 진리를 인식하도록 인도한다(12.10).

이는 내가 약한 그때에 강함이라.

짤막한 선언은 신비로운 천상여행의 간증으로 시작된 첫째 단락의 결론이다. 바울은 하나님의 능력을 확신하기 때문에 극도의 어려움 가운데에서 커다란 용기를 얻는다. 그 어떤 일이 일어난다 하더라도 그것은 하나님의 영광을 드러내는 일이다. '약함'과 병행의 대조를 이루는 '강함'은 하나님의 능력이 제압당할 수 없음을 의미한다.

바울이 고백한 귀한 간증은 주님이 직접 보여주신 신비의 환상과 계시이다. 다시 말해 바울이 스스로의 의지로 본 것이 아니다. 간결한 천상여행의 체험은 특별히 제3자의 형식을 빌려 기술된다(12.2). "내가 그리스도 안에 있는 한 사람을 아노니." 2격의 형식으로 사용된 인칭명사 '한 사람'은 소극적으로 자기자신을 나타내는 바울의 어법이다. 상황부사구 '그리스도 안에'는 바울의 복음선포를 대언하는 고유의 표현도식이다. 천상여행의 시점은 14년 전으로 정확하게 표기된다. 이 시점은 서기 41-42년, 즉 바울이 Damascus를 떠나 고향에 칩거한 직후의 선교여행 초반기이다.

천상여행을 경험한 '한 사람'의 정신적 상태는 두 번에 걸쳐 (그가 몸안에 있었는지 ... 하나님은 아시느니라)의 문장형식으로 기술된다. 수사적 문체에 의거한 복합문장에서 선행문장 '나는 모른다'는 계시에 의해 주어진 여행의 회상에 관한 진솔한 자기고백이다(12.2,3). 즉 하늘을 향한 여행이 어떻게 일어났는지 기억나지 않는다는 뜻이다. 이와 같은 기적은 오로지 천상의 주인인 하나님에 의해서만 가능하다. 타동사 '모르다'의 목적구문 "몸안에 있었는지 몸밖에 있었는지"는 신체적 자각을 넘어서는 황홀의 경지를 지시한다. 몸의 '안과 밖'을 구분할 수 없는 의식상태는 최고의 영적 세계로의 진입을 의미한다.

바울이 기록한 천상여행의 목적지는 '셋째 하늘'로 명명된다(12.2). 신약성서에서 이곳에만 발견되는 특별한 용어는 성서 외부의 문서에 여러 차례에 걸쳐 발견된다. 기독교 전설집 〈모세묵시록〉에는 '셋째 하늘'이 낙원과 동일시된다. 외경에 속하는 〈슬라브 에녹서〉에는 의로운 자가 인도되는 낙원의 의미로 사용된다. 소위 위서로(Pseudoepigraph) 불리우는 〈에스라 4서〉에 등장하는 '셋째 하늘'의 서술에는 하늘에 여러 상이한 층이 존재한다는 관념이 깔려있다. 구체적으로 세 개의 층, 심지어 열 개의 하늘이 언급된다.

　실제로 하늘을 가리키는 히브리어 명사 'schamajim'은 복수형이다. 그리스어 성서에는 이 단어가 단수 'ouranos'나 복수 'ouranoi'로 번역된다. 두 명사는 지구위에 위치한 하늘, 공중, 창공 등의 모든 영역을 포괄한다. 종교전승에서 '셋째 하늘'은 가장 높은 하늘층인 하나님의 거주장소를 지시하는 유대용어로 정착된다. 비유적으로 하나님의 직접적 현존 혹은 하나님의 절대적 근접을 지시한다. 이런 의미에서 천국과 유사한 문맥에 위치한다.

　London 국립미술관에 보존된 이탈리아 초기 르네상스 화가 Botticini의 템페라 〈마리아 승천〉에는(1475-76) 화면의 상단에 기다란 타원형 윤곽의 천국이 제시된다. 연한 황금빛 공간을 바탕으로 삼은 천국의 형상은 매우 상세하게 묘사되어 있다. 그것은 3층의 계열과 아홉 질서의 천사로 대언된 성스러운 영역이다. 상이한 특성을 지닌 세 층은 각기 수많은 성자, 천사, 설립자 인물의 집단으로 채워진다. 가장 높은 곳에 위치한 '셋째 하늘'에 승천한 마리아가 좌정한 하나님 앞에 경배를 드린다. 화면의 하단에 열려진 마리아 무덤이 놓여 있다. 그 주위에 승천장면의 증인들이 서 있다.

　12장 2절에 명명된 '셋째 하늘'은 곧이어 낙원으로 다시 표기된다(12.4).

그가 낙원으로 이끌려가서 말로 표현할 수 없는 말을 들었으니 사람이 가히 이르지 못할 말이로다.

　위의 복합문장에서 '그'의 행동을 가리키는 수동의 동사 '이끌리다'로 번역된 그리스어 동사 'harpazo'는 '끌어 올려지다'를 뜻한다. 다시 말해 인간이 육체적으로 지상의 세계에서 하늘의 영역으로 옮겨지는 것을 말한다. 신약에는 유사한 단어가 사도행전과 데살로니가전서에 사용된다(행 8.39, 살전 4.17). 앞의 경우는 에디오피아 내시에게 세례를 베푼 빌립의 승천을, 뒤의 경우에는 예수님 재림시의 기독교인 승천을 서술한다.

데살로니가 전서 4장의 종반은 주님의 강림과 죽은자의 부활을 서술하는 인상적 단락이다(4.13-17). 네 절의 단락은 살아남은 자들이 죽은 자들과 함께 구름속으로 들어가는 환상적 결구로 종식된다(4.17).

> *우리 살아남은 자들도 죽은 자들과 함께 구름속으로 끌어올려 공중에서 주를 영접하게 하시리니.*

위의 진술문에서 문장의 서술부 '끌어 올려지다'에 해당하는 그리스어 동사 'harpagesometha'는 다른 장소로 '강하게 옮겨지다'를 뜻한다. 즉 고린도후서 12장 4절의 'harpazo'와 같은 의미차원에 있다. 두 동사는 모두 황홀의 상태에서 일어나는 '올라감'의 이동을 지시한다.

신약성서에서 재림, 즉 인자의 오심을 특징짓는 구름은 변용과 승천의 구름처럼 현현의 표식이다. 그리스어 명사 'epiphanie'는 구원을 가져오는 신성의 나타남과 구원행위의 경험을 의미한다. 구름은 하나님 영광의 현존을 지시하는 하늘의 징표이다. 구약성서에는 이와 같은 사실이 고유의 용어 '셰키나'(sekina) 표현된다. 출애굽기 24장 15-17절과 40장 34-35절에는 '셰키나'의 장소가 타오르는 떨기나무와 시내산에 거하는 구름으로 서술된다. 하나님의 거주나 거처를 의미하는 히브리어 명사 'sekina'는 유대종교에서 하나님의 현존을 지시하는 특징적 현상으로 수용된다.

바울은 낙원을 에덴의 평화와 영광이 회복된 성스러운 장소로 간주한다. 이와 같은 사고는 예수님이 '선한 강도'와의 대화에 언급한 낙원과 근본적으로 같은 문맥아래 있다(눅 23.45). 다만 '셋째 하늘'과 동일시된 낙원은 지상의 낙원이 아니라 천상의 낙원이다. 창세기에 연원하는 성서용어 낙원은 종교사의 전승에서 하늘에 있는 하나님의 거처로 이행된다. 천상의 낙원으로 올려진 주인공은 '말로 표현할 수 없는 말'을 들었다고 고백한다(12.4). 부정을 통한 긍정의 형식으로 표현된 구문은 인간이 말로 나타낼 수 없는 오묘한 말씀의 성격을 강조한다. 특별한 하나님의 음성에 접한 증인은 자신이 들은 것에 관해 말하지 않는다. 이와 같은 침묵의 미덕은 세속화의 위험에서 거룩함을 보존하기 위함이다.

특별한 하나님의 종에게 주어지는 계시의 천상여행은 환상의 비전으로 가득찬 묵시문학의 전형적 소재이다. 요한계시록의 전주곡에 해당하는 천상의 서곡 서두에는 보는 자 요한이 하늘로 올려진다(계 4.1-3). 성령의 감동을 받은 그는 '열린 문'을 통해 신비의 천상세계를 보게 된다. 제일 먼저 눈에 들어온 것은 전면 중앙에 위치한 하늘의 보좌이다. 보좌에 앉은 자는 투명하고 붉은 보석 색깔에 의해 상징된다. 보좌의 주위를 둘러싼 무지개는 녹보석처럼 빛을 발한다. 하늘의 보좌와 보좌의 주인은 찬란한 빛의 광채로 표현된다. 인간의 눈으로 감히 볼 수 없는 창조주 하나님은 영광과 거룩의 형상으로 인지된다.

3) 셋째 사례는 요한계시록의 초반과 종반에 등장하는 두 차례의 의미 있는 언급이다. 첫째 경우는 에베소 교회에 보내는 편지를 마감하는 '이기는 자의 경구'이다. 여기에는 낙원이 원래의 자리에서처럼 생명나무와 연관하여 언급된다(계 2.7).

그 사례는 요한계시록의 초반과 종반 문맥

이기는 그에게는 내가 하나님의 낙원에 있는 생명나무의 열매를 주어

먹게하리라.

서신의 발언자가 전하는 귀한 위로의 말씀은 최후의 승리자에게 주어질 은총의 약속이다. '먹게 하리라'라는 서술부는 주체에 의한 확실한 섭취의 제공을 의미한다. 섭취의 대상인 생명나무의 규정에서 중요한 것은 존재의 장소인 '하나님의 낙원'이다. 원래 지상의 낙원에 서 있던 생명나무는 천상의 세계로 이전된다. 끝까지 하나님의 믿음을 인내로 지킨 자는 종말의 시점에 하나님과 더불어 영원한 생명을 누리게 된다. 이것은 구원받은 자에게 주어지는 최고의 축복이다.

문서의 저자가 첫 번째 교구서신의 종결도식에서 생명나무 열매를 종말적 축원의 대상으로 강조한 것은 특별한 의미가 있다. 인식나무 열매와 대조되는 생명나무 열매의 취득은 영원한 생명의 획득을 의미한다. 극심한 핍박 가운데 있는 교회의 성도는 마지막 시점에 주어질 영생의 소유를 기대하며 더 할 수 없는 위로를 얻게된다. 이어지는 연쇄서신에 계속하여 등장하는 '극기자의 경구'는 최초의 서신에 제시된 귀중한 축원의 연속이다. 일곱 순회서한의 특성을 각인하는 의미 있는 구절에는 특별히 저자의 문학적 표현력을 보여주는 은유의 수사법이 활용된다.

둘째 경우는 마지막 종결환상이다. 문서의 서두에 제시된 소중한 약속은 종결환상의 최후단계인 새로운 낙원의 장면에서 완전하게 실현된다. 새로운 낙원은 새하늘과 새땅과 천상의 예루살렘에 이어진 종국적 환상이다(계 22.1-5). 여섯 절 단락의 서두에는 오랜 천상여행의 순례자에게 새로이 건설된 낙원의 환상이 계시된다(22.1-2).

22.1 또 그가 수정같이 맑은 생명수의 강을 내게 보이니

22.2 강 좌우에 생명나무가 있어 열두 가지 열매를 맺되

새로운 낙원을 구성하는 두 요소인 생명수의 강과 생명나무는 태고의 에덴동산을 특징짓는 모티브이다. 다시 말해 잃어버린 낙원의 완전한 회복을 지시한다. 생명수의 강은 구원받은 무리의 성화를 다룬 단락의 마지막에 제시된 생명수 샘을 상기시킨다(7.17).

이는 보좌 가운데에 계신 어린양이 그들의 목자가 되사 생명수 샘으로 인도하시고 하나님께서 그들의 눈에서 모든 눈물을 씻어주실 것임이라.

위의 진술문은 새로운 낙원에 관한 예시이다. 어린양이 인도하는 생명수 샘은 생명수의 강으로 이어진다. 여기에 언급된 선한 목자는 시편 23장 서두의 여운이다(시 23.2). "그가 나를 푸른 초장에 누이시며 쉴만한 물가으로 인도하시는도다." 휴식과 평안을 노래한 시행에서 '푸른 초장'과 함께 명명된 '쉴만한 물가'는 양떼가 사막의 뜨거운 햇볕을 피하여 쉴 수 있는 '생명의 샘'이다.

복합문장의 후반부를 구성하는 하나님의 행위 '눈물의 씻어줌'은 예언자 이사야가 언급한 모티브이다. 어둠과 사망의 종식을 선언하는 25장의 중간단락에는 다음과 같이 예언된다(사 25.8).

사망을 영원히 멸하실 것이라. 주 여호와께서 모든 얼굴에서 눈물을 씻기시며.

낙원의 표상에서 하나님나라의 복음으로

144

두 부분으로 구성된 시행에서 앞 문장의 부사 '영원히'는 종국성과 승리의 요소를 포함한다. 이와 같은 약속은 구약과 신약에 제시된 가장 위대한 약속에 속한다. 마지막 적은 패배하며, 마지막 눈물은 제거된다. 요한계시록의 독자는 하나님과 목자의 목표가 하나님의 백성에게 이루어짐을 확신한다.

의미 있는 중간극에 제시된 귀한 약속은 문서의 종반에 이르러 새로이 세워질 하나님의 공동체에 그대로 실현된다(계 21.3-4).

하나님의 장막이 사람들과 함께 있으매 ... 하나님은 친히 그들과 함께 계셔서 모든 눈물을 그 눈에서 닦아주시니

선행문장의 주어 '하나님의 장막'은 완전히 새로운 것을 지시한다. 새로운 세계의 본질은 하나님이 인간과 '함께 하는' 살아있는 공동체이다. 하나님은 스스로 자신의 백성이 흘리는 모든 눈물을 '닦아준다'. 이것은 사망, 슬픔, 고통의 소멸을 의미한다.

생명의 강은 에덴동산의 원류인 생명의 샘에 연결된다(창 2.10). 영생의 원천인 생명의 강과 생명나무는 종말의 공동체를 규정하는 기본요소로 강조된다. 특히 문서의 초반에 약속된 생명나무 열매의 제공이 상세하게 기술된다(22.2).

강 좌우에 생명나무가 있어 열두 가지 열매를 맺되 달마다 그 열매를 맺고 그 나무 잎사귀들은 만국을 치료하기 위하여 있더라.

새로운 낙원의 풍경을 생생하게 증거하는 복합문장에는 강의 좌우에 자라난 수많은 생명나무가 '열두 가지' 열매를 맺는다. 서술의 주체 생명나무는 여기에서 에덴동산 이야기와 달리 복수형으로 표기된다. 또한 싱싱하게 피어난 나뭇잎은 새로이 건설된 도시의 주민에게 하나님의 생명력을 공급한다. 그것은 영생을 가져오는 원천적 힘이다.

인용문의 후반을 구성하는 나뭇잎의 치료는 그 근원에서 새로운 성전의 강에 관한 에스겔의 환상에 연결된다(겔 47. 12). "그 잎사귀는 약재료가 되리라." 저자는 새로운 낙원의 서술에서 에스겔의 모티브를 의미 있게 변형시킨다. 강의 물은 생명의 강으로, 과실을 맺는 나무는 생명의 나무로 이전된다. 물질의 모티브는 구원론의 차원에서 영적으로 변화된다. 모든 백성에게 해당되는 동사 '치유하다'는 신약성서에서 '구원하다'를 포함한다. 예수님이 수행한 병치유의 기적은 이와 같은 사실을 증거한다. 전체 문장의 마지막을 규정하는 '만국의 치유'는 새로운 낙원의 성격을 특징짓는 기본요소이다.

생명나무는 낙원이야기의 중심모티브이다. 에덴동산 설화에서 동산의 추방으로 인해 접근의 통로가 차단된 생명나무로의 복귀는 새로운 낙원의 환상에서 완전하게 이루어진다. 하나님의 천사에 의해 수호된 생명나무는 생명의 강이 흐르는 하나님 도시에서 영생의 매체로 부각된다. 이것은 창조주 하나님에 의해 예비된 장대한 구원사역의 종착점이다. 창세기의 서두를 장식한 낙원이야기의 마지막에 유보된 생명나무 회복의 잠재성은 요한계시록의 정상인 종결환상의 종곡에서 분명하게 실현된다. 이것은 신구약성서 전체의 구성을 규정하는 중대한 사건이다.

요한계시록의 연쇄환상을 마감하는 새로운 낙원의 비전과 함께 성서전체를 포괄하는 순환의 원이 완성된다. 거대한 규모의 원은 구약성서의 창세기에서 출발하여 신약성서의 마지막 책인 요한계시록에 도달한다. 최초의 인간의 삶의 거처인 태고의 동산은 모든 선택받은 자에게 영생의 축복을 제공하는 종말의 낙원으로 이전된다. 이것은 지상적 낙원의 재탄생이라 할 수 있다. 원래의 지상낙원은 천상의 낙원에서 지상의 인간을 위한 영원한 생명의 거처로 귀결된다.

원초의 에덴동산과 새로운 낙원은 신구약성서를 둘러싸는 틀거리이다. 상실된 낙원의 회복은 수많은 문서로 구성된 성서의 줄거리가 움직이는 지향점이다. 그 중심에 그리스도 십자가가 자리하고 있다. 속죄의 죽음을 통해 모든 인류의 구원을 이룩한 십자가나무는 생명나무의 연결을 통해 새로운 의미를 획득한다. 그것은 단순한 목재의 재료로 만들어진 십자가의 영적 신비화이다. 원래 비천한 노예의 죄를 처벌하기 위한 사형도구로 사용된 십자가는 영생을 제공하는 구원의 매체로 전환된다. 여기에 역전의 성격을 내포한 구원론의 핵심이 있다.

고대동방에서 영생을 향한 동경의 상징으로 통용된 생명나무는 속죄의 구원을 이룩한 십자가나무의 연계에서 새로운 의미를 획득한다. 십자가의 제조를 위한 재료인 목재는 성서의 나무라는 맥락에서 위치가 승격된다. 이와 같은 사실은 이미 중세의 십자가 도상에 발견된다. 4세기 이후에 생성된 일부의 수기 삽화에는 그리스도의 십자가에 생명나무가 동반된다. 굵은 기둥을 가진 목재십자가의 정상은 생명나무로 장식되어 있다. 정치적 범죄를 저지른 노예의 치욕적 형벌을 대언하는 십자가 기둥은 생명나무와 함께 영원한 생명의 매체로 이전된다. '생명나무 십자가'는 성서의 기본메시지인 구원의 복음을 지시하는 기독교 상징으로 정립된다.

제2부
하나님나라의 복음선포

제1장

구원의 복음 하나님나라

1. 메시아 사역의 핵심

하나님나라의 선포는 예수님이 지상에서 수행한 구원사역의 핵심이다. 이 기본명제는 모든 공관복음 저자에 의해 공통으로 강조된다. 예수님의 가버나움 사역에 관한 누가의 결과보고에는 여러 차례에 걸친 병치유의 기적이 상세하게 기술된다(눅 4.31-44). 이어지는 짧은 단락에는 일단의 무리가 한적한 곳으로 피신한 예수님이 자신들로부터 떠나가지 말도록 만류한다. 이에 대해 예수님은 다음과 같이 답변한다(눅 4.43).

내가 다른 동네들에서도 하나님나라의 복음을 전하여야 하리니 나는 이일을 위해 보내심을 받았노라.

위의 발언은 메시아 사명에 관한 명확한 천명이다. 예수님은 하나님나라의 복음을 전하기 위해 세상에 보내진 하나님의 아들이다. 여기에 강조된 하나님의 나라는 마가의 초기 갈릴리설교에 선언된 하나님의 나라와 병행한다(마 1.15).

예수님은 지역적으로 제한된 초반의 활동 이후 열두제자와 함께 나라 전체를 돌아다니기 시작한다. 순수한 여인들과 일부의 봉사자들이 험난한 전도여행에 동참하며 예수님의 거처를 마련한다. 예수님에게는 정해진 숙소가 없다(막 15.40~41). 예수님의 여성후계자에 관한 짤막한 보고에는 가버나움 발언에서처럼 하나님나라의 복음전파가 중심대상이 된다(눅 8.1). 여기에 언급된 여인들은 '일곱 귀신이 나간' 마리아 막달라와 이름이 명명된 두 명의 여인, 그리고 또 다른 여러 여인이다. 누가의 기사에는 마리아 막달라가 죄인이라는 사실이 전혀 암시되지 않는다.

열두제자에 의한 최초의 전도보고에 이어진 벳새다 마을의 피신장면에도 예수님은 모여든 군중에게 '하나님나라의 일'을 이야기하며 병든 자를 치료한다(9.11). 하나님나라의 선포와 병치료의 행적은 예수님이 지상에서 수행한 두 가지 기본사역이다. 그러나 병치유의 행위는 그 자체가 목적이 아니라 하나님나라의 복음전파를 위한 적절한 수단이다. 제자의 도리인 '따름'의 준비에 관한 단락에도 하나님나라의 전파가 최우선의 과업으로 강조된다(9.60). "너는 가서 하나님의 나라를 전파하라." 어떠한 경우에도 아들에게 주어진 최고의 임무는 아버지의 나라와 영광을 증언하는 일이다.

누가가 지적한 예수님의 두 가지 기본임무는 마태에 의해 보다 구체적으로 서술된다. 초기 갈릴리 사역에 관한 총체적 요약은 명료한 증거이다(마 4.23~25). 세 절의 단락을 시작하는 첫 절은 예수님의 사역에 관한 탁월한 규정이다(4.23).

예수께서 ... 천국복음을 전파하시며 백성중의 모든 병과 모든 약한

것을 고치시니.

위의 문장에는 하나님나라의 복음이 '천국복음'으로 표현된다. 천국은 유대의 복음가 마태가 사용한 용어이다. 치유의 대상과 질병의 종류를 제한하지 않는 것은 메시아 기적치유의 중요한 특징이다. 다음 절에도 반복하여 사용된 동사 '고치다'의 그리스어 'therapio'는 '낫게 하다'와 함께 '섬기다'의 의미를 포함한다. 자비의 예수님은 죄의 인간을 섬김의 자세로 치료한다. 치유의 수혜자에게 커다란 은혜를 선사한 구원의 기적사건은 고통에 시달리는 병자들이 전국각지에서 밀려드는 동인이 된다.

병치유를 통한 '천국복음'에 관한 마태의 간략한 보고는 마가에 의해 치유수혜자의 입장에서 은혜의 경험에 대한 진술한 간증으로 증언된다. 마가복음 3장 10-11절에는 예수님이 전도사역의 초기에 수행한 대규모의 치유기적이 총괄적으로 요약된다. 질병에 시달리는 사람들과 '더러운 영'에 붙들린 사람들이 모두 예수님의 손길에 의해 치유되는 커다란 은혜를 입는다. 그리하여 예수님의 발아래 엎드려 '당신은 하나님의 아들이다'라고 부르짖는다(막 3.11). 이것은 고통과 질병이 지배하는 이 땅에서 하나님의 나라를 경험한 자의 입에서 자연스럽게 우러나온 최고의 신앙고백이다.

누가가 자신의 복음서에서 예수님의 기본사역으로 강조한 하나님나라의 전파는 그의 두 번째 문서에서 진전된 방식으로 이어진다. 순교의 희생으로 감행된 사도들의 초기선교 역사를 상세하게 기술한 사도행전은 귀중한 증언으로 시작된다(행 1.3).

그가 ... 친히 살아게심을 나타내사 사십일 동안 그들에게 보이시며

하나님나라의 일을 말씀하시니라.

위의 문장에는 누가복음의 마지막 장을 구성한 예수님의 부활과(an-astasis) 현현이 다시 강조된다. 부활한 예수님이 사십일 동안 제자들에게 '나타나' 말씀하신 '하나님나라의 일'은 예수님의 삶, 죽음, 부활이라는 전체의 맥락에서 이해된다. 예수님의 고난과(passio) 죽음의 승리가 주는 의미는 이제 제자들에게 의심할 여지가 없이 명료하게 전달된다. 사도행전의 막을 열어주는 1장 3절은 새로운 메시아로 세상에 온 예수 그리스도의 사명에 관한 탁월한 요약이다. 예수님은 생존시에나 무덤에서 살아난 후에나 변함없이 하나님나라의 선포를 최고의 사명으로 삼고 있다.

사도행전의 종결장면은 로마에 도착하여 유대인을 강하게 설득한 사도바울의 행적이다(행 28.16-31). 열여섯 절에 걸친 단락에는 하나님나라의 복음이 두 차례에 걸쳐 지적된다. 첫째 아침부터 저녁까지 강론한 '하나님나라의 증거'와 예수 그리스도의 권고이고, 둘째 하나님나라의 전파와 예수 그리스도에 관한 가르침이다. 두 번째 경우는 문서전체의 종결문에 해당한다.

> *28.23 하나님의 나라를 증언하고 모세의 율법과 선지지의 말을 가지고 예수에 대하여 권하더라.*
> *28.31 하나님의 나라를 전파하며 주예수 그리스도에 관한 모든 것을 담대하게 거침없이 가르치더라.*

동일한 내용을 지시하는 두 절에서 나중의 절에는 '담대하고 거침없는' 가르침이 추가된다. 이중의 부사 부가어 '담대하고 거침없이'는 '아무런

낙원의 표상에서 하나님나라의 복음으로

방해를 받지 않고 과감하게'를 뜻한다. 다시 말해 극도의 난관 가운데에서 굴하지 않고 용기있게 감행된 바울의 복음사역을 특징짓는 고유어법이다.

'그리스도에 관한 가르침'은 하나님의 나라에 관한 옛 유대의 기대에 근거한다. 오랫동안 전해 내려온 백성의 기대는 예수 그리스도의 인물에서 실현된다. 예수 그리스도의 오심과 함께 유대민족이 고대한 하나님의 나라는 새로운 차원에서 시작된다. 이 사실을 받아들이는 자는 하나님의 나라를 인식하고 경험한다. 약속된 메시아 그리스도는 부활을 통한 죽음의 승리를 통해 모든 믿는 자를 위해 하나님나라의 문을 열어준다. 험난한 세계선교의 길을 개척한 사도바울의 마지막 행적은 예수님이 지상에서 수행한 하나님나라의 복음전파를 스스로 증언하는 일이다.

하나님나라의 가르침은 예수님 복음선포의 중심이다. 이와 같은 사실은 우선 하나님의 나라가 신약성서에 무려 122회 등장한다는 잦은 언어 사용 빈도에서 증명된다. 그 가운데 대부분은 공관복음에 속한다. 통계 상으로 마가복음에 13회, 마태와 누가의 공통기사에 9회, 마태복음에 27회, 누가복음에 12회 사용된다. 나라, 왕국이라는 약칭으로 대언되기도 하는 하나님나라의 진술은 권위있는 '예수님 전통'에 의거한다. 복음서 최초의 저자 마가는 전승된 내용을 예수님의 첫 설교로 구성한다(막 1.15). 하나님나라의 주제는 문서 전체의 출발점으로 설정된다. 예수님이 직접 들려준 수많은 비유 이야기는 하나님나라의 이야기이다. 마가의 문서를 인도하는 지표의 역할을 하는 하나님의 나라는 초기기독교에서 비유의 전통을 형성한다.

누가는 처음과 마지막의 하나님나라 진술로 두 권의 이야기를 위한 틀을 형성한다. 그것은 누가복음의 서두와 사도행전의 결구이다(눅 4.43, 행

28.31). 이와 같은 포괄적 순환구성에 의해 두 문서는 서로 긴밀하게 밀착된다. 나아가 주제의 일관성이 조성된다. 하나님나라의 복음은 누가가 집필한 복합적 서사작품의 기본이념으로 대두된다. 제2문서인 사도행전은 하나님나라의 복음이 초기사도들에 의해 어떻게 전파되었는가를 상세하게 기술한 역사서이다. 공관복음을 제외한 다른 문서는 대부분 예수님의 죽음과 부활에서 보증된 구원을 선포하는데 집중된다. 따라서 하나님의 나라는 다른 주도개념에 의해 배경으로 밀려난다. 그러나 사도행전에 6회, 바울서신에 8회, 요한계시록에 1회 사용된다.

사도행전에는 서두와 종결부 이외에 문서의 중간에 하나님의 나라가 거듭하여 언급된다. 빌립의 사마리아 전도에는 하나님의 나라와 예수 그리스도의 이름이 복음선포의 기본내용으로 지적된다(행 8.12). 유대의 국경에 인접한 이방지역에는 구원의 복음이 모든 사람을 위한 희망으로 파급된다. 이고니온, 루스트라, 안디옥 지역에서 감행된 바울과 바나바의 전도에는 제자들을 향한 믿음의 권유와 함께 '많은 환난을 거쳐 하나님나라에 들어간다'고 천명된다(14.22). 간접화법에서 직접화법으로 넘어간 발언은 앞으로 실현될 하나님나라의 축복에 대한 약속이다. 요한계시록에는 미가엘 전투에 관한 장면에 이어진 찬가의 서두에서 '하나님의 구원과 능력과 나라가 나타났다'고 칭송된다(계 12.10).

요한복음에는 하나님의 나라가 단 한 번 두 번에 걸쳐 사용된다(요 3.3.5). 그것은 문서의 서두를 장식하는 예수님과 니고데모의 대화이다. 유대의회 의원 니고데모의 삶의 변화를 가져온 의미 있는 담화에는 하나님의 나라와 '거듭남'이 긴밀하게 연계된다. 이것은 하나님의 나라가 본질적으로 영적이라는 사실을 지시한다. 두 절의 병행문에는 영적재탄생이 하나님나라 확신의 기본조건으로 강조된다. 요한복음에는 세 편의 복음서를 관류하는 기본어 하나님의 나라가 직접 언급되지 않는다. 가장 나중에 생성된 복음서에는 하나님의 나라가 예수 그리스도의 인물에서 이미 이루어진 것으로 전제된다.

하나님의 나라는 신약성서에서 간접으로 언급되는 경우가 적지 않다. 믿음의 위대한 행적을 서술하는 히브리서 11장에는 하나님의 나라가 우회적 방식으로 표현된다. 40절에 걸친 방대한 단락의 중간에는 훌륭한 믿음의 선조들이 '하늘에 있는 더 나은 본향을 사모한다'고 증언한다(히 11.16). 여기에서 '본향'으로 번역된 천상의 영역은 바로 하나님의 나라이다. 하나님의 나라는 믿음을 가진 모든 사람들이 동경하고 추구하는 최종목표이다. 동경의 나라를 지시하는 명사 '본향'은 11장 14-16절에 세 차례나 반복된다.

바울서간에는 하나님의 나라가 다수의 문서에서 분산하여 언급된다. 바울서간의 기본문서인 로마서 14장에는 하나님의 나라가 탁월한 비유 형식으로 서술된다(롬 14.17).

하나님의 나라는 먹는 것과 마시는 것이 아니요 오직 성령안에 있는 의와 평강과 희락이라.

하나님의 나라에는 먹고 마시는 습관의 문제보다 사랑이 더 중요하다. 평화와 그리스도의 영광에 대한 기쁨이 인간을 사로잡는다는 사실이 결정적 의미를 갖는다. 하나님나라의 특성은 정의, 평화, 기쁨에 의해 규정된다. 도덕적, 정서적 범주에 속하는 세 요소는 '성령안에서' 하나가 된다. 성령은 하나님나라의 성격을 중재하는 중요한 매체이다.

고린도전서에는 하나님의 나라가 집중적으로 다루어진다. 이미 문서의 초반에 하나님의 나라가 복음선포를 위한 중요한 지표로 강조된다. 하나님의 지혜를 서술하는 서두의 복합단락을 열어주는 도입절에는 십자가의 도가(말씀) 멸망하는 자에게 미련한 것으로, 구원받은 우리에게 하나님의 능력으로 나타난다고 지적된다(고전 1.18). 이어지는 1장 24절에는 오직 부르심을 입은 자에게 그리스도는 하나님의 능력이며 지혜라고 규정된다. 하나님의 부름에 응하는 자에게 죄악을 물리치고 하나님의 지혜를 드러내는 십자가는 하나님의 능력이 된다. 이 능력은 인간에게 하나님으로 가는 유일의 길을 지시한다.

고린도전서 4장 20절에는 하나님의 능력이 하나님의 나라를 이해하는 중요한 척도로 강조된다.

하나님의 나라는 말에 있지 아니하고 오직 능력에 있음이라.

힘, 능력을 뜻하는 그리스어 명사 'dynamis'는 성서용어 권능의(exousia) 유사어이다. 두 단어는 모두 하나님에게 근원을 두고 있다. 하나님의 나라는 그 주인인 하나님의 능력에서 인식되고 이해된다. 하나님의 나라는 세련된 담화나 좋은 충고의 주제가 아니라 하나님의 능력을 필요로 하는 활력적 대상이다.

부활의 장으로 명명되는 고린도전서 15장에는 하나님의 나라가 두 차례에 걸쳐 언급된다. 하나는 기독교인의 부활을 서술하는 중간단락이고, 다른 하나는 부활의 몸에 관해 설명하는 마지막 단락의 종반이다. 앞의 경우에는 마지막 때에 그리스도가 다시 돌아와 모든 권세를 취하고 "나라를 아버지 하나님께 바친다"라고 증언된다(15.24). 예수님은 자신에게 위임된 사명을 완성하면 하나님의 나라를 다시금 하나님에게 이관한다. 지상에서 예수님에 의해 실현된 하나님의 나라는 그의 재림이후 완성된 상태로 영원히 지속된다. 뒤의 경우는 부활의 몸에 의한 하나님나라의 소유를 강조하는 의미 있는 선언이다(15.50).

형제들아 내가 이것을 말하노니 혈과 육은 하나님나라를 이어받을
수 없고.

친밀의 호칭 '형제들아'로 시작되는 복합문장의 선행부는 이어지는 내용을 강조하는 직접화법 문장이다. 후반문의 주어 '혈과 육', 즉 살과 피는 죽을 수밖에 없는 인간의 신체를 의미한다. 인간은 지상의 형체로 하나님의 나라에 들어갈 수 없다. 하나님의 나라에는 혈과 육이 필요 없다. 부활은 죽기 이전 상태로의 복귀가 아니라 완전히 다른 몸으로의 변화이다. 하나님의 나라는 새로운 부활체인 '신령한 몸'의 소유로 규정된다. '육의 몸'과 대립되는 '신령한 몸'은 시간과 공간을 넘어서는 초월의 몸이다. 관련 단락의 종반에 세 차례에 걸쳐 사용된 의미 있는 용어는 부활한 몸의 본질을 규정하는 중심범주이다(15.44,46).

사도바울에게 하나님의 나라는 근본적으로 새로운 창조의(creatio nova) 사고에 근거한다. 이미 천지창조 사역에 제시된 의미 있는 명제는 예언자를 통해 선언된 하나님의 약속이 그리스도에 의해 이루어진 종국적 구원의 상징이다. 이런 점에서 바울신학 구원론의 기초로 설명된다. 이와 같은 주제의 개진에는 유대초기의 전통사, 특히 묵시문서가 중요한 역할을 한다. 이사야 65장 17절에 의미 있게 예언된 새하늘과 새땅의 창조는 요한계시록의 종결환상에서 실현된다. 21장을 열어주는 여덟 절의 단락에는 새하늘과 새땅의 창조가 종말의 원역사라는 문맥에서 기술된다(계

21.1-8). 세계역사는 종말의 시점에 새로이 출발한다. 이것은 새로운 에온의(aeon) 시작이라 할 수 있다.

새로운 창조의 이념은 바울서간 여러 곳에 직접, 간접으로 언급된다. 갈라디아서의 종결부에는 십자가 복음과 연관하여 특별한 방식으로 서술된다(갈 6.15). "할례나 무할례가 아무것도 아니로되 오직 새로이 지으심을 받는 것 만이 중요하니라." 종교예식의 외적 표시는 아무런 문제가 되지 않는다. 중요한 것은 인간의 영적 재탄생을 지시하는 새로운 창조이다. 영적 재탄생은 영적 죽음의 상태에서 영적 새생명의 차원으로 이동함을 말한다. 신약성서에는 이와 같은 혁신적 개념이 유사한 형태로 거듭하여 표현된다.

바울서신에서 새로운 창조의 사고가 가장 명료하게 표현된 경우는 기독교인의 존재적 정체성을 선언하는 고린도후서 5장 17절이다.

그런즉 누구든지 그리스도 안에 있으면 새로운 피조물이라.
이전 것은 지나갔으니 보라 새것이 되었도다.

접속부사 '그런즉'으로 시작되는 복합문장은 앞 절의 내용에 연결되어 있다. 여기에는 육신에 의거한 인간적 판단이 강하게 거부된다. 동일한 내용을 지시하는 두 문장에서 앞의 문장은 '그리스도 안에서' 이루어지는 삶과 믿음의 새로운 변화를 지시한다. 그리스도와의 혼연일체를 지시하는 상황부사구 '그리스도 안에서'는 새로운 창조를 위한 기본조건을 지시하는 바울의 표현도식이다. 구체적으로 그리스도의 말씀 안에 거하는 것이다. 인간은 말씀, 즉 로고스에서 그리스도를 인식하고, 그리스도와 함께할 수 있다.

뒤의 문장은 모든 과거의 일이 이미 완전히 사라진 사실을 강조한다. 문장의 중간에 삽입된 감탄의 명령동사 '보라'는 발언자의 마음속에서 진정으로 우러나온 자연적 감동의 표시이다. 즉 서술자 자신이 새로이 변화되었다는 자전적 고백이다. 바울은 기독교인을 박해하던 이전의 삶을 완전히 청산하고 그리스도의 복음을 과감하게 전하는데 일생을 바친 새로운 존재이다. '보라'에 이어지는 간결한 문장에는 주어 '새 것'에 악센트가 주어진다. 현재완료형 동사 '되었도다'는 철저한 변화를 뜻한다.

하나로 이어진 두 문장의 내용을 대표하는 징표적 용어는 '새로운 피조물'이다. 라틴어 'nova creatura'로 표기되는 명사구의 이해에서 중요한 점은 피조물의 개념이다. '새로운 피조물'은 옛 피조물과 달리 철저하게 창조주 하나님의 말씀 안에 거하는 존재이다. 실존적으로 말하면 인간존재와 삶의 '새로운 출발'을 의미한다. 여기에서 출발은 단순한 시작이 아니라 완전한 질적 변화로의 진입을 지시한다. '새로운 출발'은 죄의 인간이 과거의 질곡에서 벗어나 생명의 구원으로 나가는 삶의 결단을 의미한다. 그것은 지나간 삶을 철저하게 분쇄하는 획기적 실존의 요청이다. 여기에 바울이 거듭하여 강조한 '새로움'의 참된 의미가 있다.

2. 하나님나라의 이해

하나님나라의 복음은 예수님 설교의 총화일 뿐만 아니라 기독교 복음의 정수이다. 하나님의 나라가 예수님의 복음선포에서 차지하는 중요성은 무엇보다 '주님의 기도'를 열어주는 청원문 '나라가 임하시오며'에 의해 증명된다(마 6.10). 예수님은 하나님나라의 '임함'을 제자들이 수행할 기도의 첫째 항목으로 강조한다. 모든 성도는 나라의 실현에 관한 염원으로 일상의 기도를 시작한다. 기독교인의 삶과 신앙은 지상적 욕구의 충족에 앞서 하나님의 나라를 지향해야 한다. 이것이 예수님이 우리에게 가르쳐 준 기도의 출발점이다.

다섯 절의 단락을 관류하는 일곱 청원의 연쇄는 최초의 청원으로 돌아 가는 송영(doxologia)으로 끝난다. "나라가 ... 당신의 것입니다"(마 6.13). 한 글성경의 번역문 "나라가 ... 아버지께 있사옵나이다"는 "나라가 ... 당신 의 것입니다"로 고쳐 쓰는 것이 바람직하다. 여기에 제시된 의미 있는 순 환구성은 짧은 기도문에서 '당신의 나라'가 차지하는 비중을 지시한다. 누가의 병행문안에 생략된 마지막 절은 원시교구의 예배에서 가져온 보충 부이다. 초기기독교 교회의 기도는 마지막에 이르러 하나님나라의 영원 한 '영광과 권세'를 칭송한다.

'주님의 기도'에서 도입부를 형성한 '나라의 실현'은 이어지는 하늘보화 에 관한 설교의 결론에서 진전된 형태로 표현된다(6.33).

그런즉 너희는 먼저 그의 나라와 의를 구하라.

위의 인용문과 동일한 문장이 누가복음 12장 31절에도 나온다. 하나 님의 나라를 '구하는' 것은 삶의 목표를 하나님 자신과 하나님 뜻의 실현 에 두는 것이다. 보화의 축적에서 염려의 제거로 넘어가는 마태의 이원적 설교는(6.19-34) 물질적 욕구의 충족 대신에 의의 실현과 올바른 믿음의 필 요성을 역설한다. 열여섯 절에 걸친 방대한 설교는 하나님의 나라를 추구 하라는 명령으로 종식된다. 결과를 지시하는 접속부사 '그런즉'으로 시 작되는 한 절의 선언은 기독교인의 삶과 신앙을 위한 최고의 지침이다.

그러면 우리가 하나님의 나라를 어떻게 이해할 수 있는가? 히브리어

'malkuth'에 유래하는 그리스어 명사 'basileia'는 나라와 통치를 의미한다. 즉 통치행위와 공간영역의 양면에서 이해된다. 두 요소는 하나님의 사역과 통치의 확대를 규정한다. 하나님 통치의 기대에 관한 구약과 유대의 관념은 현재와 미래의 해석을 모두 허용한다. 후자의 경우는 메시아의 오심에 연결된다. 예수님은 자신의 복음선포에서 전승된 이원적 전통을 전제하고 있다. 예수님은 미래의 하나님나라 실현을 전하는 동시에 하나님나라의 현존을 이야기한다.

'여호와 왕의 통치'를 지시하는 명사 'malkuth'는 히브리어 성서에 여섯 차례 등장한다. 그 가운데 네 번은 시편, 두 번은 역대상이다. 앞의 경우는 '왕의 찬가'로 불리우는 47, 93, 97, 99장이다. 뒤의 경우는 역대상 마지막 장에 등장하는 다윗의 감사기도이다(역상 29.10–19). 열절에 걸친 기도는 구약에 나오는 가장 아름다운 기도의 하나이다. 기도의 서두에는 '천지에 있는 것이 다 주의 것'이며 '주는 만물의 주재가 된다'고 증언된다(역상 29.11–12). 동일한 내용을 반복하여 서술하는 강조의 구문은 세계를 통치하는 여호와 하나님의 주권과 권세를 칭송한다.

하나님의 나라는 구약의 예언서에 두 차례에 걸쳐 의미 있게 증언된다. 다니엘 2장 44절은 "하늘의 하나님이 한나라를 세우시리니 이것은 영원히 망하지도 아니할 것이요"라고 예언한다. 하나님이 건설할 나라는 모든 지상의 나라를 능가하는 영원한 통치의 나라이다. 여기에 지적된 명사 나라는 다니엘 7장의 서두를 장식하는 인자의 환상에 다시 등장한다(단 7.1–14). 매우 인상적으로 기술된 단락의 결구에는 재림의 인자에게 '권세와 영광'과 함께 주어질 나라가 '영원히 소멸되지 않는 권세의 나라'로 규정된다(7.14). 신적 근원을 지닌 인자의 왕국은 영원히 지속되는 권세의 나라이다.

이사야서에는 하나님의 나라가 종말의 시점에 우주적으로 관철되리라고 선언된다. 이사야 11장 6-8절은 마지막 때에 실현될 '평화의 나라'를 목가적 낙원풍경으로 묘사한다. 약자는 강자와 화목의 공존 속에 살아가며 더는 강자의 희생물이 아니다. 어둠과 죽음의 종식을 서술하는 25장 중간부에는 종말의 문맥에서 여호와의 연회가 지적된다(사 25.6-8). 세 절로 구성된 단락의 첫 절에는 하나님에 의해 베풀어질 장대한 종말의 향연이 예언된다(사 25.6).

> *만군의 여호와께서 이 산에서 만민을 위하여 기름진 것과 오래 저장하였던 포도주로 연회를 베푸시리니.*

좋은 음식과 포도주의 제공으로 베풀어지는 '만민'의 축제는 풍성한 충만과 종말의 구원에 관한 공통된 기쁨의 표시이다. 짧은 단락에는 부가어 '모든'이 네 차례나 반복된다. 단락을 마감하는 마지막 절은 모든 슬픔과 수치가 제거되는 영원한 안식을 선언한다(25.8).

> *주 여호와께서 모든 얼굴에서 눈물을 씻기시며 자기 백성의 수치를 온 천하에서 제하시리라.*

위의 선언은 구약과 신약에 제시된 최고의 약속에 속한다. 모든 백성을 위한 귀중한 약속은 눈물과 수치의 제거로 대언된다. 인상적으로 표현된 '눈물의 닦음'은 종말의 구원을 지향하는 요한계시록에 두 차례에 걸쳐 인용된다(계 7.17, 21.4).

7.17 하나님께서 그들의 눈에서 모든 눈물을 씻어주실 것임이라.
21.4 모든 눈물을 그눈에서 닦아주시니.

  서로 다른 문맥과 상황에 위치한 두 문장은 중심내용에서 정확하게 일
치한다. 구원받은 무리의 성화에 관한 중간극에 예시된 위로의 약속은 최
초의 종결환상인 새하늘과 새땅의 장면에 다시금 강조된다. 슬픔과 괴로
움의 부재는 어린양과 하나님이 지배하는 종말의 나라를 특징짓는 기본
요소이다.

  이제 하나님나라의 의미를 좀 더 구체적으로 살펴보자. 하나님의 나라
를 가리키는 그리스어 용어 'basileia tou theou'는(아람어 malkuta di jahwe)
'하나님 통치의 나라'를 뜻한다. 두 개의 단어가 합쳐진 명사구에서 2격
부가어 'tou theou'는 공간이 아니라 근원을 지시한다. 즉 나라의 원천이
하나님의 통치에 있음을 말한다. 고대 그리스어 명사 'basileia'는 기독교
신학에서 하나님의 왕국을 지시하는 기본어로 정착된다. 결론적으로 하
나님의 나라는 하나님의 주권과 뜻에 의해 지배되는 영원한 나라이다.
하나님이 모든 적대자에 대항하여 자신의 통치를 수행하고 선택받은 자
에게 영원한 구원을 선사하는 미래의 왕국이다. 이미 구약에 예시된 하나
님의 통치는 신약의 시대에 복음의 문맥에서 그 의미가 새로이 정립된다.
하나님의 소유격 명사 나라의 이해에서 중요한 점은 지리적 영역이 아니
라 통치의 역동성이다.

  유대문화에 전승된 용어 나라는 막강한 권력을 소유한 로마황제가 세
계를 통치하는 시대상황에서 정치적 제국에 대응하는 특별한 의미를 획
득한다. 그것은 공간과 시간을 초월하여 통용되는 보편적 범주의 성서개
념이다. 정치적 해방의 나라는 강력한 외세의 지배를 받아온 유대민족이

제 2 부 하 나 님 나 라 의 복 음 선 포

165

오랫동안 고대한 이상적 왕국이다. 그러나 새로이 출현한 메시아에 의해 선포된 하나님의 나라는 그와 같은 지상의 제국과 거리가 먼 영적 초월의 세계이다. 그 의미는 하나님의 영인 성령의 활동에 의해서만 올바르게 파악될 수 있다. 하나님의 나라는 하나님의 주권을 전적으로 신뢰하는 성도의 성령을 통해 인식되고 경험되는 특별한 대상이다.

고난사의 종반에 등장하는 빌라도 심문에는 영적 나라를 지시하는 의미 있는 대목이 발견된다. 예수님은 빌라도 법정에서 집행된 심문의 서두에서 "네가 유대인의 왕이냐"고 물어보는 로마총독을 향해 다음과 같이 답변한다(요 18.36).

내 나라는 이 세상에 속한 것이 아니니라.

위의 문장에서 '내 나라'는 하나님의 나라와 동일시된다. 하나님의 나라는 '이 지상에 속한' 정치적 왕국이 아니다. 정치적 왕국은 세속의 권력에 의존한다. 그러나 영적 나라는 이와 같은 현실의 도움을 필요로 하지 않는다. 예수님은 자신의 운명을 결정할 재판장 앞에서 스스로의 입장을 변명하는 대신에 하나님의 나라를 증언한다.

예수님은 이어서 자신이 왕이라고 수긍하면서 '진리에 대해 증언하기 위해' 세상에 왔다고 천명한다(18.37). 새로운 메시아는 '진리의 증거'라는 맥락에서 왕이다. 구약에서 전승된 왕의(melek) 개념은 여기에서 진리와 결부됨으로써 그 의미가 변화된다. 그것은 약속된 메시아 왕에 관한 새로운 시대적 규정이다. 예수님이 빌라도에게 강조한 '진리의 증언'(martyria)에는 영적, 종말적 의미가 내포되어 있다. 종말의 특성은 여러 면으로 관찰되는 하나님의 나라를 이해하는 중요한 요소이다.

하나님의 나라를 주제로 삼은 최근의 저서를 조망해 보면 대략 세 가지의 기본문제가 제기된다. 첫째 하나님나라의 다가옴에 관한 시간적 규정, 둘째 하나님나라의 복음이 예수님의 사역에서 차지하는 위치, 셋째 하나님나라의 복음과 십자가 죽음의 관계이다. 예수님 설교의 출발점인 첫째 요소는 이미 지적한 대로 현재와 이중특성에서 관찰된다. 현재의 관점에 의하면 하나님의 나라는 예수 그리스도의 오심으로 이미 와 있다. 재림과(parousia) 종말의 사고에 연결된 미래의 차원에서 중요한 것은 분명한 시점의 유보이다. 이와 같은 특성은 '재림의 지연'으로 규정된다. 미래의 시점에 실현될 하나님나라의 도래는 종말론의(eschatology, Eschatologie) 차원에서 적절하게 해명된다.

둘째 요소는 예수님의 활동에서 하나님나라의 선포가 갖는 중요성이다. 역사적 예수의 자리매김에 관계되는 원천적 주제는 하나님나라의 선포가 메시아 사역의 핵심이라는 대전제에서 이미 증명된다. 현실의 상황과 분리될 수 없는 하나님나라의 복음은 새로운 메시아의 정체성을 지시한다. 셋째 항목은 하나님나라의 복음을 규정하는 종국적 핵심이다. 하나님나라의 복음은 그리스도의 십자가 죽음에 의해 완전하게 실현된다. 하나님에 의한 속죄의 죽음은 그리스도가 선포한 하나님의 나라를 완성하는 마지막 단계이다. 하나님나라의 성격과 의미는 구원사의 차원에서 관찰되고 설명된다. 이상의 세 가지 문제 제기는 하나님의 나라를 이해하는 유용한 통로를 제공한다.

하나님의 나라가 이루어지는 시기에 관해서는 공관복음에서 여러 차례에 걸쳐 유보의 상태로 지적된다. 누가복음에는 '하나님의 나라가 언제 오는가?'라는 질문이 역설의 방식으로 답변된다. 17장 종반에 등장하는 바리새인과의 짧은 대화는 하나님의 나라가 실현되는 구체적 상황을 비유로 설명하는 중요한 대목이다(눅 17.20-21). 바리새인은 그 어떤 분명한 표적을 통해 하나님의 나라가 오는 시점을 확실하게 인지하려 한다. 예수님은 하나님의 나라는 눈에 보이는 외형의 표식으로 알 수 없다고 답변함으로써 그와 같은 기대를 분쇄한다. 이어서 다음과 같이 선언한다(눅 17.21)

하나님의 나라는 너희 안에 있느니라.

쉽게 이해되지 않는 짧막한 발언은 선행하는 문장에 대한 확증이다. "또 여기 있다 저기 있다고도 못하리니." 하나님의 나라는 구체적 지각이나 자의적 판단에 의해 확정되는 대상이 아니다. 추상적 상황부사구 '너희 안에'는 보다 정확하게 '너희 마음 한 가운데'로 고쳐 쓸 수 있다. 여기에서 특별한 의미로 사용된 위치의 지시어 '한 가운데'는 영적 중심을 의미한다. 보이지 않는 하나님나라의 인식은 예수님과 하나님에 대한 믿음에 의거하여 인간의 내면, 즉 심령안에서 이루어진다.

이와 같은 발언은 관련담화의 문맥에서 오해를 자아낼 수 있다. 하나님의 나라는 결코 바리새인의 마음속에 존재하지 않기 때문이다. 위의 인용문에서 이인칭 복수대명사 '너희'는 특정한 인물을 가리키는 것이 아니라 보편적 의미로 사용된다. 즉 하나님을 믿는 사람 전체를 지시한다. 기독교인의 '마음속 깊이' 예수 그리스도가 자리한다면 하나님의 나라는 이미 와 있다. 예수님 답변의 핵심을 형성하는 '너희 안에'는 은유의 차원에서 존재적 인식의 의미를 갖는다. 하나님의 나라는 새로운 메시아 예수님의 인물에서 현존한다. 한편 다시 오게 될 인자의 재림에 비추어 미래의 시점에 완성된다. 이와 같은 양면적 해석은 현재의 종말론으로 설명된다. 현재의 종말론은 종말의 구원시기가 이미 시작되었다는 사고를 대언한다. 이에 비해 미래의 종말론은 영속적, 종국적 미래의 구원시기에 관한 관념이다.

하나님의 나라에 관한 종말의 기대는 제자들을 위한 공동만찬에도 표명된다. 최후의 만찬을 마친 예수님은 예식의 순서를 끝내기 전에 다음과 같이 약속한다(막 14,25).

내가 포도나무에서 난 것을 하나님나라에서 새것으로 마시는 날까지 다시는 마시지 않으리라.

함축적 의미를 내포한 거부의 발언은 주석가에 의해 고난의 길을 향한 노정과 제자들과의 이별의 슬픔을 지시하는 것으로 설명된다. '새 것'으로 마신다는 것은 하나님나라의 성격을 대언하는 비유적 표현이다. 단호한 포기선언은 동시에 즐거운 약속의 표명이다. 평화와 충만으로 가득찬 하나님의 나라는 반드시 찾아온다. 일인칭 주어 '나'를 주어로 하는 직접화법의 문장에는 종말의 구원에 관한 기쁨의 축제가 예시되어 있다.

3. 바실레이아 복음

하나님의 나라는 세편의 공관복음에서 비유 이야기, 예수님의 개별 말씀, 기적행위의 발언, 요약보고 등 다양한 문맥에서 서술된다. 이런 점에서 그 어떤 통일된 연관에서 의미와 성격을 규정하고 정리하는 일이 쉽지 않다. 오랜 주석사에 보여진 여러 갈래의 시도는 다원적으로 진술된 성서 본문의 상태에 일차적 원인이 있다. 그러나 하나님의 나라를 문서의 중심 주제로 삼은 복음가의 기본취지에서 보면 하나의 공통범주아래 총괄될 수 있다. 그것은 영원한 구원의 복음을 대언하는 바실레이아 복음이다.

이미 고대교부에 의해 의미 있게 사용된 고전적 용어는 하나님나라를 새로이 조명한 최근의 저서에서 표제를 규정한다. 하나님의 통치와 구원의 복음사이의 관계는 평화의 소식을 기술하는 이사야 시구에 예시되어 있다(사 52.7).

좋은 소식을 전하며 평화를 공포하며 복된 좋은 소식을 가져오며 구원을 공포하며 시온을 향하여 이르기를 네 하나님이 통치하신다 하는 자의 산을 넘는 발이 어찌 그리 아름다운가.

위의 인용문은 아름다운 발을 가진 평화의 사신이 전하는 내용이다. 두 차례에 걸쳐 불리워진 '좋은 소식'은 '구원의 공포'와 하나님 통치의 칭송으로 이어진다. 감동의 언어로 기술된 한 절의 문장은 구원의 복음의 도래에 관한 의미 있는 예언이다.

하나님의 나라에 내재된 구원의 복음은 예수님의 최초설교인 갈릴리 선언에 명료하게 제시된다. 공생애 활동의 막을 열어주는 역사적 선포는 다음과 같이 울려 나온다(막 1.15).

때가 찼고 하나님의 나라가 가까이 왔으니 회개하고 복음을 믿으라.

위의 복합문장에 선행하는 절에는 예수님이 갈릴리로 와서 '하나님의 복음을 전파하였다'고 명시된다(1.14). "요한이 잡힌 후 예수께서 갈릴리로 오셔서 하나님의 나라를 전파하여." 이어지는 절은 세상에 널리 퍼진 복음전파의 내용이다. 세 부분으로 구성된 복합문장을 시작하는 간결한 도입문 '때가 찼다'는 특별한 함의를 내포하고 있다. 여기에서 시간을 가리키는 명사 'kairos'는 정적 시간이 아니라 어떤 사건이 발생하는 시점을 가리킨다. 다시 말해 역동적 특성과 기능을 갖는다.

시간을 서술하는 비유동사 '차다'는 '채워지다'를 뜻한다. 유대인의 관념에는 시간이 추상적 연속이 아니라 입체적 공간의 차원에서 받아들여지는 경우가 적지 않다. 이와 같은 사고에는 시간의 개념에 관한 총체적 이해가 내재해있다. 함축적 의미를 지닌 문장 '때가 찼다'는 약속된 시간이 무르익었다는 의미이다. 여기에는 새로운 시기의 시작이 암시되어 있다. 하나님나라의 복음을 최초로 선포한 세례요한과 예수님은 거대한 시대적 전환이 이루어졌다는 사실에 일치한다.

다음의 중간문장은 하나님나라의 다가옴을 선포한다. 완료형으로 표기된 자동사 '가까이 왔다'는 '이미 와 있다'는 뜻이다. 구약에 약속된 메시아 왕국은 예수 그리스도의 오심으로 눈앞에 와있다. 마태의 병행구문에도 동일한 표현이 사용된다(마 4.17). 두 문서에 등장하는 그리스어 동사 'ephthasen'은 '이미 와 있다'를 뜻한다. 성령이 악령을 물리침으로서 하늘나라는 이미 현존한다. 이와 같은 설명에는 각별한 주의가 요구된다. 동사 'ephthasen'의 완료형 시제는 상태나 동작의 종식이 아니라 지속적 완성을 가리킨다. 즉 완전한 실현을 위해 앞으로도 진행될 것이라는 사실을 내포한다.

마지막 명령문은 하나님나라의 근접에 대비하는 회개의 요구를 강조한다. 명령문이 진술문 다음에 놓이는 순서의 방식은 예수님의 복음을 진술하는 마가의 어법이다. 여기에 사용된 동사 회개하다는 회개의 행위를 말한다. 회개하다에 해당하는 고대 그리스어 동사 'metanoeo'는 '저편에', '나중에'를 뜻하는 'meta'와 지각, 이해, 마음을 지시하는 'noeo'의 합성어이다. 따라서 사고의 변화를 지시한다. 'metanoeo'의 명사 'meta-noia'는 '돌아섬', 즉 영적 전환을 의미한다. 구체적으로 이제까지의 길을 청산하고 '하나님을 향한' 새로운 삶을 사는 것이다.

지체없는 회개의 요청은 복음의 믿음으로 이어진다. 간결한 명령 '복음을 믿으라'는 청중을 향한 새로운 표어이다. 여기에서 중요한 점은 '가까이 다가온' 하나님나라의 복음을 올바른 시대의 진술로 받아들이라는 사실이다. 구약에 전승된 메시아 왕국은 새시대에 이르러 복음과 믿음의 문맥에서 활성적으로 정립된다. 문서의 표제를 형성한 '복음의 시작'은(막 1.3) 여기에서 '복음의 전파'로 이행된다. 하나님나라의 복음전파는 새로운 메시아의 구원사역을 대언하는 지표이다.

독립된 형태로 서술된 한 절의 갈릴리 선언은 후세의 편집과정에서 추가된 총체적 보완의 산물이다. 또한 여기에 제시된 복음의 개념에는 부활이후의 초대교구에 대두된 영향사의 성향이 엿보인다. 그럼에도 불구하고 그리스도의 복음을 새시대의 문맥에서 규정한 범례적 구문으로 인정된다. 이런 점에서 복음서의 내용을 인도하는 지표로 간주된다. 마태복음에는 천국복음의 전파가 세례요한의 광야설교에 이어져 있다(마 3.2). 예수님은 세례요한의 구금소식을 들은 이후 가버나움에 머물면서 복음전파의 사역을 시작한다.

공관복음 서두에 간략하게 소개된 세례요한의 투옥에 관한 소식은 그의 세례를 받은 예수님이 하나님나라의 복음을 선포하는 계기를 부여한다(막 1.14, 마 4.17). 마가와 마태는 이와 같은 사실을 지적하는 데 일치하고 있다. 정확한 율법의 실행을 향한 바리새인의 위선적 자만은 이제 무효가된다. 이에 반해 회개와 믿음에 근거하는 복음에는 바리새인이 경멸하는 모든 사람이 적극적으로 참여한다. 이것은 집중된 힘으로 복음의 사역에

몰입하는 것이다. 하나님나라의 복음은 새로운 시대상황에서 낡은 율법을 대체하는 결정적 대안으로 부각된다.

마태복음 11장에 나오는 세례요한의 기사에는 천국의 복음에 관해 매우 특별한 사실이 지적된다(마 11.12).

세례요한 부터 지금까지 천국은 침노를 당하나니 침노하는 자는 빼앗느니라.

위의 문장은 이해의 어려움을 야기하는 난해구절이다. 두 부분으로 구성된 문장에서 앞의 문장은 천국이 세례요한 이후 '침노를 당한다'고 지적한다. 여기에서 무력으로 정복당하다를 뜻하는 동사 '침노 당하다'는 그리스어 동사 'biazetai'의 수동태 역어이다. 'biazetai'의 중간태는 '폭력으로 길을 열다'의 의미이다. 즉 이어지는 후속문은 '무력을 사용하는 자가 쟁취한다'로 고쳐 쓸 수 있다.

해석의 난관을 야기하는 11장 12절의 특별한 문제는 11-12장 전체의 문맥에 부합한다. 서로 이어진 두 장에는 천국의 복음을 거부하는 유대인의 태도와 행위가 다루어진다. 천국의 상황에 맞지 않는 폭력적 동사의 사용은 당시의 시대상황에 대한 대응이라 할 수 있다. 누가복음의 병행기사에는 이와 같은 사실이 보더 명료하게 드러난다(눅 16.16).

하나님나라의 복음이 전파되어 사람마다 그리로 침입하느니라.

위의 문장은 바리새인의 가식에 관한 예수님의 발언 직후에 나온 말씀이다. 따라서 하나님나라의 복음을 인정하지 않는 자들이 권세를 발휘하는 사회분위기가 반영되어 있다. 후반의 문장 '사람마다 그리로 침입하다'는 마태의 구절 '침노하는 자가 빼앗다'에 비해 이해하기 쉬운 표현이다.

두 부분으로 구성된 마태의 문장은 다른 형식의 동사와 동사형 명사로 인해 의미의 불일치를 가져온다. 그러나 결과적으로 동일한 목표를 지향한다. 천국의 복음은 예수님의 적대자 세력에 의해 핍박을 당한다. 이런 점에서 열렬한 공격자가 탈취해야 할 대상이다. 이와 같은 사실은 세례요한의 천국복음 전파 이후 활성화된 현상이다. 산상수훈 서곡에서 종말의 보상으로 강조된 천국의 복음은(마 5.10-12) 현실의 세계에서 박해당하고 고통을 받는다.

예수님은 최초의 갈릴리 선언 이후 치유기적, 서사비유, 교화의 설교 등을 통해 하나님의 나라를 보다 명료하게 이해시키려 노력한다. 공관복음에 제시된 적지 않은 비유 이야기와 비유담화는 하나님나라와 천국의 의미를 청중에게 분명하게 전달하기 위한 목적으로 도입된다. 예를 들어 마태의 고유기사에 속하는 보화와 진주의 비유담화가 전하는 주된 메시지는 최고의 하늘나라 가치이다. 하늘나라의 가치는 지상의 그 무엇과 비교되지 않는다. 때문에 감추어진 밭 속의 보물과 값진 진주를 발견한 농부와 상인은 자신의 모든 소유를 팔아 이들을 구입한다(마 13.44-45). 두 연쇄 비유의 소재인 보화와 진주는 천국의 아름다움과 영광을 지시하는 상징적 매체이다.

여러 유형의 치유기적은 하나님나라의 현존을 보여주는 생생한 증거이다. 예수님의 권능의 말씀과 안수행위에 의해 중병과 죽음의 질곡에서 벗어난 병자는 새로운 삶의 환희를 체험한다. 그것은 추상적 관념으로 받아들이기 쉬운 하나님나라의 존재에 관한 현재적 확신이다. 적지 않은 치유의 수혜자는 그 자리에서 스스로의 결단을 통해 주님의 길을 걷는다.

병치유의 사역은 단순한 육체의 건강회복을 넘어 영적 구원의 삶으로 이어진다. 이것이 성서의 문맥에서 치유가 갖는 참된 의미이다.

맹인의 치유는 유대의 전승에서 메시아의 사역으로 알려져 있다. 따라서 예수님의 현존을 증거하는 의미 있는 표식으로 간주된다. 시대의 치유자이며 구원자인 예수님은 여러 차례에 걸쳐 앞을 보지 못하는 시각장애자를 광명으로 인도한다. 이것은 스스로 선포한 하나님나라의 실현을 보여주는 모형적 사건이다. 눈의 뜨임은 단순한 시력의 회복을 넘어 영혼의 치유를 의미한다. 밝음의 지각은 어둠에서 벗어나는 빛의 인식이다. 영혼의 세계를 향한 눈이 열린 자는 자신만의 삶을 살지 않고 예수님의 길을 따르는 충실한 종으로 변화된다.

병치유의 기적이 하나님나라의 현존을 지시한다는 사실은 예수님 자신에 의해 강한 어조로 증언된다. 누가의 바알세블(Beelzebul) 담화에는 가정법 형식의 문장을 통해 다음과 같이 진술된다(눅 11,20).

> *내가 만일 하나님의 손을 힘입어 귀신을 쫓아낸다면 하나님의 나라가 이미 너희에게 임하였느니라.*

위의 인용문은 예수님의 악령추방 행위를 바알세블에 의해 조종되었다고 모함하는 율법학자에 맞서 예수님이 제기한 반론의 한 부분이다. 동일한 내용이 마태복음 12장 28절에도 등장한다. 여기에는 '손의 힘'이 성령의 능력으로 대체된다. 성령의 힘에 의한 악령의 퇴치로 하나님의 나라는 이미 '너희에게 와 있다'.

악령추방은(exorkismos) 트라우마 장애의 분열로 괴로워하는 인간의 해방, 즉 정상적 인간으로의 회복을 의미한다. 그것은 보이지 않는 하나님나라의 가시화이다. 악령의 작용에서 벗어난 자는 자유의 상태에서 하나님의 나라를 경험한다. 하나님통치의 현재적 실현은 하나님의 아들 예수 그리스도에 의한 놀라운 기적의 사건이다. 바실레이아 선포와 예수님의 초월적 행동은 서로 연계되어 있다. 예수님은 여러 비유 이야기에서 자신의 행위를 하나님이 지닌 권능의 반사로 설명한다. 예수님의 존재와 활동에는 하나님의 본성이 하게 투영된다. 예를 들어 잃어버린 아들의 비유 이야기에 등장하는 아버지는 무한한 사랑과 자비를 지닌 하나님의 모사이다.

하나님의 나라는 미래의 소망을 위한 명확한 지표이다. 누가는 하늘보화에 관한 귀중한 설교의 종반에서 다음과 같이 역설한다(눅 12.32). "무서워 말라 너희 아버지께서 그 나라를 너희에게 주시기를 기뻐하시느니라." 하나님은 자신의 나라를 선택받은 자에게 흔쾌히 선사한다. 하나님나라의 영광을 소유하는 기대는 세상의 난관을 극복하는 힘을 부여한다. 이어지는 두절에는 지상의 소유에 얽매일 것이 아니라 자신의 소유를 팔아 궁핍한 자에게 주라고 권고된다. 그 결과 사라지지 않는 영원한 하늘의 보화를 얻게 된다(12.33-34).

누가복음의 매장기사에는 하나님나라의 기대가 하나의 실례를 통해 지적된다. 빌라도 총독의 허가를 얻어 예수님의 시체를 새무덤에 매장한 아리마대 요셉은 '하나님의 나라를 기다리는 자'라고 소개된다(눅 23.51). 이와 같은 칭송으로 인해 그는 아기예수의 정결예식을 집행한 시므온 처럼 '의롭고 경건한' 기독교인에 소속된다(2.25). '이스라엘의 위로를 기다리며' 성령의 감동으로 살아가는 노인 시므온은 '그리스도를 보기 전에 죽지 않는다'는 성령의 계시를 받는다(눅 2.26). 성령의 감동으로 성전에 들어가 아기를 안고 하나님을 찬송한 그는 하나님의 계시가 이루어지는 놀라운 사건을 경험한다(2.30-31).

낙원의 표상에서 하나님나라의 복음으로

내 눈이 주의 구원을 보았사오니
이는 만민앞에 예비하신 것이요.

네 절에 걸친 시므온의 고백은 교회음악의 역사에서 일일기도문으로 선정된다. 후세에 부쳐진 라틴어 명칭 'Nunc dimittis'는 라틴어 성경 〈Vulgata〉 번역문의 첫행에 유래한다(눅 2.29). "이제 당신은 놓아주시는 도다." 한글성경에 번역된 동사 '놓아 주다'는 '평안히 가게하다'를 뜻한다. 짧은 찬가를 특징짓는 충만, 평강, 안식은 하루의 일과를 마치며 부르기에 적합한 저녁송으로 이전된다.

하나님의 나라는 예수님을 따르는 자에 의해 경험될 수 있는 계시의 대상이다. 예수님은 가이샤라 교외에서 감행된 베드로의 신앙고백과 거친 항변 이후 제자들을 따로 불러 모아 '십자가의 따름'이라는 힘겨운 임무를 부여한다(막 8.34-37). 네 절의 단락은 제자의 도리에 관한 절대공리이다. 이어서 '아버지의 영광'으로 이루어질 자신의 '다시 옴'을 천명한다(8.38). 독립된 형식의 한 절은 이제까지의 내용과 다른 축복의 선언이다(막 9.1).

여기 서 있는 사람중에는 죽기 전에 하나님의 나라가 권능으로
임하는 것을 볼자들도 있느니라.

위의 문장에는 '내가 진실로 너희에게 이르노니'라는 강조의 구문이 선행한다. 이어지는 본문은 전체의 맥락에서 다음 단락이 아니라 앞의 단락에 연결된다. 즉 '십자가의 따름'을 보증하는 후속의 결론부라 할 수 있다. 앞에 서 있는 제자들을 향한 직접적 담화의 핵심은 '나라의 임함을 볼 수 있는' 특권이다. 여기에서 지각동사 '보다'는 직접 '맛보다'의 뜻이다.

즉 스스로 느끼는 확실한 경험을 지시한다. 예수님은 고난의 길을 향한 험난한 전도여행의 장도에 오르기 전에 다시 한번 제자들에게 하나님나라의 소망에 관한 의식을 일깨운다. 자기 자신을 완전히 버리는 '따름의 노정'을 끝까지 충실하게 걸어간 사람은 마지막에 이르러 하나님의 나라가 '권능으로 임하는 것'을 생생한 체험으로 확인한다.

하나님나라의 도래를 지시하는 표현 '권능으로 임함'이 구체적으로 무엇을 의미하는지는 완전하게 해명되지 않는다. '권능'과 통치의 측면에서 보면 부활과 승천의 사건이 고려된다. 한편 '권능과 영광'의 시현에서 보면 우주적 종말의 재앙 이후 이루어질 재림의 사건이 연관된다(막 13.26).

> *그때에 인자가 구름을 타고 큰 권능과 영광으로 오는 것을 사람들이*
> *보리라.*

위의 선언은 묵시설교의 후반에 배치된 인자의 재림에 관한 단락의 중심부이다. 예언적 문장의 서술부를 규정하는 재림의 '봄'은 앞에 인용한 문장에 지적된 하나님나라의 지각적 체험에 병행한다. 마가복음에는 재림의 시점에 관한 유동성이 거듭하여 지적된다(마 13.21,13.32-33). 이와 같은 사실은 9장 1절에서 머지 않은 시점을 가리키는 상징적 어구 '죽기 전에'에 의해 암시된다. 예수님이 후반기의 사역으로 넘어가는 중요한 전환의 시점에 갈릴리 선언에 선포한 '하나님나라의 다가옴'을 다시 상기시킨 것은 특별한 의미가 있다. 영원한 하나님나라의 현존에 관한 확신은 고난에 길에 동참해야 할 제자들을 위한 최고의 위로이며 축원이다.

제2장

하나님나라와 천국의 비유

비유 이야기의 이해

1) '하나님나라의 비밀'

예수님은 자신의 설교의 중심인 하나님나라의 의미를 올바로 전달하기 위하여 특별히 비유 이야기를 사용한다. 비유 이야기는 예수님이 가장 선호한 소통형식이다. 그것은 고대 동물우화나 랍비문학에 발견할 수 없는 독보적 형태의 문학장르이다. 다시 말해 화자에 의해 고안된 고유의 서사형식이다. 예수님 자신의 언어로 말해진 비유 이야기는 예수님에 관한 원래모습의 반사이다. 독자는 수많은 비유 이야기 속에서 살아있는 예수님의 음성을 듣게 된다. 예수님은 자신의 이야기에서 치유자이며 구원자, 나아가 놀라운 기적을 가져오는 기적수행자로(thaumaturgus) 나타난다.

공관복음에는 모두 41개의 비유담화와 비유 이야기가 등장한다. 여기에는 단일형식의 비유말씀이나 비유격언은 제외된다. 이들을 유형상으로 분류해 보면 마가의 비유 6개, 마태와 누가의 공통비유 10개, 마태의 고유비유 10개, 누가의 고유비유 15개이다. 공관복음의 순서에 의거하여 저자에 따라 분류된 비유 이야기 리스트를 보면 읽으려는 비유가 어느 유형에 속하는지 쉽게 알 수 있다. 이와 같은 지식은 사례해석의 전제가 된다. 고유비유와 공통비유의 어디에 속하는가에 따라 구체적 해석방법이 달라진다.

마태와 누가의 공통비유에는 Q비유로 불리우는 별도의 유형이 중요하게 취급된다. 잃어버린 양, 혼인잔치, 위임된 돈의 비유 이야기가 여기에 속한다. 공관복음 주석에 자주 사용되는 알파벳 철자 Q는 마태와 누가가 하나의 전거인 마가복음 이외에 별도로 활용한 제2전거의 약칭이다. 여기에서 소위 '두전거 이론'이라는 생성이론이 파생한다. 그리스어로 작성되었을 것으로 추정되는 Q텍스트는 주로 예수님의 말씀 혹은 담화로 구성된다. 이런 점에서 '말씀의 전거'로(Logienquelle) 명명된다. 고대 그리스어 명사 'to logion'은 말씀, 담화, 격언을 뜻한다.

네 유형으로 분류되는 비유 이야기의 관찰에서 주목하여야 할 부분은 공통비유이다. 특히 Q비유의 경우에는 공관비교가 중요한 역할을 한다. 서로 병행하는 비유 이야기는 상호비교 방법에 의해 공통점과 차이점이 분명하게 드러난다. 여기에서 개별문서의 특수성과 일반성의 도출된다. 이와 같은 기본적 처리방식은 비유연구사에서 공관적 문제라는 범주아래 논의된다. 공관비교의 수행은 나아가 '불명료한 부분'을 해소하는데 기여한다. 개별문안의 관찰에서 분명하게 이해되지 않던 구절이나 단락의 의미는 유사비유와의 대조를 통해 명료하게 밝혀진다. 비유해석에서 중요한 역할을 하는 비교의 수행은 비유 이야기의 개념에 이미 내재해 있다. 고대 그리스어 명사 'parabole'에(라틴어 명사 'parabola') 연유하는 비유 이야기의 의미에는 비교행위가 전제되어 있다. 여기에서 주목할 부분은 두 사물을 중재하는 '비교의 거점'이(tertium comparationis)다. 비유와 중심사실의

(Sache) 두 요소는 화자에 의해 도입된 '비교점'에 의해 의미 있게 연결된다. '중심사실'은 비유어가 지시하는 본질적 의미를 대언한다. 상이한 성격의 두 차원이 서로 만나는 교차점을 포착하는 것이 비유읽기의 관건이다. 여기에서 은폐된 비유 이야기의 의미가 드러난다.

비유 이야기의 읽기에는 문학적 수사형식인 은유의 사용이 중심을 형성한다. 최근의 비유연구사에 활발하게 진전된 은유 이해의 기초는 전통적 은유 이론을 형성하는 '전이'의 재구성이다. '전이'에 해당하는 라틴어 명사 'translatio'는 장소의 이동을 지시하는 고대 그리스어 'metaphora'에 연원한다. 전통적 은유론에서 본래의 담화와 비본래의 담화사이의 관계를 지시하는 '전이'는 비유 이야기에서 단순한 담화의 이전이 아니라 '다시 쓰기'이다. 확대의 기능을 지닌 은유의 서술에는 활성화된 언어의 힘에 의해 새로운 현실이 창출된다. 언어의 창조기능에 의거하는 의미 있는 명제는 성서의 비유 이야기 해석을 인도하는 유용한 지침이다.

이미 지적한 것처럼 예수님의 비유 이야기는 당시에 수용된 유대의 비유 형식과 구분되는 독보적 형태의 서사이다. 이와 같은 사실은 씨뿌리는 자의 비유 이야기에 매우 특별한 방식으로 표현된다. 마가의 문안에는 제자들이 홀로 계신 스승에게 비유의 의미에 관해 물어본다. 이에 대해 예수님은 다음과 같이 답변한다(막 4.11).

> *하나님나라의 비밀을 너희에게는 주었으나 외인에게는 모든 것을 비유로 하나니.*

동일한 내용이 약간 변화된 형태로 마태복음과 누가복음에도 제시된다(마 13.11, 눅 8.10). 이와 같은 현상은 공통기사에 진술된 사실이 매우 중요함을 의미한다. 대조의 어법에 의거한 복합문장을 시작하는 주어 '하나님 나라의 비밀'은 비유 이야기 성격과 의미를 규정하는 상징적 용어이다. 예수님의 비유 이야기는 '하나님나라의 비밀'을 비유언어로 기술하는 특별한 서사이다.

그리스어 명사 'mysterion'에 해당하는 비밀 혹은 신비는 성서에서 이제까지 알려져 있지 않은 이상한 일이나 종교적 비밀을 가리킨다. 묵시의 전통에는 소수의 예언자에게 계시되는 하나님의 역사계획에 관계된다. 마가복음의 비유 이야기에는 제자들을 향한 예수님의 가르침에서 이해된다. 비유 이야기가 지향하는 하나님의 나라는 특정한 계층의 인원에게 해명된다. 이인칭복수 대명사 '너희'로 불리워진 제자들은 '작은 그룹'의 구성원이다. 은폐된 비유 이야기는 내부의 제자에게 진리의 계시로 나타나는데 반해 '외부에 서 있는' 자에게는 영적 맹목에 대한 응답으로 나타난다.

이와 같은 사실은 비유 이야기의 이중기능으로 규정된다. 제자와 바리새인을 비유하는 두 집단의 엄격한 대비는 예수님의 주변을 형성한 당시의 사회상황에 기인한다. 예수님의 비유 이야기는 예수님의 적대자가 구원의 복음을 거부하는 위기의 시점에 생성된다. 비유 이야기의 화자는 '비밀의 중재자' 역할을 담당할 후계자의 위치를 강조한다. 비유 이야기 이해의 선결조건은 제자들처럼 '작은 그룹'에 속하는가 아닌가이다. 예수님을 따르는 소수의 인원에게는 수수께끼 같은 비유 이야기의 의미가 예수님에 의해 직접 풀이된다.

이행부의 전반을 구성하는 두절의 마지막에는 외부인에게 주어질 멸망의 상황이 비유의 수사법에 의해 강하게 표현된다(4.12).

그들로 보기는 보아도 알지 못하며 듣기는 들어도 깨닫지 못하게

하여 돌이켜 죄사함을 얻지 못하게 하려 함이라.

위의 진술문에 사용된 부정의 반어법은 '봄'과 '들음'에 의한 '깨달음'의 의미를 강조한다. 외부인을 지칭하는 '그들'에게는 이와 같은 '깨달음'의 혜택이 거부된다. 문장의 마지막에 지적된 '죄사함'의 거절은 구원의 배제를 의미하는 것이 아니라 올바른 들음의 요청을 강화하는 역설의 표현이다. 마태복음의 병행기사에는 이와 같은 사실이 이사야 예언을 통해 서술된다(마 13,15).

이는 눈으로 보고 귀로 듣고 마음으로 깨달아 돌이켜 내게 고침을 받을까 두려워 함이라.

위의 인용문은 예언자의 소명을 다루는 이사야 6장의 초반에 여호와 하나님이 완악한 백성을 향해 천명한 경고의 요약이다(사 6,9-10). 마태는 이사야 시대에 이스라엘 백성에게 주어진 예언자의 경고를 예수님 시대의 대중에 그대로 적용하고 있다. 비유 이야기 자체가 이해를 어렵게 만드는 것이 아니라 '굳어진 마음'이 이해를 불가능하게 만든다. 스스로의 책임으로 귀결되는 '굳어진 마음'은 주석학에서 '완고의 이론'으로 설명된다. 진리의 말씀에 적응하지 못하는 무감각 혹은 마비의 상태는 비유이해를 가로막는 동인이다.

은폐된 비유 이야기의 계시는 씨앗의 파종에 관한 연쇄비유를 마감하는 결구에 전체의 총화로 제시된다(막 4,34).

다만 혼자 계실 때에 그 제자들에게 모든것을 해석하시더라.

후세의 편집에 기인하는 보완문은 비유 이야기 고유의 특성을 지시한다. 비유 이야기는 해석의 도움이 없이 알아들을 수 없는 비밀의 언어이다. 즉 권위있는 해석자에 의해 해독되어야 할 은폐의 대상이다. 여기에서 해석자는 예수님 자신이다. 예수님은 수많은 무리를 떠나 '홀로 계실 때에' 사랑하는 제자들에게 비유 이야기의 '모든 것', 즉 원리, 의미, 기능에 관하여 상세하게 가르친다. 이제 비유 이야기는 좁은 범위의 제자에게 이해할 수 있는 대상으로 나타난다.

마태의 병행문장에는 비유 이야기의 의미가 마가와 다르게 진술된다(마 13.35).

> *내가 입을 열어 비유로 말하고 창세부터 감추어진 것들을*
> *드러내리라.*

교훈적 경구의 시행에 인용된 옛 예언은 시편 78장 2절의 계승이다. "내가 입을 열어 비유로 말하며 예로부터 감추어졌던 것을 드러내려 하니." 여기에서 '예로부터 감추어진 것'은 문자 자체로 태고의 수수께끼를 뜻한다. 시간의 부사구 '예로부터'의 대체어로 사용된 '창세부터'는 옛 수기에 결여되어 있다. 그러나 시편에 제시된 백성의 찬가를 열어주는 도입부에 부응하는 표현이다. 일인칭단수 대명사를 주어를 삼은 수사적 문장은 비유 이야기에 내재한 계시의 기능을 강화하고 있다. '감추어진 것의 드러냄'은 요한계시록의 첫 절에 지적된 묵시의 의미이다(계1.1).

제1의 비유 이야기인 씨뿌리는 자의 비유 이야기에서 화자인 예수님은 비유의 선포를 통해 영원한 하나님의 뜻을 계시한다. 이와 유사한 내용이 사도바울에 의해 증언된다. 그의 중심 서한인 로마서를 마무리하는 종결문은 다음과 같은 두절이다(롬 16.25-26).

> *16.25 나의 복음과 예수 그리스도를 전파함은 영세전 부터*
> *감추어졌다가*
> *16.26 이제는 나타내신 바 되었으며*

진실한 고백의 성격을 지닌 송영의 서두에 언급된 복음은 예수님을 내용으로 삼는 예수 그리스도의 설교로 규정된다. 그리스도의 설교는 '영세 전부터' 감추어져 있다가 이제는 드러난 비밀이다. 복음이란 이방인에게도 해당되는 '계시의 비밀'이다. 의미 있는 명사구는 둘째 절의 종반에서 '신비의 계시'로 다시 표현된다. 바울이 인상적인 종결송영에서 강조한 '신비의 계시'는 마태가 비유 이야기의 고유성격으로 지적한 '감추어진 비밀의 드러냄'과 근본적으로 같은 차원 위에 있다.

2) 비유 이야기 이해를 위한 제안

예수님의 비유 이야기에 내재된 난해성은 후세의 비유연구를 활성화하는 동인이 된다. 저명한 신학자들은 은폐된 비유 이야기의 의미를 포착하는 적절한 방법을 제시하려 노력하고 있다. 여기에서 풍성한 비유해석사의 토양이 마련된다. 비유의 해석학은(hermeneutics, Hermeneutik) 비유연구의 중심영역이다. 이 의미 있는 연구분야에는 오랜 기간에 걸쳐 발전된 다양한 해석학이론이 성서의 비유 이야기 이해에 적절하게 응용된다. 그 결과 독자의 비유해석에 기여하는 유용한 방법이 도출된다.

지난 100년 동안 활발하게 추진된 비유해석 연구의 업적을 제한된 지면에 조망하기란 어려운 일이다. 1930년대의 초기단계에 제시된 이론적 방향은 그 후의 연구사 진행에서 보완되고 수정된다. 비유 이야기 해석을 위한 전제가 되는 방법적 착상은 학문연구의 시대적 추세에 따라 다양한 형태로 개진된다. 1980년대 이후로는 문학, 시학, 언어학 이론에서 고안된 진전된 방법이 비유해석의 유희공간을 확대한다. 여기에는 은유서술에 내재한 언어의 능력이 중요한 역할을 한다. 작은 무대소품에 구사된 극작술은 비유언어의 사용을 하나님나라의 구현과 연결한다.

예를 들어 마태의 혼인잔치 비유 이야기의 종결장면은 손님들로 '가득 찬' 결혼예식의 성공을 선언한다(마 22.10). 여기에서 제시된 예식장풍경은 만민이 참여하는 하나님나라의 풍성을 예시한다. 잃어버린 아들의 비유 이야기에서 전체줄거리가 움직이는 귀결점인 즐거운 공동축제의 거행은 종말의 시점에 이루어질 하나님나라 향연에 대한 반사이다(눅 15.23). 두 비유 이야기의 클라이맥스에 해당하는 극적 사건의 연출에는 새로운 현실을 창조하는 비유언어의 기능이 활성화된다.

여기에는 비유 이야기의 전통이론에 제기된 두 가지 기본범주를 소개하려 한다. 이들은 오늘날의 비유해석에도 적용될 수 있는 고전적 기초이다. 첫째 비유 이야기의 줄거리를 구성하는 두 개의 장소이다. 하나는 예수님의 활동이라는 일회적 상황에 관계되는 원래의 장소, 즉 역사적 예수의 자리이다. 여기에는 나사렛 예수의 존재적 정체성을 지시하는 '이상적 원형'이 나타나 있다. 다른 하나는 살아있는 초대교회의 입장을 대언하는 추후의 장소이다. 즉 원래의 이야기를 받아들인 교회의 상황과 판단이 이야기에 편입된다. 시간적으로 거리가 있는 두 장소는 하나의 텍스트에 기술적으로 결합된다. 여기에서 복합형식을 지닌 비유 이야기가 완성된다.

예수님과 교회의 두 단계에 의거한 이해방법은 '이원적 해석모델'로 규정된다. 비유 이야기의 해석은 서로 연계된 두 부분의 종합적 관찰과 평가에서 완전하게 이루어진다. '이원적 해석모델'은 성서비평에서 전통사와 편집사의 두 줄기로 나누어서 설명된다. 전통사는 가장 오래된 단계에서 문학적 형성에 이르는 전승과정을 연구하는 역사비평 방법이다. 편집사는 전승된 개별전통을 새로운 통일로 합성하는 문서의 생성을 연구하는 방법이다. 두 유형의 방법은 발생사 연구의 기초를 형성한다. 전통사와 편집사에 의거한 단계적 해석은 씨뿌리는 자의 비유 이야기를 비롯한 대부분의 비유 이야기에 해당된다. 독자는 다원적으로 전개된 비유 이야기의 줄거리와 의미를 이원적 생성구조에 의거하여 재구성할 수 있다.

스위스 신약학자 Weder는 〈은유로서의 예수님 비유 이야기〉(1984)에서 전통사와 편집사의 두 범주에 기초하여 공관복음의 비유 이야기를 분석하고 있다. 비유해석의 이론을 다룬 제1장에 이어진 제2장에는 비유 이야기의 사례들이 공통복음과 고유복음의 유형으로 구분하여 서술된다. 세 저자의 공통복음에는 씨뿌리는 자의 연쇄비유가 하나씩 나누어 관찰된다. 마가복음의 비유장으로 불리우는 4장 1-34절의 서술은 전체의 모형이라 할 수 있다. 여기에 시도된 해석방법은 다른 비유 이야기에도 적용된다.

마가의 씨뿌리는 자의 비유 이야기에서 가장 오래된 전승단계인 예수님의 장소는 4장 3-9절, 26-29절, 30-32절을 포함한다. 세 이야기의 골격은 이미 초기단계에 비유모음집으로 전승된다. 이어지는 제2단계에는 원래의 모음집이 전체의 구성을 위해 고유의 방식으로 재편성된다. 여기에 두 차례의 해설부와(4.13-20, 4.21-25) 처음의 해설부로 넘어가는 짤막한 이행단락이 삽입된다(4.10-12). 연쇄비유의 마지막에는 앞의 이행부에 다루어진 비유 이야기 이해의 가능성이 화자 자신에 의해 총괄적으로 정리된다(마

4.33–34). 이와 같은 다원적 단계의 작업을 거쳐 전체이야기의 줄거리가 완성된다.

둘째 예수님의 비유 이야기가 지향하는 비유복음의 선포이다. 예수님 '원래의 소리'로(ipsissima vox) 돌아가는 기본주제는 위에 지적한 역사적 예수, 즉 추후의 장소가 아닌 원래의 장소에 연결된다. 공관복음의 비유 이야기는 다양한 형식으로 동일한 사상과 내용을 표현한다. 예수님은 수많은 비유 이야기에서 항상 새로운 조망을 향해 하나님나라의 복음을 개진한다. 독일 루터교 신학자 Jeremias는 전세계의 반응을 야기한 고전적 저서 〈예수님 비유 이야기〉의(1958) 제2부를 예수님의 비유복음 선포에 할애하고 있다.

여기에는 비유복음의 선포를 명료하게 설명하기 위해 구원의 현존을 비롯하여 하나님의 긍휼, 거대한 신뢰, 파국의 직면, 너무 늦음의 경고, 시간의 요구, 인자의 영광의 계시 등 모두 10개의 항목이 서술된다. 전체적으로 연관된 개별요소들은 비유 이야기의 중심메시지인 복음의 선포를 증거한다. 첫 번째 주제인 구원의 현존은 투옥된 세례요한의 물음에 대한 예수님의 답변에서 출발한다(눅 7.22, 마 11.5).

1 맹인이 보며

2 못걷는 사람이 걸으며

3 나병환자가 깨끗함을 받으며

4 귀먹은 사람이 들으며

5 죽은자가 살아나며

6 가난한 자에게 복음이 전파된다.

은혜로운 6행의 병행시구에 천명된 내용은 구약의 예언서에 주어진 미래의 메시아 활동이다. 유대민족이 오랜 기간에 걸쳐 고대한 메시아의 여러 행적은 자비의 산물로 서술된다. 곤궁에 처한 여섯 부류의 집단에게 베풀어지는 은혜의 기적은 위대한 구원복음의 선포이다. 예수님의 말씀은 이사야에 의해 선언된 구원시기의 예언으로 돌아간다. 기름부은 자 주님에 관한 옛 노래에는 가난한 자를 위한 메시아 복음이 선포된다(사 61.1).

이는 여호와께서 내게 기름을 부으사 가난한 자에게 아름다운 소식을 전하게 하려 하심이라.

Weder가 제시한 '이원적 해석모델'은 오늘날에도 비유 이야기 해석의 기본원리로 통용된다. 성서의 독자는 주어진 테스트를 전통사와 편집사의 두 단계에 의거하여 관찰한다. 이것은 다차원 해석의 기초를 형성한다. 그러나 실제의 해석과정은 여기에서 끝나지 않는다. 다시 말해 세 번째 단계의 해석이 필요하다. 오늘날의 독자는 자신에게 주어진 상황에서 비유 이야기를 읽고 해석한다. 여기에는 이 시대의 사회상황, 문화환경, 특히 해석자 자신의 '인식관심'이 중요한 역할을 한다. 이처럼 다양한 양상을 고려하는 역사적, 개인적 지평위에서 비유해석의 모든 과정이 수행된다.

여러 단계에 걸친 비유 이야기의 해석에는 두 요소가 공존한다. 하나는 변하지 않는 상수인 예수님의 자리이고, 다른 하나는 시대와 상황에 따라 변화하는 변수(Variante)이다. 해석학적 보편성의 요구는 상이한 두 요소의 종합에 의해 해소된다. 역사적 예수의 근원과 추후의 영향사 해석은 서로 용해되어 통일된 결과에 이른다. 이와 같은 통합과정이 어떻게 수행되는가를 밝히는 것이 비유해석의 중심과제이다.

마지막으로 일반독자가 비유 이야기를 읽고 이해하는데 도움이 되는 세 가지 기본요소에 관해 설명하려 한다. 첫째 비유 이야기의 문맥과 배경이다. 예수님의 비유 이야기는 그 자체로 존재하는 것이 아니라 일정한 상황에서 생성된다. 따라서 비유 이야기가 나오게 된 근원과 동기를 살펴보는 일이 일차적 과제가 된다. 예를 들어 누가의 비유 이야기에서 정상을 형성하는 잃어버림의 3부작은 바리새인과 서기관의 비난에 대응하기 위해 주어진다. 세 비유 이야기의 공통주제인 잃어버린 자의 구원에 대한 기쁨은 위선적 종교지도자에게 찾아볼 수 없다. 예수님은 세 개의 연쇄비유를 통해 진정한 구원의 복음이 무엇인가를 명료하게 밝히고 있다.

둘째 화자의 의도이다. 비유 이야기의 해석에는 화자가 지향하는 의도 혹은 의향이 어디에 있는가를 파악하는 것이 큰 도움이 된다. 여기에는 청중의 위치와 상황이 중요한 역할을 한다. 이야기를 받아들이는 수신자의 성격과 입장에 따라 말해질 이야기의 내용과 의미가 달라진다. 화자의 의도는 줄거리 자체에 유보되거나 숨겨져 있는 경우가 적지 않다. 따라서 독자는 사용된 문체나 어법에 의거하여 저자의 의도를 가늠하게 된다. 마태의 고유비유 〈포도원 일꾼의 비유〉를 규정하는 종결도식, 즉 처음과 나중의 역전은 지상과 다른 천국의 상황을 지시하는 특별한 원리이다. 이와 같은 도전적 경고는 현실사회에서 뒷전으로 밀려난 소외된 자들을 위로하고 격려하는데 목적이 있다.

셋째 비유 이야기가 전하는 종국적 메시지이다. 다원적으로 구성된 비유 이야기의 줄거리에는 진정한 메시지가 무엇인지 포착하기 어려운 경우가 적지 않다. 그러나 자세히 살펴보면 이야기기의 마지막을 규정하는 종결의 경고에 결정적 힌트가 들어 있다. 때로는 선언된 내용이 이제까지와 반대방향으로 나타나기도 한다. 난해비유로 알려진 누가의 고유비유 청원하는 과부의 비유에서 이야기를 마감하는 종결문은 집요한 과부의 청원에 대한 응답이 아니라 끈질긴 기도에 필요한 진실된 믿음의 강조이다(눅 18.8). 인자가 다시 오게 될 종말의 시점에는 올바른 믿음에 기초하는 영속적 기도가 예수님을 따르는 자에게 요구된다.

1. 파종의 연쇄비유

1) 씨뿌리는 자의 비유
─말씀과 나라의 확장

씨뿌리는 자의 비유 이야기는 공관복음에 나오는 수많은 비유가운데 중심의 위치에 있다. 이것은 세 편의 복음서에 모두 등장하는 공통비유라는 사실 뿐만 아니라 예수님 자신의 발언에서 증명된다(막 4.13).

너희가 이 비유를 알지 못할진대 어떻게 모든 비유를 알겠느냐.

비유 이야기의 원래의 화자 주님은 최초의 비유를 비유 이야기의 기본으로 규정하고 있다. 다른 모든 비유 이야기는 '이 비유'로 표기된 원래의 비유에서 이해된다. '원비유'를 특징짓는 여러 요소는 이어지는 비유에도 적용된다. 상이한 문맥에서 주어진 다양한 비유 이야기는 근본적으로 동일한 목적과 기능을 지니고 있다.

씨뿌리는 자의 비유 이야기는 하나님나라의 본질과 양상을 총괄한다는 점에서 자세하게 관찰할 필요가 있다. 제일 먼저 생성된 마가의 텍스트가 모형으로 간주된다. 마태의 병행비유는 마가의 문안을 따르고 있다(마 13.1-23). 두 차례에 걸친 해설의 삽입도 동일하다. 누가의 병행비유는 원래 이야기와 해설부만로 구성된 축소형 텍스트이다(눅 8.4-15). 두 절의 범위에서 서술된 등불의 비유는 마가의 버전과 거의 동일하다(8.16-17). 다만 짧은 단락의 후반을 규정하는 신중한 들음의 경고는 마가의 문안에 비해 단축되어 있다(8.18). 즉 마가복음 4장 24절을 구성하는 헤아림의 비유가 생략되어 있다.

씨뿌리는 자의 비유는 팔레스타인 농촌풍경에서 소재를 가져온 민속적 비유 이야기이다. 씨를 뿌리는 행위는 당시의 유대사회 농사법에 통용되는 일반적 파종방식이다. 농부는 밭갈이 작업을 하기 전에 씨앗을 척박한 땅에 던지듯 뿌린다. 따라서 그 가운데 일부가 길가나 돌밭에 떨어지는 것은 자연스러운 일이다. 청중은 이와 같은 이야기의 출발점에 큰 어려움 없이 동화된다. 다른 지역에서 생소하게 느껴지는 네 겹의 밭은 유대민중에게 친숙한 소재이다. 다만 해설부에 제시된 세가지 밭의 설명, 즉 사탄의 탈취, 환난과 박해, 세상의 염려와 재물의 유혹은 로마제국 통치 하에 있는 당시의 억압적 사회상황을 반영한다(마 4.15-19).

예수님의 비유 이야기에는 표면적 이해를 넘어서는 매우 깊은 의미가 들어 있다. 씨앗과 땅의 관계에 의거한 농사의 비유는 마지막에 이르러 신앙의 비유로 이전된다. 풍성한 결실의 수확은 말씀을 잘 받아들인 자의 진실한 믿음에서 이루어진다. 이와 같은 착상은 이방지역에 세워진 마가의 공동체에서 수행된 알레고리 해석의 산물이다. 심한 환난과 박해의 상황에 직면한 초기교구의 구성원에게는 외부의 공격에 맞설 수 있는 군건한 신앙의 유지가 시급한 과제로 대두된다.

비유 이야기의 중심주제인 씨앗의 성장은 하나님나라의 확장을 지시하는 적절한 비유이다. 보이지 않는 하나님의 나라는 실제의 현상과 사건을 통해 구체적으로 가시화된다. 여기에는 파종과 수확 사이의 시간적 거리가 중요한 역할을 한다. 뿌려진 씨앗이 풍성한 결실을 맺기 위해서는 이를 방해하는 여러 장애가 제거되어야 한다. 비유 이야기에는 이와 같은 사실이 상이한 밭의 설명을 통해 개진된다. 길가, 돌밭, 가시덤불 밭은 모두 말씀의 성장을 가로막는 방해요소이다.

마가복음 초반의 전개에서 중요한 위치에 있는 호상의 비유설교에 해당하는 비유시리즈는 세 개의 개별비유, 즉 씨 뿌리는 자, 종자의 자연성장, 겨자씨의 비유로 구성된다(막 4.1-34). 이들은 기본성격과 지향하는 목표에서 긴밀하게 연결되어 있다. 보통 씨뿌리는 자의 비유로 불리우는 첫째 비유는 네 겹의 밭에 관한 비유로도 불리운다. 네 겹의 밭은 네 종류의 밭과 구분된다. 팔레스타인 지형에는 서로 다른 자연조건이 혼재된 척박한 땅이 농사의 장소로 사용된다.

마가복음 제4장을 구성하는 씨뿌리는 자의 연쇄비유는 도입상황의 제시로 시작된다(4.1-2). 마가 고유의 서사방식을 보여주는 과거시제의 두절은 세 비유 이야기의 원래장소를 규정한다. 예수님은 다시금 몰려드는 큰무리를 피해 호숫가에 대어놓은 작은 배에 오른다. 그리고 배를 강단으로 삼아 육지에 '서 있는' 군중을(ochlos) 바라본다. 호수에서 육지를 향해 불어오는 바람은 연설자의 음성이 잘 들리도록 도와주는 역할을 한다. 이와 같은 자연조건은 대중설교를 위한 적절한 상황을 제공한다.

이제 예수님은 '비유를 통해 많은 것을 가르친다'(막 4.2). 유사한 내용이 연쇄비유를 마감하는 종결문에 다시 한번 (4.33) 등장한다. "예수께서 이러한 많은 비유로 … 말씀을 가르치시되." 여기에는 많은 비유를 통한 '말씀의 가르침'이 지적된다. 두 차례에 걸쳐 강조된 비유의 가르침은 예수님의 정체성을 지시하는 상징적 구절이다. 예수님의 비유 이야기에는 그의 가르침에 관한 모든 것이 들어 있다. 최초의 복음가 마가는 비유 이야기를 예수님 설교와 말씀의 총화로 고양하고 있다. 두 절의 도입문에 이어지는 원래 이야기는 명령형 동사 '들으라'에 의해 둘러싸여 있다(4.3.9). 이것은 저자에 의해 선호되는 틀의 구조이다. 순환의 반복은 청중의 주의를 환기시키기 위한 수사법이다. 비유 이야기는 '듣는 자'의 잠재된 양심을 일깨우는 도덕적 무기이다. 들음의 요청은 비유 이야기의 전체줄거리를 관류하는 기본도식이다(4.3.9,12,23). 들음을 반복하는 명령문 "들을 귀 있는 자는 들으라"는 4장 9절과 23절을 구성한다. 이것은 올바른 이해를 위한 청취자의 집중력을 강조하는 수사적 표현이다.

두 편의 후속비유로 넘어가는 삽입단락의 후반은 두 개의 격언으로 구성된다(4.24-25). 동일한 도입형식 '또 이르시되'로 시작하는 병행의 격언은 비유사용의 설명을 청중의 도덕적 책임과 연관시킨다. 첫째 격언을 규정하는 빛의 비유는 앞의 해설에 제시된 깨닫지 못함의 경고를(4.12) 보증한다. 비유 이야기의 궁극적 목적은 잠정적으로 감추어진 진리를 환하게 비추어 드러내는 데 있다. 이야기의 화자이며 해석자인 예수님은 제자들이 용기를 잃지 말고 하나님의 말씀을 열심히 선포하도록 격려한다.

둘째 격언의 첫 부분은 신중한 청취에 대한 경고이다. 세 차례나 반복하여 사용된 단어 헤아림은 면밀한 들음을 뜻한다. 비유형식 문장의 의미는 이어지는 절에서 구체적으로 밝혀진다(막 4.25).

있는 자는 받을 것이요, 없는 자는 그 있는 것 까지도 빼앗기리라.

함축적으로 표현된 문장은 다음과 같이 고쳐 쓸 수 있다. "주의 깊게 듣는 자는 처음 들은 것 이상으로 많은 것을 얻을 수 있다. 이에 반해 제대로 듣지 못하는 자는 그나마 가지고 있는 것마저 빼앗긴다." 비유 이야기의 효과는 청중의 자격과 능력에 따라 '양극의 확대'로 나타난다. 이것이 거듭되는 들음의 요청에 내재된 혁신적 의미이다.

진술과 해설이 공존하는 복합구성은 서사이야기의 질을 높여줄 뿐만 아니라 이야기의 수신자를 활성적 독서의 길로 안내한다. 원래의 이야기에 구사된 비유의미는 '해석의 천사'에(angelus interpres) 의해 해명된다. '해석의 천사'는 은폐된 성서의미를 풀이하는 권위있는 주체이다. 다층적 비유서술의 비교점은 씨가 뿌려지는 밭의 상태이다. 전승의 자료에서 취한 네 겹의 밭은 말씀을 받아들이는 자의 내면상태를 지시한다. 이것은 의미 있는 인칭화 비유의 예이다.

씨뿌리는 자의 비유 이야기 읽기에서 주목할 부분은 중간에 배치된 해설부이다(막 4.13-20). 여덟 절의 단락에는 비유의 대상과 의미가 설명될 뿐만 아니라 비유의 목적, 기능, 청취조건이 명시된다. 이런 점에서 비유 이야기의 성격과 본질을 규정하는 핵심이다. 이제 원래의 줄거리에 사용된 여러 비유어는 다음과 같이 풀이된다. 씨뿌리는 남자는 전도자(예수님 자신), 씨앗은 복음의 말씀, 씨가 뿌려지는 장소는 말씀을 듣는 대상을 가리킨다. 세 요소는 비유의 구조를 형성하는 기본틀이다. 여기에서 중요한 것은 말씀을 선포하는 자의 권능과 말씀을 받아들이는 자의 상황이다. 전도의 성과는 두 요소의 상호관계에 의존한다. 하나님의 말씀은 파종하는 남자가 손으로 뿌리는 씨앗으로 비유된다(막 4.14).

뿌리는 자는 말씀을 뿌리는 것이라.

'말씀을 뿌린다'는 것은 복음의 말씀이 널리 전파된다는 뜻이다. 주어진 말씀을 잘 듣고 이해하여 가슴속 깊이 간직한 사람은 '옥토'에 뿌려진 씨앗처럼 풍성한 수확을 경험한다. 이런 점에서 '옥토'와 같은 '마음의 밭'이 듣는 자에게 요구된다. 여기에서 말씀의 성장에 의한 굳건한 믿음이 형성된다. 비유 이야기의 핵심어 옥토는 팔레스티나 주위의 지형적 조건과 관계가 있다. 지중해 지역에는 '붉은 흙'이라 불리우는 고유의 토양이 자주 발견된다. '붉은 흙'에 해당하는 이탈리아 용어 'terra rossa'는 붉은 빛을 띤 잘 마른 미사질 점토를 뜻한다.

열매의 모티브는 하나님의 말씀이 씨알처럼 성숙하여 무르익기까지 시간을 필요로한다는 사실을 지시한다. 씨앗이 뿌려지는 땅에는 성숙과정을 방해하는 여러 요소가 존재한다. 네 겹의 밭 가운데에서 오로지 좋은 땅, 다시 말해 마음이 밭이 잘 준비된 경우 만이 미래의 번영이 기대된다. 이것이 다원적으로 전개된 비유 이야기의 결론이다. 마지막 종결도식 "들을 귀 있는 자는 들으라"는 좋은 땅의 수확을 향한 강한 요청이다(4.9). 이야기의 청중은 이와 같은 부름에 응할 준비를 갖추어야 한다.

후세에 막강한 영향력을 행사한 최초비유의 기조는 씨앗의 성장법칙에 의거한 하나님나라의 확장과 발전이다. 방대한 분량에 달하는 비유 이야기의 정상은 좋은 밭에 뿌려진 낟알이 잘 자라나 '무성한 결실'을 맺는다는 사실이다(막 4.8).

더러는 좋은 땅에 떨어지매 자라 무성하여 결실하였으니 삼십배나 육십배나 백배가 되었느니라.

30배를 넘어 60배, 100배의 결실을 거두는 것은 유대농부의 농사에서 보기 힘든 놀라운 사건이다. 다만 좋은 땅에서 이루어지는 초과잉여의 수확은 소수의 경우에 제한된다. 이와 같은 사실은 종결문을 열어주는 수량의 부사 '더러는'에 의해 증명된다. 비유 이야기가 지향하는 하나님 나라의 구현은 여기에서 예수님을 통한 하나님의 기적행위로 나타난다. 하나님은 예상하지 못한 수확의 결실을 통해 그의 나라의 풍요를 스스로 증언한다.

인간의 내면세계는 말씀의 성장을 가져오는 중요한 요인이다. 이와 같은 사실은 자칫 하나님의 나라가 듣는 자의 마음에 좌우된다는 결과로 이어질 수 있다. 물론 성도의 기본자세, 특히 좋은 믿음은 말씀의 확장을 가져오는 원천이다. 그러나 구원론의 관점에서 보면 하나님나라의 번영은 인간의 노력이 아니라 영원한 나라의 주인인 하나님의 절대권능에 기인한다. 이런 점에서 하나님의 말씀을 전하는 선포자의 측면에 강세가 부여된다.

전도자는 예수님 처럼 비록 어려운 장애물이 앞을 가로막고 있다 할지라도 용기를 잃지 말고 복음의 말씀을 과감하게 전파해야 한다. 예상을 뛰어넘는 수확을 가져오는 좋은 밭이 있기 때문이다. 비유 이야기해석의 요체인 말씀의 확장은 청취자의 상황이라기보다 선포자의 능력에 근거한다. 그것은 하나님에 의해 주어지는 생명의 능력이다. 생명을 지닌 씨앗의 파종은 이 사실을 지시하는 적절한 비유상이다. 비유 이야기의 제목을 형성한 씨뿌리는 자는 그 자체가 아니라 씨앗을 뿌리는 주체적 행동에서 진정한 의미가 드러난다.

씨뿌리는 자의 비유 이야기는 기적적인 말씀의 확장에 의거한 하나님나라의 현실적 구현을 증거한다. 종말의 시점에 이루어질 미래의 하나님나라는 여기에서 현재의 사건으로 구체화된다. 이와 같은 시간적 전이를 가능하게 하는 동력은 변용의 기능을 지닌 언어의 힘이다. 비유언어가 지니는 행위의 기능은 서사의 서술에서 새로운 사건을 창출한다. 새로운 사건의 발생은 하나님 구원사역의 현재화이다. 여기에서 중요한 것은 하나님 현존의 인식에 따른 삶의 변화이다. 현실의 삶에서 하나님의 나라를 경험한 자는 전과 다른 신앙의 길을 걷게 된다. 이것이 생명을 지닌 씨앗의 성장을 다룬 비유 이야기의 독서에서 얻어지는 마지막 교훈이다.

위에서 비유 이야기 이해의 우선 요소로 강조된 선포자의 능력은 흥미롭게도 19세기 중반에 발표된 한편의 의미 있는 성화에 인상적으로 표현된다. 그것은 유명한 프랑스 화가 Millet의 유화 〈씨뿌리는 남자〉(1850)이다. (그림 24) 주로 농부의 일상생활을 즐겨 그린 종교화가의 중년기 창작에 속한 작품은 잘 알려진 〈이삭 줍는 여인들〉과(1857) 〈만종〉과(1857-59) 함께 화가의 3대 걸작으로 손꼽는다. 유사한 시기에 나온 두 작품과 달리 〈씨뿌리는 남자〉는 성서이야기에서 직접 소재를 가져온 종교화이다. Barvizon 화파의 중심지 Barvizon에서 제작된 유화는 같은 해에 파리살롱에 전시된다.

네덜란드 화가 Gogh는 농촌풍경의 모습을 즐겨 다룬 Millet의 작품에서 많은 영감을 얻는다. 특히 〈씨뿌리는 남자〉는 무려 30편의 작품에 모방형식으로 수용된다. 그러나 대부분의 경우 선행하는 모형을 지배하는 어두운 색조가 밝은 색채로 대체된다. 1888년의 포스터 유화 〈일몰의 씨뿌리는 남자〉에는 수평으로 길게 늘어진 노란색 보리밭 뒤로 넘어가는 강렬한 태양의 광채가 주변 하늘을 온통 황금빛으로 물들인다. 상징의 매체 빛은 화가의 창작세계에서 초지상의 발광체로 묘사된다. 전면의 공간을 가득 채운 광활한 대지는 민첩한 붓놀림에 의한 색채의 율동, 즉 옅은 청색과 노란색이 배합된 작은 물결무늬의 약동으로 초현실의 정감을

그림24) Millet 〈씨뿌리는 남자〉, 유화, 1850, 101.6x82.6cm, Boston 미술박물관

불러 일으킨다. 이에 비해 화면의 우측 측면에 배치된 주인공의 인물형상
은 사실적이고 구체적이다.

　매우 강한 터치로 묘사된 Millet의 유화 〈씨뿌리는 남자〉는 비유 이야
기의 주체인 씨뿌리는 남자와 그의 행위에 포커스를 맞추고 있다. 비유의
대상인 네 겹의 밭은 전체의 구성에서 제외된다. 단순한 구도로 설계된 화
면에는 드넓은 경사진 농토에서 씨를 뿌리는 중년남자의 옆모습이 클로

즈업 된다. 둥그런 테두리의 커다란 작업모를 깊숙이 눌러쓰고 진갈색 재킷과 청색 바지를 입은 주인공의 옷차림은 전형적 농부의 모습이다. 화면 우측 중간에 멀리 보이는 햇빛의 장면은 주어진 시간이 황혼임을 지시한다. 광활한 회색빛 하늘과 대조되는 밝은 황금빛 공간은 어두운 전체 분위기에 생명력을 제공하는 역할을 한다.

커다란 보폭으로 흩어진 밀짚을 헤치며 힘차게 걸어가는 농부의 두 다리는 두터운 보호덮개로 따스하게 감싸아져 있다. 연출된 사건의 계절은 겨울철로 추측된다. 어깨에 걸친 무거운 씨앗자루를 왼손으로 단단히 붙잡은 다부진 표정의 농부는 오른손에 움켜쥔 씨앗을 땅에 뿌리고 있다. 거대한 씨앗자루는 잔뜩 들어 있는 씨앗의 무게로 아래로 늘어져 있다. 강건한 체구를 소유한 남자의 힘찬 동작에 활력이 넘쳐난다. 작은 크기의 동그란 씨앗이 흩어져 땅 위로 떨어진다. 화면의 좌측 하늘에 떠다니는 몇 마리의 까마귀가 떨어지는 씨앗을 노리고 있다.

우측 측면을 장식하는 햇빛장면에 두 마리의 거대한 소를 몰며 힘겹게 밭을 가는 또 다른 남자의 모습이 보인다. 씨를 뿌리는 행위에 이어진 농사의 단계이다. 평화로운 농촌풍경을 반영하는 장르화는 강력한 농부의 힘과 열심히 일하는 삶의 방식에 관한 사실적 묘사이다. 특히 작품의 제목을 형성한 씨뿌리는 남자의 강한 역동성에 악센트가 주어진다. 영적 영감에 의해 움직인 화가는 생명의 능력을 소유한 전도자의 모습을 활력의 에너지로 가득 찬 농부의 행위를 통해 최고의 질감으로 표현한다. 이와 같은 묘사기법은 독자에게 비유 이야기의 살아있는 메시지에 깊이 동화되는 지각적 효과를 가져온다.

2) 제1비유의 후속비유
- 가라지 비유의 천국복음

마가복음 최초의 비유 이야기에 해당하는 씨뿌리는 자의 비유에는 두 개의 후속비유가 이어진다. 씨앗과 수확의 관계에 의거한 세 편의 비유는 복합적 연쇄비유를 형성한다. 두 번째 사례인 스스로 자라는 씨앗의 비유는(종자의 자연성장 비유) 기본취지에서 세 개의 비유를 대언한다(막 4.26-29). 마가 유일의 고유기사에 속하는 비유담화에는 하나님의 나라가 씨앗의 파종 이후 전개되는 일련의 과정으로 비유된다. 땅에 뿌려진 씨앗은 '밤낮으로 자고 깨고 하는 중에' 자라나지만 뿌린 자는 그 방식이나 과정을 알지 못한다(4.27). 씨알이 '스스로' 열매를 맺기 때문이다. 여기에서 상황부사 '스스로'는 원어 'automate'에 나타나듯 '저절로'를 뜻한다. 구체적으로 싹, 이삭, 곡식의 세 단계로 진행되는 자동적 성장원리이다(4.28).

일단 땅에 뿌려진 씨앗은 외부의 도움이 없이도 잘 자라나 기대한 수확을 가져온다. 그 어떤 보이지 않는 생명의 힘에 의해 움직이기 때문이다. 씨앗에는 특별한 원초의 능력이 존재하고 있다. 씨앗의 성장과 성숙은 놀라운 기적의 사건이라 할 수 있다. 수확의 결실은 이야기의 종반에서 묵시의 문맥에서 서술된다(4.29).

열매가 익으면 곧 낫을 대나니 이는 추수때가 이르렀음이라.

추수의 때가 되면 잘 익은 곡식은 주인의 낫에 의해 거두어진다. 종말의 묵시를 지시하는 '추수의 결실'은 선행비유의 종결주제인 수확의 개념에 암시되어 있다. 씨뿌리는 자의 비유에 관한 누가의 병행기사에는 좋은 땅의 설명에서 말씀을 받아들이는 자의 믿음과 인내가 중요하게 지적된다. 여기에 사용된 명사구 '인내의 결실'은 묵시비유를 지시하는 용어이다(눅 8.15). 누가는 최초의 비유에 관한 해설의 마지막에서 종말적 묵시의 성격을 분명하게 표현하고 있다.

신구약성서에서 수확과 추수는 묵시모티브의 전형이다. 요엘서와 요한계시록에는(계 14.16) 낫의 사용에 의한 추수의 수행이 공통으로 서술된다. 서로 유추되는 두 구절에는 종말의 심판이 포함되어 있다. 마태의 고유기사인 가라지 비유의 종결부는 요엘의 예언에 연결되어 있다(욜 3.13). "너희는 낫을 쓰라. 곡식이 익었도다". 비유 이야기에 첨부된 해설에는 원래 줄거리에 언급된 '추수의 때'가 종말의 시점을 지시한다고 풀이된다(마 13.39). "추수때는 세상 끝이요."

마가복음에서 세 개의 연쇄비유를 마감하는 겨자씨 비유는 씨앗의 성장원리를 가시적으로 증거한다(막 4.30-32). 라틴어 학명 'granum sinapis'로 표시되는 겨자씨는 서양과 아시아 문화에서 가장 작은 것을 지시하는 은유로 통한다. 모든 종류의 겨자씨가 특별히 작은 것은 아니다. 오늘날에는 비유 이야기에 도입된 겨자씨가 검은 겨자씨에(Brassica nigra) 해당한다고 설명된다. 영어 명사 'black mustard'로 번역되는 흑겨자는 검은색 혹은 진갈색의 동그란 씨앗이다. 씨앗의 내부는 밝은 노란색과 흰색으로 섞여 있다. 보통 향신료로 사용되는 미세한 씨앗에서 일년생 식물이 생성된다.

단기간 동안 존재하는 일년생 식물은 실제로 거대한 크기의 나무는 아니다. 완전하게 자라난 겨자나무의 높이는 보통 1-2m에 달한다. 이것은 사람의 키를 조금 능가할 정도의 크기이다. 화자는 씨앗의 성장을 비유하는 이야기에서 겨자나무의 상태나 외형의 모습을 지적하는 것이 아니라 작은 것이 큰 것으로 변화되는 확장의 논리에 주의를 환기시킨다. 마태의 겨자씨 비유는 이 사실을 명료하게 표현한다(마 13.32).

이는 모든 씨보다 작은 것이로되 자란 후에는 풀보다 커서

천국과 겨자씨의 비교에는 가장 작은 것이 가장 큰 것으로 변화되는 무한성의 확대논리가 적용된다. 원래 상이한 두 요소의 유추는 하나님나라 확장의 근거인 하나님의 기적을 분명하게 증거한다. 비유의 주석가들은 무한히 확대되는 겨자씨의 속성에 예수님 자신의 모습이 나타난다고 지적한다. 예수님의 말씀은 처음에는 매우 미미하게 보이지만 나중에는 거대한 규모로 확대되는 특징과 기능을 지니고 있다. 이런 점에서 비유 이야기의 청취자는 주어진 말씀의 충만된 결실을 끝까지 인내로 기다려야 한다.

세 절로 구성된 겨자씨 비유의 정점은 짧은 분량의 줄거리를 마감하는 마지막 구절이다. 새로운 사건의 발생을 지시하는 진술문에는 겨자씨 나무의 무성한 나뭇가지에 새들이 둥지를 트는 광경이 제시된다(막 4.32).

공중의 새들이 그 그늘에 깃들일 만큼 되느니라.

구약의 예언서에 의하면 나뭇가지에 '깃들이는' 새는 유대민족과 함께 세계교구를 형성하는 이방의 백성이나 국가를 지시한다(겔 17.22–23,31.6). 수많은 나뭇가지와 나뭇잎 그늘에 조성된 새의 보금자리를 비유하는 간략한 문장은 모든 민족의 거처인 하나님나라의 풍요를 증언한다.

영국 Bolton 박물관에 보존된 〈Bowyer Bible〉에(1708) 게재된 Luyken

그림25) Luyken 〈겨자씨 비유〉, 1708, 부식동판화, 〈Bowyer Bible〉, Bolton 박물관

의(1649–1712) 부식동판화 〈겨자씨 비유〉는 비유 이야기의 종결장면에 관한 탁월한 시각적 모사이다. (그림 25) 영국 미술수집가이며 출판업자인 Bowyer의 이름을 딴 18세기 초의 성서본에는 네덜란드 시인이며 판화가인 Luyken의 삽화가 커다란 비중을 차지한다. 그 가운데 비유 이야기는 무려 40점에 달한다. 성서본문에 충실한 삽화들은 공관복음의 비유 이야기에 관한 광범한 시각적 조망을 제공한다.

〈겨자씨 비유〉는 〈누룩의 비유〉에 선행하는 네 번째 사례이다. 삽화 〈누룩의 비유〉에는 주방의 여인에 의해 만들어진 반죽이 발효되어 크게 부풀어 오른 상태가 부각된다.

〈겨자씨 비유〉는 멀리 보이는 높은 산맥이 희미한 배경을 형성한 전원 풍경을 제시한다. 전면의 공간을 수성하는 평지의 우측에 한 그루의 커다란 겨자나무가 서 있다. 완전한 형태로 자라난 나무는 타원형 윤곽의 무성한 나뭇잎 숲으로 덮여 있다. 공중에 나는 새들이 찾아와 머무를 수 있는 아늑한 휴식의 거처이다. 날개를 펼치고 날아가는 새 한 마리가 둥지를 틀기 위해 아래로 내려온다. 나무 아래에도 작은 새가 먹이를 찾고 있다. 풍성한 겉옷을 걸친 흰 턱수염의 농부가 옆에 있는 젊은 남자를 바라보며 오른손으로 앞에 서 있는 나무를 가리킨다. 하나님의 나라는 거대한 크기로 자라난 겨자나무의 풍요와 번영으로 묘사된다. 비유 이야기의 포인트인 씨앗의 확장은 성서본의 미세화에서 육안으로 지각된다.

마태복음과 누가복음에는 겨자씨와 누룩의 비유가 이중비유를 형성한다. 이중비유에는 상이한 모티브를 다룬 두 비유 이야기가 동일한 사고를 표현한다. 겨자씨와 누룩의 이중비유는 비교의 방식에서 대조의 비유로 규정된다. 여기에서 대조의 개념은 이야기의 처음과 나중을 규정하는 작은 것과 큰 것 사이의 거대한 거리를 의미한다. 마태의 문서에는 서로 이어진 두 비유가 마가복음에서처럼 씨뿌리는 자의 연쇄비유에 소속된다(마 13,31–33). 그러나 누가의 경우에는 씨뿌리는 자의 비유가 제시된 8장이 아니라 하나님나라의 구원행위를 서술하는 13장의 복합단락에 포함되어 있다(눅 13,18–21).

대조의 비유인 두 비유야기는 마태와 누가의 문안에서 약간 다른 방식으로 서술된다. 마태의 경우에는 이중비유가 함께 '다른 비유'라는 명칭에 의해 규정된다(마 13,31,33). 즉 서로 이어진 이야기는 하나의 비유라 할 수 있다. 누가의 문안에는 두 비유 이야기가 '하나님의 나라를 무엇으로 비교할까'라는 도입공식에 의해 인도된다. 이어지는 문장은 '마치 …과 같다'라는 비교형식으로 표현된다. 누가는 마태에 의해서도 다루어진 공통비유가 하나님의 나라를 비유한다는 사실을 명료하게 밝히고 있다.

각기 다른 사물을 대상으로 삼은 두 비유는 기본원리에서 일치한다. 씨앗의 성장과 누룩의 발효는 하나님의 나라가 확장되는 상황을 비유한다는 점에서 동일한 위치에 있다. 다만 씨앗의 성장이 양적 확장을 지시한다면 누룩의 발효는 질적 변화에 관계된다. 하나님나라의 확대는 두 측면을 모두 포함한다. 씨뿌리는 자 비유의 종결장면을 규정한 풍성한 수확의 결실도 양적 성장과 함께 질적 성장을 포함한다. 기적적인 하나님 말씀의 확대는 신앙의 힘에 기인하는 영적 발전이다. 누룩은 효모와(이스트) 유산균의 작용에 의해 발효되는 빵제조의 재료를 말한다. 누룩의 비유에서 중요한 것은 밀가루 반죽이 발효과정에서 변화되는 상태이다. 마태는 천국의 상황을 반죽이 '전부 부풀어 오르는' 모습으로 비유한다(마 13.33).

천국은 마치 여자가 가루 서말속에 갖다 넣어 전부 부풀게한 누룩과 같으니라.

위의 문장은 누가의 병행문장과 정확하게 일치한다(눅 13.21). 여인이 누룩을 넣은 밀가루 '서말'의 원어 '세 사톤'은(saton) 그리스 도량형으로 36리터에 해당한다. 이처럼 커다란 덩어리의 반죽에서 일어나는 '완전발효'는 엄청난 분량의 빵을 생산한다. 여기에서 지각되는 거대한 질적, 입체적 확장은 전 세계를 향한 선교의 번영을 지시한다.

마태복음에는 씨뿌리는 자의 비유와 겨자씨와 누룩의 이중비유 사이에 가라지 비유가 삽입되어 있다(마 13.24-30). 마가복음의 구성에서 저절로 자라는 씨앗의 비유가 위치한 자리이다(막 4.26-29). 원래 이야기에 해설이 첨부된 비유 이야기는 전체구조에서 씨뿌리는 자의 모형을 준수하고 있다. 즉 전통사와 편집사의 두 단계에 의거하여 재구성될 수 있다. 편집사의 측면에는 초대교구의 위기상황이 반영되어 있다. 독자는 예수님의 단계와 교구의 단계로 나누어 복합적 비유 이야기를 관찰할 수 있다.

정확하게 '밀알 속의 가라지 비유'로 불리우는 비유 이야기는 일찍부터 다수의 교회교부에 의해 활발한 토론의 대상이 된다. 이와 같은 현상은 마태 고유의 이야기가 후세에 행사한 강한 영향력의 반증이다. 중세 초기 교회사에는 알곡과 가라지의 비유의미를 둘러싸고 첨예한 역사적 논전이 전개된다. 서로 대립되는 두 요소는 참된 교회와 거짓교회를 지시하는 비유어로 설명된다. 그러나 선행하는 기본비유를 보완하는 비유 이야기의 의미는 단순히 교회와 교인의 성격에 제한되지 않는다. 그것은 인접 비유에서처럼 하나님나라의 상황을 지시한다. 일곱 절 이야기의 도입공식은 전형적인 마태의 문체에 의거한다(13,24).

천국은 좋은 씨를 제밭에 뿌린 사람과 같으니.

짤막한 문장에서 비교의 대상은 씨뿌리는 남자 자체가 아니라 그의 특별한 행동이다. 주인이 씨를 뿌리는 행위와 방식에서 이미 하나님의 나라가 예시된다. 하나님의 나라는 '자기 밭'에 좋은 씨앗을 뿌리는 주인의 모습에 비교된다. 여기에서 '자기 밭'은 세상을, 좋은 씨는 하나님나라의 아들을 가리킨다. 하나님나라의 아들은 종말의 시점에 심판을 거쳐 천국에 들어가는 커다란 기쁨을 누린다.

비유 이야기의 줄거리는 다음과 같이 요약된다. 어떤 농부가 좋은 씨를 자신의 밭에 뿌린다. 그런데 그가 잠이 든 틈을 타서 원수가 와서 밀알사이에 가라지 씨앗을 '덧뿌리고' 간다. 그 후 뿌려진 씨앗에서 나온 줄기가 자라나 열매를 맺게 되자 가라지가 보이게 된다. 종들은 주인에게 좋은 씨를 뿌렸는데 가라지가 어디에서 나왔는지 물어본다. 주인이 원수가 그렇게 하였다고 말하자 종들은 가라지를 뽑아버리려 한다. 독성이 있는 가라지가 밀알을 손상시킬 수 있기 때문이다. 주인을 향한 종들의 촉구는 당연한 것이다. 그런데 주인은 예상외로 다음과 같이 답변한다(13.30).

가만 두라. 가라지를 뽑다가 곡식까지 뽑을까 염려하노라.
둘다 추수때 까지 함께 자라게 두라.

서두의 명령문 '가만 두라'는 가라지의 계속적 성장을 용인하는 어법이다. 이어지는 발언은 앞의 조처에 대한 설명이다. 두절의 내용을 이해하기 위해서는 가라지의 형태에 관한 지식이 필요하다. 식물학 분류에서 'zizania latifolia'로 표기되는 가라지는 볏과에 속한 줄풀(wild rice)이다. 그리스어 명사 'zizania'로 표기되는 식물은 기다란 선형 잎사귀가 밀과 비슷하나 열매에 독성이 들어 있다. 일반적으로 독을 지닌 잡초로 설명된다. 영어 역어 'darnel'은 독보리를 뜻한다.

가라지의 외형은 성숙기가 되어야 유사하게 보이는 밀과 구별된다. 그러나 불필요한 가라지의 제거는 당장 시행되는 것이 아니라 한동안 유보된다. 가라지를 뽑으려다 자칫 알곡까지 함께 뽑을 수 있기 때문이다. 그러나 마지막 때에 이르면 하나님이 보낸 '추수의 일꾼'에 의해 정당한 심판이 집행된다(마 13.30). 시간부사구 '추수 때까지'는 결정의 시간이 무르익음을 의미한다. 추수의 시점에 가라지는 불에 태우기 위해 단으로 묶여지고, 알곡은 곳간에 보관하기 위해 함께 모아진다.

위의 서술은 보다 상세한 코멘트를 필요로 한다. '가라지의 때이른 제거가 곡식을 해친다는 사실은 무엇을 의미하는 것일까?' 이에 대한 답변은 알레고리 영향사에서 찾을 수 있다. 초기기독교 교구에는 '혼합된 신체'(corpus permixtum), 즉 이질적 공동체의 현상이 큰 문제가 된다. 악한 자와 거짓교사가 교구에 침입하여 교인을 유혹하고 파멸에 빠뜨리려 시도한다. 그러나 진정한 성도와 불의한 외부인을 명확하게 가르기란 쉬운 일이 아니다. 자칫하면 올바른 교인을 불의의 대상으로 삼아 정죄할 수 있다. 지상의 사회에는 선인과 악인, 기독교인과 비기독교인이 공존하며 살아가기 마련이다. 그러나 마지막 때가 이르면 두 부류의 인간은 구원과 형벌의 두 갈래로 극명하게 갈라진다.

종말의 심판으로 마무리되는 비유 이야기에는 선행비유처럼 별도의 해설이 따른다(마 13.36-43). 비유 이야기의 이해에서 매우 중요한 역할을 하는 보충단락에는 우선 여러 비유어가 지시하는 대상이 풀이된다. 좋은 씨를 뿌린 남자는 인자, 좋은 씨는 천국의 아들, 가라지는 악한자의 아들이다. 가라지를 '덧뿌린' 원수는 악마이며, 추수의 시점은 세계의 종말이다. 밝은 햇빛을 피하여 가라지 씨를 몰래 뿌린 악마는 좋은 씨를 뿌린 남자와 대치된다. 다원적 비유구조에 의거한 이야기에는 종말의 묵시에 관한 초기교구의 자기이해가 반영되어 있다. 그것은 악마에 의해 조종되는 불의한 자를 향한 가차 없는 심판의 경고이다.

이와 같은 사실은 해설부의 후반에 분명하게 제시된다. 편집사의 내용에 속하는 13장 40-43절은 '작은 묵시록'이라 불리운다. 세상의 끝에는 인자가 보낼 천사에 의한 심판이 '그의 나라'에서 집행된다(마 13.41). 천사들은 모든 불의한 자를 한데 모아 풀무불에 던지고 그들은 '울며 이를 가는' 고통을 겪는다. 지각적 정서를 자극하는 도식적 구문은 이후에도 거듭하여 사용된다(22.13,24.51,25.30). '작은 묵시록'을 마감하는 종결문에는 의인의 상황이 악인과 완전히 대립되는 방식으로 서술된다(13.43).

그때에 의인들은 자기 아버지의 나라에서 해와 같이 빛나리라.

시적 수사법을 구사한 문장의 내용은 천국의 영화에 관한 최고의 비유상이다. 찬란하게 빛을 발하는 햇빛은 천국의 상황을 지시하는 은유매체이다. 여기에 사용된 명사구 '아버지의 나라'는 앞에 언급된 '그의 나라'와 대조되는 방식으로 서술된다. 비유 이야기의 도입공식에 제시된 천국의 상황은(13.24) 해설의 마지막을 각인한다. 주인이 자기 밭에 뿌린 좋은 씨, 즉 의인은 종말의 때에 '해와 같이 빛나는' 천국의 영광을 소유하는 최고의 은총을 입는다. 이것이 처음과 마지막이 서로 연결된 순환의 비유 이야기에서 독자가 얻는 종국적 메시지이다.

2. 잃어버림의 비유 3부작

1) 잃어버린 양과 드라크마의 비유
– 잃어버린 것을 찾은 기쁨

누가의 비유 이야기를 대표하는 잃어버림의 비유 3부작은 씨뿌림의 비유와 함께 공관복음의 비유 이야기를 대표한다. 비유의 보고라 불리우는 누가복음 15장 전체를 구성하는 비유시리즈는 서로 긴밀하게 연계되어 있다(눅 15.1–32). 여기에는 하나님나라의 상황을 비유형식으로 서술하는 이야기 세 편이 한데 묶여있다. 이들은 전체적으로 하나의 비유를 형성한다. 15장 서두에 지적된 '이 비유'는 그리스어 원문에 단수로 표기되어 있다(15.3). 복음가 누가는 잃어버림의 비유 3부작으로 비유 이야기의 저자에서 최고의 반열에 오른다.

잃어버린 양, 잃어버린 드라크마, 잃어버린 아들의 비유는 모두 '잃음-찾음-기쁨'이라는 3단계 도식에 의거한다. 잃음에서 얻음을 거쳐 생성되는 기쁨은 15장 전체를 관류하는 구원론의 중심이다. 잃어버린 양과 잃어버린 드라크마의 비유는 동일한 목표를 지향하는 이중비유이다. 서로 이어진 두 비유 이야기의 읽기에서 주목할 점은 잃어버린 한 마리 양과 한 개의 동전이 아니라 이들을 찾기 위해 온 힘을 기울이는 목자와 여인의 모습이다. 두 인물은 한 사람의 죄인을 구원하고 기뻐하는 예수님의 반사이다.

잃어버린 양의 비유는 바리새인과 서기관의 비난에 맞서 주어진 도전적 비유담화이다(눅 15.4-7). 그들은 예수님이 "죄인을 영접하고 음식을 같이 먹는다"고 서로 수군거리며 말한다(15.2). 이어지는 비유 이야기의 도입문은 예수님의 적대자를 향한 수사적 형식의 반론이다(15.4).

너희중에 어떤 사람이 양 백마리가 있는데 그중의 하나를 잃으면 아흔아홉 마리를 들에 두고 그 잃은 것을 찾아내기 까지 찾아다니지 아니 하겠느냐.

위의 인용문에서 '너희중에 어떤 사람'은 앞뒤의 문맥에서 바리새인과 서기관을 지칭한다. 사회의 높은 계층에 속하는 종교지도자라 할지라도 소유한 한 마리 양을 잃어버리면 찾아 나서는 것이 당연한 일이다. 그것은 그들의 재산에 속하기 때문이다. 그러나 다시 찾은 양을 데리고 와서 함께 즐기는 것은 교만한 집단에게 해당되는 일이 아니다. 이와 같은 기쁨의 공동향유는 오로지 자신의 양을 사랑하는 목자에게 가능한 일이다. 그의 행위는 죄인을 찾아 구원하는 예수님의 반사이다. 반복의 서술부 '찾아내기까지 찾아다니다'는 끝까지 수색하여 기어코 찾아낸다는 뜻이다. 한마디로 잃어버린 한 마리 양의 소중함을 지시하는 강조의 어법이다.

발언의 당연성을 전제하는 의문문의 서술에서 언뜻 이해가 되지 않는 대목은 "아흔아홉 마리를 들에 두고"이다. 다시 말해 잃어버린 한 마리 양을 찾기 위해 아흔아홉 마리 양을 위험에 방치한다는 사실이다. 이와 같은 의문은 단락의 종결부에 이르러 해소된다(15.7). 여기에는 죄인 한 사람의 회개가 '회개할 것 없는' 의인 아흔아홉 사람보다 더 기쁘다는 사실이 지적된다. 아흔아홉 사람은 이미 회개한 의인이다. 따라서 화자의 관심은 잃어버린 죄인 한 사람에게 집중된다. 다시 찾은 자의 회개는 하나님을 기쁘게 하는 동인이다.

길을 잃고 헤매던 양이 주인의 '어깨에 놓여'(15.5) 돌아오는 장면은 특별한 의미가 있다. 참다운 회개를 수행한 죄인은 자신의 삶에서 다른 방향으로 선회하여 주님의 길을 걸어간다. 여기에서 회개는 죄인의 자의에 의한 것이 아니라 주인의 배려와 사랑에 의거하는 또 다른 형태의 회개이다. 다시 찾은 한 마리 양을 '어깨에 메고' 걸어가는 선한 목자의(pastor bonus) 모습은 전통적 기독교 성화에 자주 볼 수 있는 은혜로운 도상이다. 그리스어 명사 'poimein'으로 표기되는 목자는 성서에서 자주 통치자, 나아가 하나님을 지시하는 명칭으로 사용된다(시 23.1). "여호와는 나의 목자시니". 이와 같은 경우에는 하나님에 대한 절대적 신뢰의 확신이 내재해 있다.

독일화가이며 그래픽 예술가인 Plockhors의(1825-1907) 유화 〈선한 목자〉는(1889) 전통적으로 내려온 선한 목자 도상의 범례이다. (그림 26) 후기 나사렛 화파의 회원인 화가의 고전풍 미술작품은 유감스럽게도 원본의 출처가 알려져 있지 않다. 그러나 19세기 이후 다양한 매체에 재생산될 정도로 커다란 인기를 누리고 있다. 1866년에 제작된 아름다운 초기 유화 〈수호천사〉는 수천 점에 달하는 채색석판화 복사본의 생산을 가져

그림26) Plockhors 〈선한 목자〉, 19세기, 유화

온다. 선명한 채색의 밝은 화면에는 위험한 낭떠러지 바위에서 나비를 잡

고 꽃을 따며 열심히 놀고 있는 순진한 남자와 여자아이가 흰색 옷을 입

은 고귀한 천사의 보호를 받고 있다.

밝게 빛나는 색조의 화면에 맑고 순수한 하늘 아래 산과 나무가 있는 자연풍경이 배경을 형성한다. 전면의 중앙에 연한 황금빛 후광을 지닌 인자한 모습의 예수님이 돌멩이가 널려있는 좁은 들판길을 홀로 걸어간다. 흰색 겉옷 속에 보이는 보랏빛 의복이 찬란한 광채를 발한다. 오른팔에 조심스레 안고 있는 어린 양을 사랑스럽게 내려다보는 그의 왼손에 양 떼를 안내하는 기다란 지팡이가 들려 있다. 매우 온순해 보이는 일단의 양 떼들이 목자의 좌우에서 뒤를 따르고 있다. 우측 선두에 있는 커다란 어미양이 고개를 돌려 새끼양을 올려다 본다. 선한 목자는 자신의 양 떼를 위해 모든 것을 내어준다. 따라서 양 떼들은 기꺼이 주인의 안내에 순순하게 응한다.

잃어버린 양의 비유는 마태에 의해서도 다루어진다(마 18,12-14). 마태복음의 네 번째 교훈담화에 해당하는 비유 이야기의 맥락은 누가의 경우와 같지 않다. 줄거리의 기본내용은 유사하나 마지막 결구가 다른 방식으로 서술된다. 그러나 여기에서 유도되는 결론은 같다. 전체적으로 이질적 내용을 거쳐 동일한 결과에 이른다. 이런 점에서 특수형태의 병행비유라 할 수 있다. 두 저자의 이야기 사이의 근본적 차이는 청중의 성격이다. 누가의 경우에는 청중이 바리새인과 서기관인 데 반해 마태의 경우에는 제자들이다. 마태의 문안은 교구의 질서라는 범주에서 제자들을 위한 학습의 성격을 띠고 있다.

짧은 단락의 선행문장에는 '작은 자의(hoi mikroi) 하나라도 경시하지 말라고 경고된다(18,10). 이어지는 비유 이야기는 여기에 연결되어 있다. 세 절의 이야기를 시작하는 물음 "너희 생각이 어떠하냐"는 잃어버린 양을 찾은 자의 입장에 서서 주어질 비유의 메시지에 관해 진지하게 숙고하고 그것을 따르라는 요구이다(18.12). 간결한 줄거리의 중심내용은 한 마디로 잃어버린 자의 가치이다. 누가의 비유 이야기를 규정하는 잃어버림의 모티브는 여기에서 순수한 복음의 차원으로 고양된다. 버려진 한 사람의 영혼을 향한 구원의 복음은 참회 행위에 대한 특별한 배려와 기쁨에서 명료하게 인식된다.

비유 이야기의 마지막 절은 누가의 경우와 상당한 차이가 있다. 후세의 편집과정에서 추가된 보완부는 개별저자에 의해 삽입된 것으로 보인다. 마태의 문안에는 메시아 교구의 모든 인원을 목표로 인도하는 하나님의 뜻이 강조된다(18.14).

> *이 작은자 중의 하나라도 잃는 것은 하늘에 계신 너희 아버지의 뜻이 아니니라.*

위의 문장에서 잃어버림의 대상으로 표기된 '작은 자'는 앞에서 이미 두 번이나 사용된 저자의 용어이다(18.6,10). 원래 복수로 사용된 명사는 큰일을 수행하지 못하여 낮게 취급받는 제자들을 가리킨다. 동시에 힘 있는 사람에 의해 멸시 당하는 나약한 자를 지시한다. 비록 한 사람의 '작은 자'라 할지라도 다시 찾아내어 함께 기뻐하는 것이 하나님의 뜻에 부합하는 일이다. 복합문장의 결론부는 누가의 병행문과 근본적으로 일치한다. 회개한 죄인 한 사람의 발견은 하늘에 계신 하나님에게 즐거움을 선사한다.

잃어버린 드라크마의 비유는 전체구조와 내용에서 잃어버린 양의 비유와 유추된다(눅 15.8-10). Luther성서 개역본에는 이야기를 시작하는 첫 절의 서두에 접속사 '혹은'이 삽입되어 있다. 이것은 서로 이어진 연쇄비유

사이의 유사성을 지시한다. 두 비유 이야기에는 잃어버린 것을 되찾은 기쁨의 향유가 중심을 형성한다. 열 개의 드라크마 가운데 잃어버린 하나의 드라크마를 찾은 여인은 100마리의 양 가운데 잃어버린 양 한 마리를 찾은 목자처럼 친구와 이웃 사람을 불러 모아 함께 즐긴다.

세 절로 구성된 단락의 구성에서 원래의 이야기는 처음의 두 절을 포괄한다. 간접화법 형식의 둘째 절은 의문문 형식을 취한 앞 절에 서술된 내용에 대한 결과이다. 마지막 절은 이미 누가 이전에 비유 이야기로 용해된 것으로 보이는 응용이다. 여기에는 죄인 한 사람의 회개가 가져오는 기쁨이 선행비유의 병행문장과 약간 다르게 표현된다(15.10).

이와같이 죄인 한 사람이 회개하면 하나님의 사자들 앞에 기쁨이 되느니라.

위의 복합문장에서 전반의 조건문은 앞의 비유와 일치한다. 이에 비해 후반의 진술문은 수사적 어법을 통해 변화된 형식으로 서술된다. 그러나 지시하는 내용은 거의 동일하다. '하나님의 사자들 앞에 기쁨이 된다'는 것은 하나님이 스스로 기뻐한다는 사실을 뜻한다. 동시에 하나님의 백성이 기쁨에 동참함을 의미한다.

비유 이야기의 제목을 형성하는 드라크마의(drachma) 어원에 해당하는 고대 그리스어 명사 'drakhme'는 원래 한 줌의 무게를 뜻한다. 실제로는 작은 단위의 그리스 은화이다. 여인의 머리장식을 위한 비용에 해당하는 10드라크마는 가난한 가족이 저축한 저금의 액수로 설명되기도 한다. 미미한 액수의 주화를 비유 이야기의 소재로 선정한 것은 그 내용이 가난한 자에게 해당함을 의미한다. 두 번째 비유 이야기는 앞뒤의 사례와 달리

빈곤한 가정을 배경으로 삼고 있다. 이런 의미에서 사회사의 배경에서 해석되기도 한다. 가난한 자는 누가복음의 문맥에서 잃어버린 자의 범위에 속한다.

짤막한 분량의 이야기는 두 부분으로 구성된다. 제1부는 집요한 여인의 찾음을 주제로 삼는다. 제2부는 잃어버린 것을 다시 찾은 여인의 기쁨을 표현한다. 집중된 찾음에 거대한 기쁨이 상응한다. 주인공 여인이 행동하는 주체로 등장하는 것은 중요한 의미를 지닌다. 청중은 자연스럽게 여인의 행동에 동화되고 여인의 기쁨에 동참한다. 한 개의 은화를 찾고 즐거워하는 여인의 모습에는 잃어버린 인간을 찾아내어 몹시 기뻐하는 하나님의 상이 투영되어 있다. 이런 점에서 드라크마의 비유 이야기는 하나님나라의 비유로 이해된다.

비유 이야기의 줄거리 전개에서 주목할 부분은 첫 절의 도입장면이다. 선행비유의 병행 구절에서처럼 부정의문문 형식을 취한 문장은 독자를 특별한 상황으로 안내한다(15.8).

어떤 여자가 ... 등불을 켜고 집을 쓸며 부지런히 찾지 아니하겠느냐.

'어떤 여자'를 주어로 삼은 도전적 의문문에는 작은 크기의 은화 하나를 찾기 위해 열심히 노력하는 주인공의 모습이 눈 앞에 펼쳐진다. 잃어버린 드라크마는 어떤 다른 것으로 대체될 수 없는 소중한 물건이다. 때문에 등불을 환하게 밝히고 방안을 뒤지며 찾는다. 마치 밝은 빛으로 어둠을 비추어 잃어버린 영혼을 발견하는 것과 같다.

이와 같은 비유상은 이탈리아 바로크 화가 Fetti의 유화 〈잃어버린 드

그림27) Fetti, 〈잃어버린 드라크마의 비유〉, 유화, 1618, 44x55cm, Dresden 유화미술관

라크마의 비유〉에(1618) 암시된다. (그림 27) 희미한 색감의 벽면이 배경을 이
룬 화면에는 어두운 방 안에서 등잔의 불빛으로 열심히 은화를 찾는 여인
의 모습이 연출된다. 뒤집혀진 가구와 바닥에 여기저기 흩어진 옷가지는
정신없이 물건을 찾는 행동을 잘 보여준다. 여인의 오른손은 낮은 등잔

위에 기름을 붓고 있다. 등잔의 심지에서 불꽃이 타오른다. 작은 불빛이 비치는 주위의 공간만이 환하게 빛난다.

　아래를 향해 숙여진 여인의 얼굴과 풍성한 겉옷 속에 착용한 흰옷 역시 밝은 광채를 발한다. 이제 곧 어둠 속에 갇혀있던 작은 은화가 눈앞에 드러날 것이다. 다시 찾아진 은화는 옆으로 쓰러진 작은 의자 위에 놓여 있는 9개의 은화보다 높은 가치를 지닌다. 풍성한 겉옷을 착용한 고귀한 자태의 여인은 허리를 깊숙이 굽힌 채 찾는 작업에 열중하고 있다. 이와 같은 모습은 낮은 자세로 세상에 내려온 예수님에 비견된다. 그는 죄의 인간을 구원하기 위해 자신을 희생한 새로운 메시아이다. 여성이 예수님의 대리자로 등장하는 것은 공관복음의 비유 이야기에서 이례적 현상이다. 이런 점에서 드라크마의 비유에는 여성의 지위를 높이는 개혁적 성향이 내포되어 있다.

　일부의 주석가는 잃어버린 드라크마의 비유 대신에 '찾는 여인의 비유'라는 제목을 선호한다. 비유 이야기의 중심이 드라크마가 아니라 잃어버린 은화를 찾는 여인이기 때문이다. 드라크마는 여인에게 소중한 물건이긴 하지만 어디까지나 찾으려는 대상에 불과하다. 이에 비해 여인은 잃어버린 은화를 찾기 위해 전력을 다하는 적극적 행동의 주체이다. 공동의 기쁨을 가져오는 은화의 재발견은 소지자인 여인의 끈질긴 인내에 기인한다. 이처럼 강한 집중력은 오로지 전능한 하나님으로부터 온다. 비유 이야기의 여성 주인공은 잃어버린 영혼의 구원을 기뻐하는 하나님을 대언한다. 이것이 여성을 선구자로 삼은 두 번째 비유 이야기가 갖는 고유의 비유성이다.

2) 잃어버린 아들의 비유
– 생명과 부활의 축제

잃어버린 아들의 비유 이야기는 잃어버림의 비유시리즈를 결산하는 총화이다(눅 15.11~32). 다시 찾아진 자의 회개에서 야기되는 '천국의 기쁨'은 여기에서 정점에 이른다. 잃어버림 3부작의 중심모티브는 이야기의 도중에 두 차례나 지적된다(15.7,10,32). 잃어버린 자, 버려진 자를 위한 구원의 복음은 이후에도 삭개오 이야기의 결구에 분명하게 표현된다(19.10).

인자가 온것은 잃어버린 자를 찾아 구원하려 함이니라.

격언형식의 문장은 관련단락의 결론이며 정점이다. 나아가 누가의 구원론을 대언한다. 구원은 이제 아브라함의 자손 삭개오의 집에 이른다. 다른 유대인처럼 복음을 들을 준비 자세를 갖춘 그는 예수님의 재산처분 명령을 즉시 실행에 옮긴 결단의 주인공이다. 여기에서 세리장 삭개오는 잃어버린 자로 규정된다. 잃어버린 아들의 구원에 관한 복음은 회심한 삭개오의 사건으로 이어진다.

일반적으로 탕자의 비유로 알려진 유명한 비유 이야기는 후세의 영향사에서 여러 관점과 시각에서 해석된다. 가장 지배적 경향은 둘째 아들의 방탕과 회개에 의거한 복음의 메시지이다. 그 중심에는 참된 참회의 고백이 자리하고 있다. 이와 같은 고백은 두 차례에 걸쳐 '내면의 독백' 형식으로 서술된다(15.18~19, 21). 여기에는 '아버지의 아들이라 일컬음을 받을 수 없는' 가차 없는 자기비하의 내면의식이 중요하게 작용한다. 부정적 뉘앙스의 발언은 아들의 포기가 아니라 새로운 실존에서 아들이 되고 싶은 간절한 소망의 표현이다.

둘째 아들과 함께 그와 대조되는 첫째 아들의 태도와 성격에도 무게가 주어진다. 자신의 몫에 해당하는 재산을 물려받고 집을 나간 동생과 달리 충실하게 아버지의 곁을 지킨 그는 도덕적 모범의 인물이다. 일터에서 돌아온 그가 거지의 신세로 돌아온 아들을 위해 기쁨의 잔치를 베푸는 아버지를 원망하는 것은 자연스러운 인간적 감정의 발로이다(15.29).

내가 여러해 아버지를 섬겨 명을 어김이 없거늘 내게는 염소새끼라도 주어 나와 내벗으로 즐기게하신 일이 없더니

언뜻 정당하게 생각되는 맏아들의 발언에는 아버지의 처사를 못마땅하게 생각하는 불륜의식이 저변에 깔려 있다. 비유 이야기는 여기에서 불의의 개념에 관한 새로운 문제를 제기한다. 맏아들의 과오는 아버지의 마음을 헤아리지 못한 데 있다.

버림받은 동생의 구원에 아무런 관심도 없이 자신의 입장만을 내세우는 맏아들의 자태는 구원받은 죄인과 세리와 함께 식사를 나누는 예수님을 심하게 비난한 바리새인의 사고의식과 통한다. 이와 같은 설명은 독자를 자신의 삶의 방식에 관한 깊은 반성으로 유도한다. 그리고 의와 불의의 진정한 의미에 관해 다시 성찰하게 된다. 도덕적으로 올바르게 보이는 맏아들은 사실상 불의의 표상이며, 공정하지 못하게 처리한 것으로 판단되는 아버지는 선과 의의 화신이다. 세상에서 통용되는 기준과 가치를 넘어서는 하나님의 진리를 깨닫는 것이 비유 이야기에서 얻는 귀한 교훈이다.

다른 한편으로 이야기의 서두에 언급된 두 아들보다 아버지의 인물에 초점을 맞추는 해석방향이 주목을 끈다. 두 아들 사이의 긴장을 해소하는 위치에 있는 아버지는 하나님에 대한 비유상이다. 그의 발언과 행동에는 하나님의 성품인 무한한 관용과 절대사랑이 나타나 있다. 아버지의 인간상을 아는 것은 하나님의 본질을 터득하는 것이다. 후세의 성화에는 아버지의 인물이 자주 전면에 부각된다. 집으로 돌아오는 둘째 아들을 전심을 다해 맞이하는 아버지의 모습은 영원한 사랑의 주체인 하나님의 분신이다.

우리는 아래에서 위에 제시한 세 개의 관점 이외의 또 다른 측면에 주의를 돌리려 한다. 그것은 이야기의 종결장면을 구성하는 공동축제의 거행이다. 둘째 아들의 환영행사를 마친 아버지는 집안의 종들에게 '살진 송아지'를 잡아 풍성한 잔치를 마련하라고 지시한다. 줄거리의 진행에서 종결의 전환을 이루는 극적 장면은 전체의 정상이다. 여기에서 이야기의 전개는 하나님나라의 향연으로 이전된다. 부름을 받은 자 모두가 참여하는 축제의 연회는(banquet) 종말의 시점에 이루어질 하나님나라의 모습이다. 이 사실은 혼인잔치 비유 이야기에도 중심을 형성한다. 비유 이야기의 기본특성인 하나님나라의 알레고리는 잃어버림 3부작의 마지막 단계에서 현실의 사건으로 구현된다.

이제 비유 이야기의 내용을 살펴보기로 하자. 연쇄비유의 마지막 사례는 앞의 두 경우와 밀접하게 연관되어 있음에도 불구하고 한 걸음 더 나간다. 이와 같은 사실은 서사이야기를 시작하는 첫 절의 서술에 이미 드러난다(15.11).

또 이르시되 어떤 사람에게 두 아들이 있는데.

서두의 접속문 '또 이르시되'는 새로운 이야기의 시작을 알린다. 즉 일부의 제목에 표기된 대로 '두 아들에 관한 비유'이다. 전체의 구성은 커다란 두 개의 봉우리에 의거한다. 첫째 봉우리는 전체줄거리의 전반을 구성하는 둘째 아들의(15.11–19) 이야기이며, 둘째 봉우리는 줄거리의 후반에 해당하는 맏아들의 이야기이다(15.25–32). 그 사이에 둘째 아들을 열렬히 맞이하는 아버지의 환영장면과 이어지는 축제의 준비가 배치된다. 서로 대조되는 두 아들의 발언과 행동은 이야기의 줄거리에서 병행형식으로 제시된다(15.21,29). 이를 통해 두 주인공 사이의 괴리가 어디에 있는지 분명하게 감지된다.

제1막은 서사구조에서 제시와 위기, 반성의 장면, 종결해소의 세 단계로 전개된다. 이야기의 도입부에 조성된 극적 위기는 둘째 아들의 반성과정을 거쳐 아버지의 환영으로 해소된다. 전환의 계기를 마련하는 진술한 자성은 '내면의 독백' 형식으로 표현된다. '내면의 독백'은 인물의 사고와 의식 속에 일어나는 자기대화 형식이다. 돼지가 먹는 쥐엄열매로 연명하는 극단적 삶의 곤궁에서 뼈저린 자책의 고백이 나온다. 성서에서 불결을 상징하는 돼지와의 동급은 가장 비천한 삶의 방식을 의미한다. 참회자의 고백은 두 차례에 걸쳐 동일한 방식으로 수행된다(15.18,21).

아버지 내가 하늘과 아버지께 죄를 지었사오니.

참회의 순수함은 죄의 고백과 함께 더 이상 아버지의 아들이라 불리울 수 없는 겸손의 인식에서 드러난다. 아버지의 부름으로 시작된 짤막한 발언은 가장 명료한 참회의 표현이다. 여기에서 '나'의 죄를 사하는 하늘은 하나님에 대한 감추어진 표현형식이다. '하늘과 아버지를 향한' 이중형식

고백은 참회의 정도를 강화한다. 방탕한 삶의 현실 속에서 참회의 고백으로 전향한 둘째 아들의 이야기는 아버지의 환영행사와 공동축제의 선언으로 종식된다.

제2막에 해당하는 맏아들 이야기의 배경은 축제의 현장이다. 새로운 단락으로의 이행은 장소의 이동으로 표시된다. 즉 야외의 '밭'에서 집으로 돌아온 맏아들의 등장으로 시작된다. 제1막에 비해 일관되게 진행된 이야기는 제시의 위기와 종결해소의 두 단계로 진행된다. 그 중간에 위치할 반성의 장면은 결여되어 있다. 첫 단계에는 맏아들의 분노와 저항이 강한 어조로 표현된다. 다음 단계에는 이에 대한 아버지의 반론이 제기된다. 두 절에 걸친 아버지의 답변은 이야기의 결말을 규정한다(15.31~32). 아버지와 맏아들 사이의 긴장 상황은 극적 대화형식으로 전개된다. 축제의 기쁨을 정당화하는 아버지의 마지막 발언에서 이제까지의 대립은 종합에 이른다.

상대방의 반응이 유보된 일방적 대화는 미완의 결론으로 볼 수 있다. 그러나 침묵의 종결은 그 자체로 모든 것을 말한다. '어둠'의 자식을 향한 회개의 부름에는 그 어떤 응답이 필요 없다. 맏아들의 비참한 운명은 가족잔치의 동참을 위한 아버지의 권유를 외면하는 종결장면에서 확인된다(15.28). "그가 노하여 들어가고자 하지 아니 하거늘." 음악소리가 안에서 울려 나오는 연회장의 바깥에 분노에 차서 홀로 서 있는 자는 영적 싸움에서 패배한 '어둠'의 자식이다. 그가 처해 있는 암흑의 장소는 배반자 유대가 사라진 '어둠'의 세계와 같은 성질의 것이다(막 13.31). 이 대목은 구원의 복음을 거부한 바리새인의 최후를 암시한다.

전체 줄거리의 포인트는 아버지가 집으로 돌아오는 둘째 아들을 열광적으로 맞이하는 중간부이다(15.20~24). 수사적 문체로 기술된 다섯 절의 단락에는 하나님의 절대사랑이 나타나 있다. 여기에 서술된 아버지의 모습은 자비와 긍휼의 하나님에 대한 반사이다. 오랫동안 집을 나간 아들의 귀환을 고대하던 아버지는 '먼 거리에서' 아들을 향해 달려가 목을 안고 입을 맞춘다(15,20).

> *아직도 거리가 먼데 아버지가 그를 보고 측은히 여겨 달려가 목을*
> *안고 입을 맞추니.*

입맞춤과 포옹의 행위는 아들의 '눈높이'에서 맞이함을 말한다. 극적 부자의 재회에서 적극적 행동을 취한 사람은 완전히 변화된 아들을 '먼저' 알아본 아버지이다. 여기에는 모든 것을 용서하는 하나님의 무한한 사랑과 자비가 나타나 있다.

이탈리아 화가 Batoni의 유화 〈잃어버린 아들의 귀향〉은(1773) 집으로 돌아온 둘째 아들을 힘차게 포옹하는 아버지의 행동에 포커스를 맞추고 있다. (그림 28) 강한 색조의 화면에는 붉은색 모피의 고귀한 망토를 갖추어 입은 무성한 연갈색 턱수염의 아버지가 남루한 아랫도리만 걸친 가련한 젊은 아들을 내려다보며 두 팔로 어깨를 감싸고 있다. 사선으로 이어진 아버지의 얼굴과 아들의 등어리가 밝은 광채를 발한다. 아버지의 풍성한 외투의 안감에 해당하는 흰색 털이 아들의 벌거벗은 상체를 녹여준다. 아직도 애 띤 얼굴의 젊은 아들은 아버지의 품에 얼굴을 파묻은 채 흐느끼고 있다. 마음속 깊은 곳에서 우러나오는 진정한 뉘우침과 참회의 동작이다.

높은 수준의 형상적 표현력을 소유한 화가는 진실된 참회자가 더욱 사랑을 받는다는 비유 이야기의 중심내용을 최고의 질감으로 표현한다. 아

그림28) Batoni 〈잃어버린 아들의 귀향〉, 유화, 1773, 100x138cm,
Wien 미술사 박물관 유화미술관

버지와 아들의 행동은 관찰자에게 벅찬 감동을 불러 일으킨다. 아버지의 내면을 나타내는 섬세하면서도 사실적인 얼굴표정 묘사는 초상화 전문가로 정평있는 화가의 뛰어난 역량을 증거한다. 존귀한 위엄을 갖춘 아버지의 얼굴을 각인하는 자애의 표정은 무한한 사랑의 주체인 하나님의 분신이다. 알레고리 구조에서 설명되는 아버지와 하나님의 동일화는 화가의 손에 의해 시각적으로 구현된다.

본문의 이야기로 돌아가자. 전혀 기대하지 못한 아버지의 놀라운 환대를 받은 아들은 자신이 저지른 잘못을 진정으로 뉘우치는 회개의 고백을 감행한다. 이제 아버지는 잃었던 아들의 신분을 회복시킨다. 한 절의 범위에서 서술된 획기적 선언은 새로운 사건의 탄생을 알린다(15.22).

제일 좋은 옷을 내어다가 입히고 손에 가락지를 끼우고 발에 신을 신기라.

여기에 언급된 모든 선물은 명예와 권위의 상징이다. '가장 좋은 옷'의 제공은 상류층 가족으로의 완전한 소속을 의미하며, 귀한 인장의 반지는 가족으로 행사할 수 있는 법적 권한의 증서이다. 그리고 새로 신은 신발은 종이 아닌 자유인으로 인정받는 표식이다.

다수의 막으로 구성된 이야기의 줄거리에서 서사의 운동은 즐거운 귀향의 축제를 향해 움직인다. 둘째 아들이 극도의 곤궁에 처한 이국타향의 생활을 청산하고 집으로 돌아오는 귀가의 여정은 원래의 상태로의 복귀가 아니라 자기비하를 통한 하강운동이다. 허랑방탕한 아들을 무조건 받아들인 관용의 아버지에 의해 베풀어지는 거대한 환영만찬은 그 목적지이다. 이제까지 기술된 현실상황을 단숨에 폐기하는 전원축제는 실존의 차원에서 은유적으로 해석된다. 다시 말해 잃어진 자를 위한 새로운 삶의 공동체 형성이다. 여기에서 실화에 연원하는 현실의 이야기는 하나 님나라의 알레고리로 이전된다.

독자의 시선을 새로운 지평으로 인도한 종결의 전환은 공식 환영행사를 마친 아버지의 놀라운 선언에서 확인된다(눅 15.23).

그리고 살진 송아지를 끌어다가 잡으라 우리가 먹고 즐기자.

'살진 송아지를 잡는' 것은 유대의 관습에서 풍성한 잔치의 준비이다. 일인칭 복수 명령형 형식의 문장 '우리가 먹고 즐기자'는 만인을 위한 공동 축제의 부름이다. 비극적 사건으로 시작된 한가정의 이야기는 여기에서 클라이맥스에 도달한다. 주변의 모든 사람을 흥겹게 만든 축제의 만찬은 축복받은 종말의 향연을 예시한다. 이야기의 원래 줄거리를 마감하는 한 절의 선언은 잃어버린 아들을 다시 찾은 감격을 새로운 방식으로 표현한다(15.24).

이 내 아들은 죽었다가 다시 살아났으며 내가 잃었다가 다시 얻었노라.

세 연쇄비유의 공통도식인 '잃음'과 '찾음'은 이제 '죽음'과 '다시 살아남'의 관계로 진전된다. 그것은 단순한 '찾음'의 기쁨을 넘어 생명과 부활의 축제에 대한 은유이다. 생명과 부활은 선택받은 자의 영원한 거처를 지시하는 하나님나라를 특징짓는 요소이다. 세 단계로 전개된 잃어버림의 비유시리즈가 지향하는 '천국의 기쁨'은 마지막에 이르러 최고의 상태로 고양된다.

되찾은 아들의 비유 이야기에는 화자인 예수님 자신의 모습이 투영되어 있다. 다시 찾은 아들을 위해 기쁨의 잔치를 베푸는 아버지는 '회개한 죄인'을 위해 식탁의 공동체를 마련하는 예수님과 동일화된다. 어느 경우에나 무한한 사랑과 긍휼이 저변에 자리하고 있다. 다원적 비유 이야기의 진행에서 하나님-아버지-화자는 하나의 차원으로 들어선다. 의미 있는 삼위일체의 형성은 예수님의 말씀으로 기술된 비유 이야기의 성격을 상승시킨다.

이야기의 종결장면에서 거세게 불평하는 첫째 아들을 향한 아버지의 강한 권고는 15장 24절에 제시된 발언의 반복이다. 그러나 이번에는 또 다른 사실이 추가된다(15.32). "우리가 즐거워하고 기뻐하는 것이 마땅하다." 15장 23절에서처럼 '우리'를 주어로 삼은 짤막한 결구는 단순히 즐거움의 당위성을 주장하는 진술이 아니다. 그것은 예수님의 자기이해에 관한 알레고리이다. 예수님은 잃어버린 죄인을 찾아 구원하고 '함께 기뻐하는' 절대사랑의 표본이다. 이야기의 줄거리에 이미 지적된 '천국기쁨'의 향유는 마지막 결구에서 전체의 총화로 다시 한번 강조된다.

3. 청원하는 과부와 불의한 청지기의 비유
– 현실의 사건에서 종말의 하나님나라로

누가복음에는 15개의 고유비유가 등장한다. 그 가운데 서사의 형태를 지닌 비유 이야기는 주로 10장과 19장 사이에 배치되어 있다. 15장을 구성하는 잃어버림의 3부작이 전체의 중간에 위치한다. 일부의 비유 이야기는 저자의 비유 이야기를 각인하는 '잃어버린 자의 구원'으로 용해된다(눅

19.10). 의미 있는 표어는 누가의 구원론을 규정하는 중심범주이다. 여기에서 잃어버린 자는 단순하게 없어진 자, 상실된 자의 범위를 넘어 버려진 자, 약한 자, 소외된 자를 포괄한다.

누가의 비유 이야기에는 일반적 서사비유와 하나님나라의 비유가 명확하게 구분되지 않는다. 극적 소품의 비유 이야기에도 하나님의 나라가 의미 있게 다루어진다. 청원하는 과부와 불의한 청지기의 비유 이야기가 대표적 사례이다. 서로 다른 문맥에 속하는 두 비유 이야기는 주인공의 삶에 관계된 현실의 사건에서 출발한다. 그러나 줄거리의 종반에 이르러 종말의 재림과 하나님나라의 상황으로 이전된다. 이와 같은 종결처리는 하나님나라의 복음이 저자의 중요한 관심사라는 사실을 뒷받침한다.

물질적 재화에 관한 올바른 관념을 서술하는 방대한 복합단락에 도입된 어리석은 부자의 비유 이야기는 매우 인상적인 종말의 경고로 끝난다 (눅 12.16–21). 그것은 실존의 변화를 향한 강력한 요청이다. 예수님은 랍비의 소관인 형제의 유산상속 분쟁에 관한 중재에 관여하는 대신 도전적이고 충격적인 비유 이야기로 이에 대응한다. 여섯 절의 단락에는 거대한 토지소유자인 부유한 농부가 풍성한 소출을 이룩한다. 그는 수확한 곡물을 새로 지은 커다란 곳간에 쌓아두고 평생동안 평안하게 즐기리라고 말한다. 여기에서 특이한 점은 '자신의 영혼'을 향해 선언한다는 사실이다. 이어지는 하나님의 말씀은 이와 같은 행동에 대한 철저한 반박이다(12.20).

어리석은 자여 오늘밤에 네 영혼을 도로 찾으리니 그러면 네 준비한 것이 누구의 것이 되겠느냐.

'어리석은 자'라는 호칭으로 시작된 예리한 물음은 영혼의 즐김을 구가

한 부자의 발언에 대한 완전한 무효화이다. 시간부사 '오늘밤'은 부자가 지적한 '여러 해'에 대한 대립어이다. 죽음이 눈앞에 닥쳐온 긴박한 상태에서 재화의 축적은 아무런 소용이 없다. 예수님은 정당하고 부지런한 경제 행위를 비난하지 않는다. 그러나 부자는 하나님과의 올바른 관계를 형성하는 진정한 부의 획득에 실패하기 쉽다. 중요한 것은 지상의 소유가 아니라 하나님과의 결속에서 이루어지는 영혼의 풍요이다. 종결문의 마지막에는 어리석은 부자의 행위가 '하나님에 대한 부유'의 부재로 지적된다 (12.21).

1) 청원하는 과부의 비유 이야기는 전체문맥에서 앞장의 마지막 단락에 연결되어 있다(눅 18.1-8). 누가복음 17장 20-37절은 바리새인의 질문에 대한 예수님의 답변으로 시작되는 이중담화이다. 비교적 기다란 복합단락은 하나님의 나라가 도래하는 시점에 관한 설명과 '인자의 날'에 대비하는 제자들의 자세에 관한 경고로 구성된다. 인자의 귀환에 관한 예수님 담화에 이어진 비유 이야기는 곤궁과 재앙의 시기에 주님을 따르는 성도가 부단한 기도의 힘으로 모든 난관을 극복하도록 촉구한다.

여덟 절의 단락은 앞뒤의 틀거리와(18.1.6-8) 원래 이야기의 두 부분으로 구성된다(18.2-7). 첫 절은 '항상 기도하고 낙심하지 말라'는 격려의 도입문이다(18.1). 여기에 사용된 그리스어 동사 '낙심하다'는 지치다. 피로해지다. 녹초가 되다를 뜻한다. 중단없는 기도는 힘겨운 현실 생활에 지쳐버린 성도를 질곡에서 벗어나게 하는 힘과 능력을 갖는다. 마지막 세 절은 이야기의 줄거리에서 유도된 종결의 경고이다. 이야기의 서두를 구성한 기도의 주제는 종결문에 다시 다루어진다(18.8). 재림의 상황을 지시하는 반어법 형식의 의문문은 끊임없는 성도의 기도가 진정한 믿음에 근거해야 한다는 사실을 경고한다. 이것이 쉽게 이해되지 않는 비유 이야기의 메시지를 파악하는 핵심이다.

누가는 당시의 사회에서 뒷전으로 밀려난 계층의 인물을 비유 이야기의 주인공으로 내세운다. 여기에는 죄인과 세리와 함께 과부가 포함된다. 과부는(그리스어 'chera') 가부장 중심의 고대사회에서 변두리로 밀려난 계층에 속한다. 그러나 누가복음에는 예수님의 특별한 관심을 받는 대상이다. 누가는 나인성의 과부 어머니가 겪는 고통을 '불쌍하게 여겨' 그의 아들을 죽음에서 소생시킨다(7.11-17). 그리고 부자의 기부금에 비해 상대적으로 미미한 과부의 헌금인 '두 렙돈에(lepton)' 높은 가치를 부여한다(21.1-4). 렙돈은 후기고대에 사용된 가장 작은 단위의 동전으로 100/1 드라크마에 해당한다.

두 절의 범위에서 서술된 이야기의 서두는 문학적 서사구조를 보인다 (18.2-3). 어떤 도시에 사는 한 과부가 이방의 재판관을 찾아가 자신의 원한을 풀어달라고 청원한다. 이와 같은 상황설정에는 사회사의 요소가 내재되어 있다. 당시의 유대사회에서 과부는 연약한 자, 가난한 자의 상징이며, 재판관은 권력을 소유한 부유한 상류층 계급에 속한다. 국가로부터 막강한 법적 판결의 권한을 위임받은 재판관은 부정한 뇌물의 취득으로 호화로운 생활을 영위한다. 완전히 상이한 두 계층에 속하는 두 인물의 상호대결은 당연히 심한 갈등과 충돌을 초래한다. 그러나 이야기의 진행은 긴장의 국면을 거쳐 원만한 해소의 장면으로 귀결된다.

비유 이야기 읽기의 힌트는 단락 전체에 네 차례나 반복된 도식적 문장 '원한을 풀어 주리라'에서 찾아진다(18.3,5,7,8). 이와 같은 서술방식은 억울한 문제의 해결에 관한 소청이 결국 이루어지리라는 사실을 암시한다. 그것은 과부의 끈질긴 청원이 정당성에 근거하기 때문이다. 불의에 대비되는 정당성은 좋은 결과를 가져오는 동인이다. 불의한 재판관이 한동안 과부의 청원을 거절한 것은 가난한 여인으로부터 뇌물을 받을 가능성이 없기 때문인 것으로 보인다.

그러나 오랫동안 거부 의사를 표명하던 재판관은 놀랍게도 자신의 생각을 바꾸기에 이른다. 그 이유는 과부가 자신의 마음을 '번거롭게 하기' 때문이다(18.5). 우리 말 성경에 '번거롭게 하다'로 번역된 타동사는 원래 '부끄럽게 하다', '자책하게 만들다'를 의미한다. 다시 말해 정당한 청원을 회피하는 자괴의 감정을 의미한다. 평소에 하나님과 인간 앞에서 자만에 차 있던 재판관은 마침내 과부의 집요한 행동 앞에 굴복한다. 이것은 이제까지 서술된 내용의 전환을 의미한다. 정당한 청원을 관철하기 위해 마지막까지 버틴 감내의 능력은 자기 확신으로 무장된 재판관의 마음을 움직이는 결과를 가져온다.

단락의 종반에는 다른 비유사례와 달리 주님이 등장하여 발생한 사건의 의미를 직접 설명한다. 주님은 변화된 재판관의 말을 들으라고 지적하며 중요한 사실을 천명한다(18.7).

하물며 하나님께서 그 밤낮 부르짖는 택하신 자들의 원한을 풀어주지 아니 하시겠느냐 그들에게 오래 참으시겠느냐.

특별한 대비의 수사법을 구사한 복합의문문 형식의 문장은 전체줄거리의 잠정결론이다. 긍정으로의 전환을 예시하는 강조의 접속부사 '하물며'로 시작된 전반부에는 '작은 것에서 큰 것으로'(a minori ad maius) 나가는 상승의 척도가 제시되어 있다. 불의한 재판관이 보잘 것 없는 과부의 졸라댐에 생각이 달라진다면 -이보다 더욱 강하게- 의로운 하나님은 선택받은 자가 '밤낮으로' 부르짖는 청원에 귀를 기울이지 않겠는가! 불의에 항거하는 단호한 외침을 통해 과부는 믿는 자의 모범이 된다.

선행문장에 비해 간결하게 서술된 후반의 문장 '그들에게 오래 참으시겠느냐'는 표현의 함축성으로 인해 정확한 의미를 가늠하기 힘들다. 그러나 분명한 것은 하나님이 자신이 선택한 자의 상실된 권리를 되찾아준다는 사실이다. 우리말 성경에 생략된 시간부사 '속히'는 권리의 회복이 곧 이루어진다는 사실을 지시한다. 그러나 복합적 비유 이야기의 운동은 낙관적 결말로 끝나지 않는다. 이어지는 종결문은 놀랍게도 앞 절에 대한 완전한 역전이다(18,8).

그러나 인자가 올때에 세상에서 믿음을 보겠느냐 하시니라.

도전적 반문의 의문문을 시작하는 접속부사 '그러나'는 앞 절의 내용을 다른 차원에서 부인한다. 어려운 송사의 해결로 정점에 이른 것처럼 보이는 극적 줄거리는 마지막에 이르러 인자의 재림을 지시하는 종말의 상황으로 넘어간다. 여기에 등장하는 재림의 모티브는 선행단락에 여러 차례에 걸쳐 지적된 '인자의 날'에 연결된다(17,22,24,30).

특별한 수사형식으로 비유 이야기의 줄거리에 마침표를 찍은 특별한 발언의 의미는 다음과 같이 정리된다. 인자가 다시 오게 될 마지막 때에 훌륭한 믿음을 가진 성도를 '세상에서' 찾는 것은 어려운 일이다. 종말적 재앙의 시기에도 확고한 믿음의 토대가 없이 헛된 기도만 반복하는 기독교인이 너무 많다. 청중의 폐부를 찌르는 예리한 경고는 이야기의 서두에 지적된 부단한 기도의 요청으로 돌아간다. 그러나 이번에는 끊임없는 기도에 전제되어야 할 진실된 믿음이 강조된다.

2) 불의한 청지기의 비유 이야기는 공관복음의 비유가운데 가장 난해

한 예에 속한다(눅 16.1~13). 두 부분으로 구성된 열세 절의 단락에는 서로 상치되는 내용이 공존한다. 이와 같은 현상은 상이하거나 때로는 모순된 해석을 가져오는 동인이 된다. 이야기 전체의 이해에서 유의해야 할 부분은 특별한 지혜의 행위와 '불의한 재물'의 사용이다. 두 요소는 화자의 진정한 의도를 파악하는 관건이다. 주인의 재산에 이중손해를 끼친 불성실한 청지기는 오히려 주인으로부터 칭찬을 받는다. 뿐만 아니라 그의 행동처럼 '불의한 재물로 친구를 사귀라'고 요구된다. 일반적 도덕기준에 어긋나는 이와 같은 판결에서 중요한 점은 기만행위의 정당화가 아니라 다른 사람에게 찾아보기 어려운 현명함의 가치이다.

불의한 청지기의 비유에는 사회적 윤리와 인간적 지혜 사이의 관계가 주된 쟁점이다. 여기에서 지혜의 개념은 일차적으로 현실적 삶의 능력에 관계된다. 그러나 이야기의 종반에서 종말의 차원으로 넘어간다. 하나님 나라의 다가옴을 인식한 자는 자신에게 주어진 시간을 유익하게 활용한다. 이야기의 전개에서 청중을 당황하게 만드는 대목은 정직하지 못한 청지기의 처신에 대한 주인의 칭찬이다(눅 16.8). 여기에서 이해하기 힘든 칭찬의 근거가 된 것은 비범한 '지혜의 계획'이다. 청지기의 행동은 보통사람이 소유하기 어려운 특출한 재능을 보여준다. 비록 '불의한 재물'이라도 잘 사용하면 어려운 타인에게 유익을 가져다 준다. 그 결과 '영원한 처소', 즉 하나님나라에 들어가는 은총을 입는다.

청지기의 특별한 행동방식은 그 자체로 주인에 의해 긍정적으로 평가되지 않는다. 그의 부정직한 처사에 관해서는 본문에 명시되어 있다(16.8). 그럼에도 불구하고 청지기의 처사는 모범적으로 평가된다. 그의 사고와 행동에는 다른 사람에게서 발견할 수 없는 고유의 장점이 있기 때문이다. 그것은 특히 주님의 재림을 기다리는 위기의 시기에 더욱 요구되는 덕목이다. 하나님의 청지기인 제자들은 자신의 소유를 보다 신중하게 관리하도록 촉구된다. 그들은 인간을 유혹하는 속성으로 인해 부정한 것으로 여겨지는 재물을 지혜롭게 활용함으로써 진전한 공동체 형성에 이바지하여야 한다. 여기에서 비유 이야기는 복음전파의 성격을 지닌다.

독립된 형태의 서사이야기는 단락이 끝나는 연결고리가 불분명하다. 원래의 비유 이야기에(16,1-9) 이어진 짤막한 후속부는(16,10-13) 이제까지 서술된 내용과 본질적으로 구분된다. 그러나 앞단락에 다루어진 재물의 관념에 연결되어 있다. 따라서 보다 넓은 전체문맥에서 읽는 것이 바람직하다. 지혜로운 재물의 활용과 불의한 재물과의 긴밀한 접촉은 다가오는 재림의 시기에 대비하여 제자들에게 요구되는 행위이다. 그러나 이와 같은 경고는 재물 자체의 가치를 높이 평가하는 것이 아니다. 돈과 재물은 인간이 세상에서 살아가기 위해 필요한 요소이다. 그러나 결코 하나님의 자리를 대신할 수 없다.

제자들을 향한 귀중한 비유담화는 어떤 부자와 그에게 소속된 청지기의 관계에 관한 이야기이다. 청지기에 해당하는 그리스어 명사 'oikono-mos'는 'oikos'와(집) 'nomos'가(율법) 합쳐진 합성어이다. 따라서 이스라엘 백성의 의미가 내포되어 있다. 청지기는 고대 유대사회에서 주인의 재산을 관리하고 재정상태의 내역을 알 수 있는 장부의 기록을 책임맡은 신뢰할 만한 봉사자이다. 따라서 주인의 지시에 무조건 따라야 하는 종이나 노예와 구분된다. 이와 같은 사실은 청지기의 독자적 행동을 이해하는 단서가 된다. 이야기의 도입부에는 청지기가 주인의 소유를 '낭비하였다는' 고발이 주인에게 접수된다(16,1). 이로 인해 청지기는 갑자기 해고될 위기에 처한다.

여기에 사용된 동사 '낭비하다'는 '횡령하다'라기 보다 '헛되게 소비하다'에 가깝다. 다행히 청지기는 주인의 심문에서 마지막 결산을 위한 시간을 벌게 된다. 그는 혼자서 '땅을 팔 수 없고 빌어먹을 수도 없음을' 고백하며 앞날의 생계를 몹시 걱정한다(16.3). 그러던 끝에 스스로 할 수 있는 한 가지 묘수를 생각해 낸다. 그것은 직분을 빼앗긴 이후 사람들이 자신을 집으로 맞이할 수 있는 적절한 방법이다. 청지기는 주인에게 빚진 자들을 불러모아 한 사람씩 빚진 금액에 관해 물어본다. 그리고 그들의 채무증서에 원래의 빚보다 낮은 금액을 기재하도록 유도한다. 삶의 위기에 처한 청지기는 자신에게 남아 있는 유일한 권한으로 가련한 채무자의 빚을 탕감해준 것이다.

청지기가 취한 파격적 조처는 채권자 주인에게 두 겹의 손실을 입힌 부적절한 행동이다. 따라서 비난을 받아 마땅하다. 그러나 이에 대한 반응은 일반적 기대와 반대 방향으로 나타난다. 놀랍게도 주인은 청지기가 일을 '지혜롭게' 처리하였다고 칭찬한다(16.8).

주인이 이 옳지 않은 청지기가 일을 지혜있게 하였으므로 칭찬하였으니.

이야기의 종결장면에 해당하는 위의 문장은 독자에게 심한 소외감을 불러일으킨다. 정직하지 못한 청지기의 처사가 어찌하여 지혜로운 일이 되는가? 매우 까다로운 질문의 성찰에서 중요한 점은 지상적 도덕의 잣대를 초월하는 다른 차원의 가치이다. 이와 같은 사실은 마태의 포도원 일꾼의 비유에도 동일하게 적용된다. 여기에서 짧은 시간동안 일한 노동자에게 긴 시간에 걸쳐 일한 노동자와 같은 액수의 임금을 지불하는 것은 사회적 관례와 법도에 어긋나는 일이다. 그러나 하나님이 주관하는 하나님의 나라에는 지상의 세계와 다른 원리가 통용된다.

그러면 일반적 기대를 분쇄하는 주인의 칭찬은 어디에서 오는 것일까? 이에 대한 대답은 주인이 지닌 특별한 성품에서 찾아진다. 자신의 관리자에게 마지막 결산의 기회를 부여한 주인의 관심사는 보통 생각하는 것처럼 고용된 자의 정직함이나 그의 능력에 의한 이윤의 추구에 있지 않다. 주인이 청지기의 행동에서 높이 평가한 것은 자신의 미래를 개척하는 적극적 삶의 지혜이다. 현명한 청지기는 삶의 위기 가운데에서 앞날을 준비하였을 뿐만 아니라 과감한 빚의 탕감으로 오히려 주인의 마음을 기쁘게 만든다.

청지기가 독단적으로 실행한 의외의 조처는 채권자 주인을 선한 인간으로 만드는 결과를 가져온다. 경제적으로 어려운 당시의 사회에서 가난한 사람에게 돈을 빌려주고 그 대가로 높은 이윤을 취하는 것은 도덕적으로 지탄받는 일이다. 지혜로운 청지기는 주인의 참뜻이 어디에 있는지 잘 파악하고 있다. 이것은 주님의 오심을 기다리는 마지막 시기에 충실한 종에게 요구되는 자질이다. 지혜로운 청지기는 마지막으로 주인의 관용과 자비에 모든 것을 맡긴다. 이로 인해 하나님의 나라에 영접되는 은총을 얻는다. 이것이 쉽게 이해되지 않는 비유 이야기가 전하는 마지막 메시지이다.

미래를 준비하는 능력은 하나님의 나라를 소망하는 제자에게 요구되는 필수요건이다. 16장 8절의 선행문에는 다음과 같은 후속의 보완문장이 따른다(16.8).

이 세대의 아들들이 자기 세대에 있어서는 빛의 아들들 보다 더 지혜로움 이니라.

위의 문장은 주인의 칭찬을 위한 근거가 된 지혜의 성격을 제시하는 부분이다. 경구형식을 취한 선언은 '빛의 아들'과 '이 세대의' 아들을 역설의 어법으로 대비한다. 명사구 '빛의 아들'은 하나님을 믿는 신자를, '이 세대의' 아들은 지상의 삶에서 무엇을 소유하는 세상의 아들을 가리킨다. 언뜻 오해를 자아낼 수 있는 문장에는 제한된 의식과 관념에 사로잡힌 성도의 삶에 대한 경고가 담겨 있다. 미래를 준비하는 생활의 지혜에는 '자기들끼리' 살아가는 이방인이 율법의 족쇄에 묶여있는 기독교인보다 우위에 위치하는 경우가 적지 않다.

아홉 절에 걸친 단락의 결구는 이제까지의 내용과 상당한 거리가 있어 보인다. 그러나 청지기가 지혜롭게 처리한 재물의 관리에 연결되어 있다 (16,9).

불의의 재물로 친구를 사귀라. 그리하면 그 재물이 없어질 때에 그들이 너희를 영주할 처소로 인도하리라.

위의 구절은 이야기 전체에서 가장 이해하기 힘든 대목이다. 그러나 원래의 메시지를 지시하는 결정적 대목이다. 서로 연결된 두 문장은 명령문과 그 결과를 나타내는 진술문으로 구성되어 있다. 앞의 문장에 등장하는 '불의한 재물'은 구약과 신약사이의 유대문학에 사용된 용어이다. 비도덕적으로 취득한 부를 지시하는 전승의 명사구가 신약성서로 이입된다.

문학적으로 표현된 선행문의 서술부 '친구의 사귐'은 단순히 가까운 접촉을 넘어 유익한 공동체를 형성함을 의미한다. 뒤의 문장에서 중요한 점은 '영주할 처소'와 '재물이 없어질 때에'의 관계이다. 불의한 재물과 친밀하게 교류한 자는 그 재물이 더 이상 필요 없을 마지막 때에 '영원한 처소', 즉 하나님의 나라로 들어간다. 형용사 '영원한'은 지상의 한계를 넘어서는 지속적 가치를 지시한다. 부자와 청지기의 갈등에서 출발한 비유 이야기는 마지막에 이르러 종말의 알레고리로 이전된다.

'불의한 재물'과의 긴밀한 접촉은 단지 예수님의 제자에게만 해당되는 것이 아니라 우리 모두에게 통용된다. 기독교인은 하나님의 재물을 위임 맡은 청지기이다. 그에게 속한 재물은 자신의 소유가 아니라 만물의 주인인 하나님에 의해 맡겨진 것이다. 따라서 하나님의 뜻에 합당하게 사용되어야 한다. 이것이 '불의한 재물'로 친구를 사귄 자가 하나님의 나라에 들어간다는 의미이다. 자칫 오해를 초래할 수 있는 비유명령문 '재물로 친구를 사귀라'는 청지기의 직분을 위임받은 충성된 종이 세상에서 재물을 어떻게 관리하여야 하는가를 가르친다.

원래의 줄거리에 이어진 네 절의 보충부는 두 부분으로 구성된다(16.10-13). 앞의 세 절은 가장 작은 것의 충성에 관한 짧은 담화이다. 가장 작은 것의 충성에 주어지는 보상은 열므나와 달란트의 비유 이야기에도 착하고 충성된 종의 행위와 연관하여 언급된다(마 25.23, 눅 19.17). 뒤의 한 절은 재물의 충성에서 유도된 결론이다. 세 절의 담화는 다음과 같이 고쳐 쓸 수 있다. '미미한 금액을 다루는 방식에서 많은 금액을 맡길 수 있는지 알 수 있다. 위임된 재물을 조심스럽게 관리하지 않는 사람에게 책임을 져야 할 커다란 소유를 제공할 수 없다.'

비유 이야기 전체를 마감하는 한 절의 결구는 다음과 같은 선언이다 (16.13).

집 하인이 두 주인을 섬길 수 없나니 혹 이를 미워하고 저를 사랑하거나 혹 이를 중히 여기고 저를 경히 여길 것임이니라. 너희는

하나님과 재물을 겸하여 섬길수 없느니라.

두 부분으로 구성된 기다란 복합문장은 주인을 향한 종의 역할과 그에 따른 결과의 진술이다. 집의 하인이 두 주인을 섬길 수 없는 것은 미움과 사랑, 존중과 경멸이 양립할 수 없기 때문이다. 이인칭 복수대명사 '너희'를 주어로 삼은 강한 경고는 하나님과 재물의 두 주인을 섬기는 것이 불가능함을 천명한다. 종은 절대적으로 한 주인에게 소속된다. 하나님은 자신의 자녀에게 완전한 봉사를 요구한다. 하나님의 자녀가 재물의 위력에 빠져들면 자신이 섬겨야 할 하나님을 잃게 된다.

이미 세 차례에 걸쳐 언급된 명사 재물은 여기에서 하나님과의 관계에서 새로이 서술된다. 신약성서에 재물로 번역된 명사 맘몬은 아람어 'ma-mona'에(라틴어 'mammona') 연원한다. 즉 돈, 물질의 부, 나아가 부를 약속하는 기본요소를 뜻한다. 여기에는 이득을 향한 탐욕의 추구라는 부정적 의미가 들어 있다. 중세에는 맘몬이 악한 마성이나 신으로 인칭화된다. 마지막 결론에 해당하는 간결한 문장의 동사 '섬기다'는 사랑하다의 의미를 포함한다. 즉 사랑의 심정으로 받듦을 뜻한다. 격언형식에 근거하는 종결의 경고는(peroratio) 재물과 하나님의 양자택일에 대한 강한 결단의 요청이다. 완전히 상이한 두 요소를 중재하는 제3의 종합은 존재하지 않는다. 흥미롭게도 동일한 경고가 마태의 산상수훈 정상에 해당하는 하늘보화의 담화에 발견된다(마 6.24).

한 사람이 두 주인을 섬기지 못할 것이니 혹 이를 미워하고 저를 사랑하거나 혹 이를 중히 여기고 저를 경히 여김이라. 너희가 하나님과 재물을 겸하여 섬기지 못하느니라.

누가의 결구는 마태의 문안과 정확히 일치한다. 두 저자는 공통전거 Q 말씀에서 취한 구절을 각기의 문맥에 맞게 활용하고 있다. 후세에 자주 인용되는 유명한 경구는 다음과 같이 정리된다. 하나님을 따르는 기독교 인은 지상의 생활에서 순간의 부를 가져오는 재물이 아니라 영원한 가치 를 지닌 하늘의 보화를 추구해야 한다.

4. 거대한 혼인잔치와 포도원 일꾼의 비유
- 소외된 자에게 선포된 비유의 복음

거대한 혼인잔치와 포도원 일꾼의 비유 이야기는 상이한 문맥에 속하 는 비유사례이다. 그러나 하나님나라의 상황과 특성을 알레고리 형식을 통해 지시한다는 점에서 공통된다. 특히 비유 이야기의 중요한 메시지인 비유복음의 선포에서 일치한다. 여기에서 구원의 복음이 주어지는 대상은 사회에서 뒷전으로 밀려난 소외된 자이다. 두 비유 이야기에서 추가로 초 대받은 가난한 자와 포도원에 나중에 부름받은 자는 모두 보잘 것 없는 하층계급에 속한다. 후자의 경우에는 경제적 곤궁의 시기에 일자리를 구 하지 못한 실직자가 구원의 대상이 된다.

마태와 누가의 공통기사에 속하는 혼인잔치의 비유에는 두 비유 이야 기가 하나의 통일을 향해 서로 용해된다. 동일한 소재에 의거하는 두 이 야기는 적지 않은 구문이 서로 일치한다. 이것은 Q비유의 존재를 가정하 게 한다. 그러나 전체의 구성과 세부묘사에는 상당한 차이가 발견된다. 이와 같은 상치현상은 후세에 수행된 편집의 결과이다. 추후에 보완된 부 분은 이야기의 변수이며, 동일구조의 기본골격은 변하지 않는 상수이다. 개별저자에 의해 생성된 변수의 정점은 마지막 에피소드이다. 마태의 종결장면은 새로운 형태의 후속이야기이며(마 21.11-13), 누가가 추가로 삽입한 마지막 절은 화자 자신에 의한 별도의 선언이다(눅 4.24).

개별비유를 마감하는 두 대목은 단락전체의 이해에서 중요한 위치에 있다. 여기에는 초대교구의 선교경험이 반영되어 있다. 다시 말해 비유의 복음에 관한 알레고리 응용이다. 영향사 해석에서 중요하게 다루어지는 알레고리 응용은 병행하는 두 비유 이야기의 의미를 파악하는 마지막 범주이다. 여기에는 천국복음을 거부한 자와 진정한 믿음이 결여된 형식적 기독교인에 대한 강한 경고가 표현된다. 이와 같은 경고는 오늘을 사는 현대 기독교인에게 더욱 절실하게 다가온다.

결혼예식은 성서에서 주로 메시아 축제에 대한 은유로 통한다. 금식에 관한 바리새인과의 논쟁에는 결혼식이 새시대에 주어지는 구원의 행사를, 신랑은 메시아를 지시한다(마 2.19). 즐거운 향연의 의미를 포함하는 모티브는 마태와 누가에 의해 하나님나라의 성격과 상황을 지시하는 적절한 중재요소로 활용된다. 거대한 혼인잔치의 초대는 만인을 위한 하나님나라의 부름을 의미한다. 따라서 신성한 예식에 초대받는 은혜를 입은 사람은 준비된 마음으로 주인의 초대에 따라야 한다. 이와 같은 사실은 Q비유에 속하는 이야기의 줄거리에 전제되어 있다.

1) 거대한 식사에 관한 누가의 비유 이야기는 바리새인 집의 식사자리에 주어진 기다란 담화에 연결되어 있다(눅 14.16-24). 끝자리의 위치를 강조하는 선행단락의 마지막에 지적된 '의인의 부활'은(14.14) 좌중의 한 사람으로 하여금 기대에 찬 천국의 잔치에 시선을 돌리게 한다. 그는 하나님의 나라에서 베풀어질 공동식사의 참여를 의심하지 않은 것으로 보인다(14.15). "무릇 하나님의 나라에서 떡을 먹는 자는 복되도다." 이어지는 비유 이야기는 이와 같은 성급한 자기확신의 자세를 바로잡기 위해 도입된다.

성서의 선호모티브인 혼인잔치를 소재로 삼은 비유 이야기는 기본골격에서 마태의 병행문안과 거의 동일하다. 두 문서에 공통된 내용은 다음과 같이 요약된다.

"어떤 사람이 아들의 혼인잔치를 베풀며 종을 보내어 손님들을 초대한다. 그러나 그들은 모두 개인사정을 이유로 호의에 찬 초청을 거절한다. 몹시 화가 난 초대자는 또 다른 종을 보내어 '길가'에 있는 다른 사람들을 모두 데려오라고 지시한다. 이번에는 부름받은 사람들이 이전의 경우와 달리 귀한 초청에 흔쾌히 응한다. 그 결과 준비된 축제는 성공적으로 개최된다."

아홉 절의 단락은 준비된 식사의 초청과 거절, 분노한 주최자에 의한 두 차례의 초청, 종결의 경고의 세 부분으로 구성된다. 화자는 줄거리의 전개에서 두 부류의 손님, 즉 초대를 거부한 자와 초대를 받아들인 '대체손님'의 대립을 강화한다. '먼저 초대받은 사람들'은 세상일에 얽매여 살아가는 인간의 상징적 대리자이다. 그들은 두 번째 초청대상인 가난한 자와 달리 사회의 부유층 계급에 속한다. 서로 대조되는 두 인간집단의 설정은 줄거리의 운동에 긴장을 고조시킨다.

하나님의 호의와 배려를 물리친 자에 대해서는 가차 없는 형벌이 주어지는 반면 귀한 초청에 기꺼이 응한 자에게는 즐거운 축제의 자리에 앉는 권리가 주어진다. 두 집단의 첨예한 대비는 복음의 수용과 거절에 대한 알레고리이다. 하나님나라의 복음을 받아들이지 않은 자에 대한 엄중한 형벌은 이야기의 결구를 규정한다(14,24).

내가 너희에게 말하노니 그 사람들은 하나도 내 잔치를 맛보지
못하리라.

예수님 자신의 말씀으로 서술된 문장은 하나님나라 복음의 거부에 대한 종국적 선언이다. 하나님의 나라에서 베풀어지는 종말의 향연에 참여하는 데에는 때늦은 후회가 통하지 않는다. 이 중요한 사실은 마태의 열처녀 비유 이야기에도 동일하게 지적된다(마 25.12). 예수님의 실존 앞에 놓여 있는 '지금'이 준비된 잔치에 참여하는 시점이다. 만인을 위한 축제의 주최자에 의한 초대의 부름은 다시는 주어지지 않는다. 이야기의 화자는 종말과 재림에 대비하는 현재의 결단에 주의를 환기시키고 있다.

누가의 버전에서 마태의 경우와 뚜렷한 차이를 보이는 부분은 두 번째 초청의 대상으로 지목된 가난한 자와 장애자이다(눅 14.21). 그들은 성문 밖에서 불려온 이방인과 함께 '하나님의 집'을 채우는 귀중한 기회를 얻는다. 유대인이 아닌 외부의 이방인이 하나님의 나라에 들어가기 위해서는 '강권의' 부름이 필수적이다(14.23). 복합명사 '하나님의 집'은 초청의 주체가 하나님이라는 사실을 명료하게 보여준다. 가난한 자와 장애자를 위한 구원의 은총은 예수님이 직접 선포한 비유의 복음을 상기시킨다(눅 7.22).

마태의 혼인잔치 비유 이야기는 선행단락인 악한 포도원 소작인의 비유 이야기에 연결되어 있다(마 22.1-14). 세 복음가의 공통비유에 속하는 비유 이야기를 마감하는 종결장면에는 대제사장과 바리새인이 예수님의 비유 이야기에 등장하는 악한 소작인이 자신들을 가리키는 줄 알고 예수님을 체포하려 생각하나 '무리를 무서워 하였'고 지적된다(21.45-46). 다시금 주어지는 비유 이야기는 이와 같은 상황에 대한 반응이다. 즉 진정한 구원에 도달할 수 없는 왜곡된 종교집단에 대한 강한 경고이다.

비유 이야기에 제시된 인물의 캐릭터 설정은 알레고리 도식에 의거한다. 자신의 아들을 위해 혼인예식을 베푸는 왕은 하나님, 왕의 아들은 예수님이다. 왕에 의해 파견된 종은 악한 포도원 소작인의 비유에서처럼 예언자로 나타난다(21.34-36). 결혼식 주최자에 의해 초청받은 두 그룹의 사람들, 즉 먼저 초대된 손님과 나중에 부름받은 손님은 줄거리의 전개에서 첨예하게 대조된다. 먼저 초대된 손님은 예수님을 모함하는 바리새인을 지칭하는 것으로 해석되기도 한다.

비유 이야기의 구성은 서사이야기의 기본구도, 즉 상황, 위기, 해소의 3단계 도식에 의거한다. 3원적 도식은 여기에서 종의 파견을 통한 결혼식 초청(22.2-4), 초대된 손님들의 무례한 반응(22.5-6), 이에 대한 주최자의 심판으로 정리된다(22.7-10). 서로 연결된 세 장면은 모두 객관적 보고와 이어지는 대화의 두 부분으로 나누어진다. 이와 같은 이중구성 방식은 혼인잔치 비유 이야기 고유의 작법이다. 초대자 자신의 입장은 파견된 종을 통해 직접화법 형식으로 전달된다. 이야기의 주체가 줄거리 진행과정에서 연속하여 등장하는 것은 청중과의 직접적 소통을 겨냥한다.

이야기의 원래 줄거리는 혼인잔치의 초대에서 시작하여 초대의 거절을 거쳐 파견된 종을 모욕하고 죽인 살인자들을 진멸하는 참혹한 사건으로 종식된다. 하나님에 의해 파견된 종을 죽이는 것은 메시아 살해에 대한 비유이다. 이야기의 서두를 구성하는 왕의 초대와 이에 대한 부정적 반응에서 중요한 사실은 '모든 것을 갖춘 철저한 준비'이다(22.4). 이것은 초청의 부름이 다시는 없을 것임을 의미한다. 바로 '지금'이 귀중한 초대에 응할 시간이다. 부름받은 시간을 놓친 결과는 초대자의 분노에 의거한 가혹한 형벌의 집행으로 나타난다.

혼인예식의 초대자는 '청한 사람들은 합당하지 않다'고 말하면서(22.8) 다시금 종들을 보내 '길가'에서 만나는 사람대로 데려오라고 지시한다. 그들이 나아가 선한 자와 악한 자를 가릴 것 없이 모두 불러오니 예식장은 수많은 손님들로 '가득 찬다'(22.10).

혼인잔치에 손님들이 가득한지라.

짤막한 진술문은 축제예식의 성공적 출발을 선포한다. 거대한 '즐거움의 피날레'는 현실세계에서 이루어지기 어려운 거대한 변용의 사건이다. 다시 말해 다가올 하나님나라의 향연에 대한 환호의 예시이다. 비유 이야기의 흐름을 인도하는 '서사의 경사'는 여기에서 목표에 도달한다. 이와함께 극적, 역동적 연쇄장면의 진행도 잠정적으로 종식된다.

네 절의 후속단락은 새로운 형태의 비유 이야기이다(22.11-14). 누가의 문안에 없는 에피소드의 삽입은 다소 의아하게 여겨진다. 선행하는 문장에서 이야기의 내용은 실제로 마감되기 때문이다. 추후의 편집과정에서 이루어진 보완작업은 특별한 사유가 있다. 그것은 혹시 일어날지도 모를 청중의 오해를 불식하기 위함이다. 악한 자와 선한 자를 포함한 모든 손님의 초대는 구원받은 자의 범위에 아무런 제한이 없다는 사실로 비쳐질 수 있다. 그러나 여기에는 존엄의 품성과 회개의 행위라는 전제조건이 있다. 예복의 착용이라는 특별한 모티브는 이 사실을 분명하게 설명하기 위하여 도입된다.

결혼예식의 초대자는 축제현장에서 예복을 갖추어 입지 않은 하객 한 명을 발견한다. 그리고 "친구여 어찌하여 예복을 입지 않고 여기 들어왔느냐"고 물어본다(22.12). 도전적 성격의 의문문을 시작하는 호격 명사 '친구여'는 상대방의 행동을 꾸짖을 때 사용하는 호칭이다. 여기에서 꾸짖음의 원인으로 지목된 예복은 원래 신랑과 신부의 옷이다. 즉 초대받은 손님에게 해당되는 대상이 아니다. 겉으로 모순된 발언은 주최자가 부름받은 사람이 혼인예식의 주인공처럼 진실된 마음으로 축제에 참여하기를 원한다는 사실을 지시한다.

예복을 입지 않은 손님이 왕의 물음에 대해 아무런 답변을 내어놓지 못한 것은 자신의 잘못을 시인하는 태도이다. 그는 자신이 올바르지 못한 자세로 예식장의 자리를 채우고 있는 불의한 자라는 사실을 알고 있다. 그러나 때늦은 자각은 아무런 도움이 되지 못한다. 예식장을 가득 메운 손님들로 즐거움이 넘치는 결혼예식 이야기는 심판을 동반하는 종말의 향연으로 귀결된다. 이와 같은 종결의 전환은 전승된 묵시비유의 현재적 실현이라 할 수 있다. 종말의 시점에 연결된 묵시비유는 하나님나라의 비유 이야기에서 중요한 자리를 차지한다.

이어지는 문장에는 극도로 비참한 장면이 제시된다. 여기에서 왕의 명령을 받은 '사환'은 예언자가 아니라 심판의 천사이다. 그는 예복을 입지 않은 자의 손발을 묶어 '바깥 어두운 데에' 내던진다. '울며 이를 가는 것'은 지옥의 형벌에 처해진 자가 천국에 있는 자를 바라보며 원통해 하는 상태를 가리키는 표현도식이다(22.13). 세 절의 범위에 제한된 일화는 다음과 같은 문장으로 종식된다(22.14).

청함을 받은 자는 많되 택함을 입은 자는 적으니라.

종말적 심판의 상황을 예시하는 경구형식의 선언은 이야기의 수신자에게 보내는 특별한 경고이다. 마지막 날에 하나님에 의해 선택받는 특권을 누릴 수 있는 자는 소수에 불과하다. '청함'과 '택함'의 긴장 관계를 지시하는 문장은 '많음'과 '적음'의 대조에 의거한다. 유대언어의 사용에서 부가어 '많은'은 보통 '모든'을 뜻한다. '모든' 사람이 하나님에 의해 부름을 받는다. 그러나 그들이 전부 좋은 믿음을 갖거나 훌륭한 교구원이 되는 것은 아니다. 여기에서 중요한 것은 구원에 대한 사전의 결정이 아니라 바람직하지 못한 신앙상태가 마지막 선택에서 제외하게 만든다는 사실이다.

2) 마태의 고유기사에 속하는 포도원 일꾼의 비유 이야기는 알레고리 서사이다(마 20.1-16). 알레고리는 이야기의 인물, 장소, 사건뿐만 아니라 플롯의 구성방식에도 해당된다. 즉 이야기의 줄거리에 서술된 내용을 이해하는데 적용된다. 비유 이야기의 전개는 포도원 주인, 포도원 일꾼, 지불되는 임금의 3원적 구조에 의거한다. 여기에서 포도원 주인은 하나님, 포도원은 현실화된 천국을 지시한다. 다음장의 종반에 등장할 악한 포도원 소작인의 비유 이야기에도 도입부의 서술을 규정하는 포도원은 천국을 비유한다(21.33).

다원적으로 전개된 포도원 소작인의 비유 이야기 구성에서 주목할 대목은 간략한 종반의 단락이다. 여기에는 포도원의 소유주처럼 행동한 악한 소작인을 향한 포도원 주인의 응징이 다루어진다(21.41.43). 이제 포도원은 '제때에 열매를 바칠 수 있는 다른 농부'에게' 이관된다. 이어서 포도원을 지시하는 나라가 '열매맺는 백성'에게 주어진다고 선언된다. 여기에서 '열매맺는 백성'은 영적 백성을, '열매'는 복음의 열매를 의미한다. 마태에 의해 추가로 보완된 의미 있는 종결장면은 복음선포에 연관된 구속사의 지평에서 해석된다.

포도원 일꾼의 비유 이야기에서 포도원 관리를 위해 주인에 의해 부름받은 품꾼은 하나님의 진정한 자식이며, 노동의 대가로 지불되는 임금은 종말의 보상이다. 의미 있는 묵시의 모티브는 포도원 일꾼의 비유 이야기가 배치된 20장의 종반을 구성하는 세 절에서 후계자의 보상으로 서술된다(20,26-28). 제자들을 향한 예수님의 경고에는 큰 자에서 섬기는 자, 처음의 자에서 섬기는 종으로의 변화가 요구된다. 천국에서는 섬김의 자세가 진정한 위대함이다.

비유 이야기의 주제는 한마디로 천국의 부름과 취득이다. 천국은 자신의 포도원에 '들어갈' 일꾼을 찾기 위해 아침 일찍 나서는 집주인의 모습에 비견된다. 그는 대리자가 아니라 스스로 일꾼을 찾는 선한 포도원 주인이다. 이와 같은 은유서술에 이미 하나님나라의 상황이 예시된다. 천국의 소유를 지시하는 동사 '들어가다'는 이야기 전체에서 품꾼과 관련하여 네 차례나 사용된다(20,1,2,4,7). 이야기의 도입공식에 제시된 천국은 하나님 자신이 존재하며 활동하는 장소이다.

천국의 취득은 포도원 소유주인 하나님의 개인적 부름을 전제한다. 일자리가 없어 길가에서 서성거리는 자도 늦은 시간에 주인에 의해 부름을 받는다. 뿐만 아니라 먼저 가서 일한 사람과 같은 금액을 받는다. 천국의 획득을 위한 전제는 일한 시간이 아니라 주인에 의한 깊은 배려이다. 주어진 노동에 대한 마지막 보상에는 지상의 임금법칙이 통용되지 않는다. 다시 말해 고용된 자 모두에게 동일한 금액의 노임이 지불된다. 천국에서 의의 척도는 선이며, 하나님의 나라는 선의 선물이다. 선은 천국의 특성을 지시하는 기본요소이다.

포도원 일꾼의 비유 이야기에는 지상의 관례와 하나님나라의 원리 사이의 간극이 문제가 된다. 포도원 주인과 일꾼의 관계에 의거한 알레고리 서사에는 하루종일 일한 노동자와 짧은 시간동안 일한 노동자에게 동일한 노임이 지불된다. 이와 같은 지불방식은 일반적으로 통용되는 사회법칙에 상치된다. 사회의 일터에는 일한 시간에 따라 임금이 주어진다. 그러나 하나님의 나라에는 그와 같은 지상의 원리가 통용되지 않는다. 포도원에 늦게 온 자에게도 먼저 온 자와 동일한 '은총의 임금'이 주어진다. 천국의 보상은 하나님에 의해 선택받은 사람 모두에게 공평하게 주어진다.

포도원 주인이 취한 뜻밖의 조처는 전일노동자 뿐만 아니라 이야기를 듣는 청중을 심한 충격에 빠뜨린다. 그는 앞으로 전개될 사건의 전개에 몰입하게 된다. 그 결과는 '익숙된 것의 방해'로 설명될 수 있다. 평소에 익숙한 사실이나 생각은 예기하지 못한 사태의 발발로 인해 커다란 저항에 부딪친다. 화자는 기존의 상식을 무효화하는 역전의 방식 통해 수신자의 의식과 사고의 변화를 겨냥하고 있다. 불의한 청지기의 비유에도 해당되는 이와 같은 서사전략은 비유 이야기의 역동적 효과를 파악하는 중요한 요소이다.

극적 서사이야기 진행에서 전체의 무게추는 마지막 부분, 즉 먼저 온 자와 포도원 주인의 상호대화에 주어진다. 먼저 온 노동자의 강한 항변으로 촉발된 위기상황은 종결의 전환으로 해소된다. 물이 흐르듯 진향된 세 절은 이제까지와 달리 한 사람의 전일노동자를 향한 포도원주인의 변증이다(20.13-15). 여기에는 하나님나라의 주권을 소유한 하나님 자신의 강한 의지가 나타나 있다. '내뜻'이라는 표현은 짧은 단락에 두 번이나 반복된다. 아이러니 어법을 통한 강한 톤의 발언은 독자의 지각적 반응을 겨냥하고 있다.

세 절을 마감하는 종결문은 이제까지의 논증을 뛰어넘는 돌출의 발언이다. 명령문에서 의문문으로의 이행은 첨예한 대립의 긴장을 일시에 해소한다(20.15).

내가 선하므로 네가 악하게 보느냐.

도전적 성격의 의문문에 구사된 소외적 거리두기 어법은 발언자의 의도를 강화하는 효과를 가져온다. 자신의 동료에게 주어진 하나님의 은총을 도외시하고 자신만의 입장만을 주장하는 자만의 태도는 '선을 악으로 보는' 불의한 처사이다. 비유 이야기에 제시된 내용은 하나님의 선에 의한 사건이다.

아침 일찍 와서 하루종일 일을 한 일꾼은 늦게 와서 짧은 시간동안일을 한 품꾼과 동일한 임금을 받은 데 대해 주인에게 불평한다. 이와 같은 저항은 인간적 측면에서 이해할 만하다. 그러나 천국의 보상은 지상에서 수행한 노동의 대가와 다르다. 하나님의 사랑은 선택받은 자 모두에게 공평하게 적용된다. 천국의 입장에는 시간에 따른 순서가 없다. 모든 사람이 처음 온 자이다. 하나님나라의 운영은 주인인 통치자 자신의 주권에 의거한다. 이 초월의 진리는 하나님을 향한 절대신앙이 없는 사람에게 쉽게 이해되지 않는다. 때문에 하나님의 선을 악으로 보는 불경의 행동을 취하게 된다. 그 결과 '먼저 온 자'에서 '나중에 온 자'로 위치가 뒤바뀐다(마 20.16).

나중된 자로서 먼저 되고 먼저된 자로서 나중되리라.

'격언의 말씀'(Apophthegma) 형식을 취한 도전적 선언은 추후의 편집과정에 삽입된 종결의 경고이다. 비유 이야기의 이해에는 후세의 보완이 중요한 의미를 지니는 경우가 적지 않다. 예수님 자신의 발언으로 표현된 한 절의 결구는 선행단락의 종결문에 병행한다. 부자청년의 방문기사에 이

그림29) Lohe 〈포도원 일꾼의 비유〉, 유화. 1688-89, 독일 Hof 병원교회

어진 귀중한 담화에는 영생의 상속을 약속하는 마지막 문장이 다음과 같이 서술된다(19.30).

그러나 먼저된 자로서 나중되고 나중된 자로서 먼저 될 자가 많으니라.

서로 연결된 두 단락의 결구는 천국의 보상에 관한 이중선언이다. 19장의 경우에는 동일한 내용이 순서의 역전을 통해 약간 변화된 형태로 재현된다. 20장의 구절은 앞장의 내용에 비해 강화된 요약이다. 하나님의 주권에 의해 통치되는 천국에는 나중의 사람이 처음의 사람보다 앞서는 일이 발생한다. 어려운 현실의 삶에서 뒷자리로 밀려나 있는 자는 마지막 보상이 주어질 천국복음의 기대로 희망과 용기를 얻는다.

이와 같은 교훈은 독일 Hof 병원교회에 설치된 궁정화가 Lohe의 유화 〈포도원 일꾼의 비유〉에(1688-89) 반영되어 있다. (그림 29) 오래된 중세의 병원교회에는 1688년 교회 목사 Meyer의 권유로 화가의 작품 90점이 기증된다. 고전풍 유화 〈포도원 일꾼의 비유〉는 환자의 치료를 목적으로 삼는 도시병원의 분위기에 걸맞는 시각작품이다. 매우 안정된 정감을 보여주는 화면에 놀고 있는 일꾼을 일터로 부르는 포도원주인의 모습이 전면에 부각된다. 천국의 상황을 비유하는 그의 자태와 행동은 자비와 은총의 하나님에 대한 반사이다.

화면의 우측 중앙에 가옥, 창고, 가축, 마차, 울타리가 있는 농촌풍경이 제시된다. 풍성한 겉옷을 걸치고 흰색 털모자를 쓴 무성한 턱수염의 포도원 주인이 농가의 앞뜰에 서성거리며 서 있는 세 명의 남자를 포도원으로 안내한다. 그의 오른손은 뒷편 멀리 보이는 포도원을 가리키고 있다. 적당한 일자리를 찾지 못해 아까운 시간을 보내던 남자들은 스스로 찾아온 주인에 의해 포도원에서 일하는 기회를 얻는다. 소중한 부름을 받은 자들의 얼굴은 소원을 달성한 즐거움으로 가득차 있다. 화면의 좌측 후면에 광활한 포도밭이 조성된 밋밋한 경사의 야산이 위치하고 있다.

먼저 부름받은 두 명의 일꾼은 포도원으로 올라가는 작은 구름다리를 성급하게 건너가려 하고 있다. 두 개의 휘어진 구름다리 아래에 기다란 폭의 강이 조용히 쉬고 있다. 두 노동자의 관심은 오랜 시간 일을 하여 주인으로부터 많은 금액의 임금을 받는 데 있다. 이와 같은 기대가 무참히 깨어지자 그들은 포도원 주인에게 거세게 항의한다. 이로 인해 먼저 온 자에서 나중에 온자로 전락하는 불행을 겪는다. 세련된 양식으로 건축된 병원교회의 내부공간을 장식한 작은 천장화는 건강한 사람처럼 일을 할 수 없는 나약한 환자의 마음을 위로하는 치유의 기능을 발휘한다. 단순하고 평이한 구도의 시각작품은 모든 사람을 위한 은총의 복음을 증거한다.

5. 위임된 돈과 열처녀의 비유
– 종말과 재림의 준비에 대한 경고

마태의 달란트 비유와 누가의 열므나 비유 이야기는 보통 위임된 돈의 비유라는 제목 아래 함께 다루어진다. 다시 말해 이야기의 소재와 기본취지가 동일하다. 두 병행비유는 중요한 대목에서 유추현상을 보인다. 세 번째 종의 결산을 다루는 장면은 전체내용이 거의 동일하다. 특히 단락의 마지막 절은 서로 일치한다.

> *무릇 있는 자는 받아 풍족하게 되고 없는 자는 그 있는 것 까지 빼앗기리라.* (마 25.29)
> *무릇 있는 자는 받겠고 없는 자는 그 있는 것 까지 빼앗기리라.* (눅 19.26).

병행하는 두절의 동일화는 Q이야기의 존재를 뒷받침한다. 위임된 돈의 비유 이야기는 두 저자 이전에 원래의 자료가 존재한 것으로 보인다. 상이한 문맥에 속하는 두 이야기는 모두 종말과 재림의 사건에 대비하여야 할 충성과 책임의 필요성을 강조한다. 두 요소는 주님의 오심을 기다리는 제자들이 갖추어야 할 필수덕목이다.

두 서사이야기 사이에는 물론 간과할 수 없는 오차도 발견된다. 사건의 배경, 분배하는 돈의 단위와 금액, 특히 불충실한 종에게 주어지는 징계의 내용이 같지 않다. 공통전거에서 취해진 내용은 기본골격이 조성된 이후 개별저자에 의해 재구성된다. 마태의 경우에는 열처녀의 비유 이야기에 이어 마지막 재림비유를 규정한다. 누가의 경우에는 세리장 삭개오의

집에 모인 작은 무리가 비유 이야기의 청중이 된다. 새로운 단락을 열어
주는 첫 절은 이 사실을 분명하게 보여준다(눅 19,11).

그들이 이 말씀을 듣고 있을 때에.

1) 마태의 달란트 비유는 재림의 비유시리즈를 실제적으로 마감하는
종결비유이다(마 25,14–30). 잘 알려진 비유 이야기는 후세교회의 설교와 교
육에 선호되는 레퍼토리에 속한다. 거대한 화폐단위를 제목으로 삼은 비
유 이야기는 흔히 주어진 재능의 활용이라는 교훈적 관점에서 설명된다.
여기에는 이야기의 소재인 달란트에 연유하는 탤런트의(talent) 의미가 중
요하게 작용한다. 그러나 달란트에 해당하는 고대 그리스어 명사 'talan-
ton'은 무게와 돈의 단위를 뜻한다.

이야기의 도입부에는 주인이 종들에게 '그 재능대로' 상이한 금액을 나
누어 주었다고 서술된다(25,15). 즉 분배된 달란트는 재능이 아니다. Lu-
ther의 개역 성경본에는 재능이 '능력'으로 번역되어 있다. 화폐단위로 사
용되는 달란트는 보통사람이 평소에 접하기 힘든 큰 액수의 금액이다. 그
런데 주인은 집을 떠나면서 세 명의 종에게 각기 다섯 달란트, 두 달란트,
한 달란트를 맡긴다. 이처럼 높은 금액의 할당은 보통 생각하기 어려운
특별한 조처이다. 여기에서 이미 비유 이야기의 비범한 성격이 드러난다.
세 명의 종에게 부여된 돈의 위임은 재화의 관리가 아니라 주어진 돈을 활
용하는 자세의 점검에 목적이 있다.

비유 이야기의 도입공식인 천국의 상황은 종의 행위에 대한 보상으로
나타난다. 주인이 부여한 사명에 어떻게 대처하느냐에 따라 저주의 형벌
과 축복의 구원이 갈라진다. 맡겨진 돈의 결산을 결정하는 기준은 금전

의 증식이 아니라 영적 잠재력을 실천에 옮기는 적극적 자세이다. 처음의 두 종은 주인의 뜻에 맞게 각자의 능력을 잘 활용하여 '착하고 충성된 종'으로 칭찬을 받는다. 그러나 마지막 종은 자신의 능력을 도외시한 채 자의적 판단으로 행동하여 '악하고 게으른 종'으로 질책의 대상이 된다.

셋째 종이 맡겨진 돈을 땅속에 묻어둔 것은 상행위가 쉽지 않은 당시의 사회상황에서 소지한 돈을 보관하는 어쩔 수 없는 방법이다. 그러나 그와 같은 행동은 주인의 진정한 뜻을 알아차리지 못한 우둔한 처사이다. 주인의 관심은 종에게 돈을 맡겨 이윤을 남기려는 것이 아니다(25,26-27). 마지막 종이 저지른 과오는 여기에 있다. 독자는 종의 결산에 관한 대목에서 다음과 같은 교훈을 터득한다. 하나님나라의 소유는 판단과 행위의 우선순위를 하나님과 자신의 어디에 두느냐에 달려있다

이야기의 핵심을 보다 정확히 파악하기 위해서는 줄거리의 종반을 구성하는 셋째 종과 주인의 대화를 자세히 살펴볼 필요가 있다. 한 달란트를 받은 종은 주인을 찾아와 다음과 같이 말한다(25,24).

당신은 굳은 사람이라. 심지 않은 데서 거두고 헤치지 않은 데서 모으는 줄을 내가 알았으므로

두 부분으로 구성된 발언에서 선행문장의 주어 '당신'을 규정하는 '굳은 사람'의 형용사 '굳은'은 그리스어 어원 'poneras'에 비추어 볼 때 '나쁜 생각을 가진'을 의미한다. 자신의 허물을 주인에게 돌린 무책임한 종은 유능하고 충실한 종과 반대로 무능하고 불충실한 종으로 저주를 받는다. 본문에 '게으른'으로 번역된 형용사는 이어지는 동사 '두려워하여'의 연관에서 '주저하는'의 의미로 보는 것이 더 정확하다.

마지막 종의 발언에 이어진 두 절은 악하고 게으른 종을 향한 주인의 결정적 선언이다. 조건문 접속사 '그러면'으로 시작되는 둘째 절은 셋째 종의 구차한 변명에 대한 강한 반박이다(25.27). 그가 주인의 뜻을 자신의 말처럼 판단하였다 하더라도 그는 다르게 처신해야 옳다. 즉 하나님의 나라를 대비하여 아주 작은 일이라도 과감히 시도해야 하는 것이다. 결론적으로 마지막 종은 주인의 뜻을 잘못 이해하고 있다. 여기에 등장하는 주인은 예수님 자신을 나타낸다. 예수님은 소속된 종을 벌하기 위해 자신의 돈을 위임한 악덕 소유자가 아니다.

재림비유의 문맥에서 이야기의 포인트는 충실한 종의 업무수행 능력이 아니라 앞날을 준비하는 현재의 자세이다. 두 명의 충실한 종은 주인으로부터 부여받은 특별한 사명을 분명하게 인식하고 있다. 그들은 주인이 돌아와 집행할 결산의 작업에 충실하게 대비한 지혜로운 종이다. 따라서 '주인의 즐거움에 참여하는' 특권을 얻는다. 충성된 종에게 주어지는 영광의 보상은 마지막 시점에 이루어질 거룩한 나라의 소유이다. 하나님의 나라는 주님의 오심을 위한 시간의 요구에 부응한 자에게 현실의 사건으로 나타난다.

처음의 두 종을 향한 칭찬의 발언은 두 번에 걸쳐 동일한 버전으로 반복된다. 산문체로 기술된 한 절의 문장을 시행형식으로 바꾸어 표기하면 아래와 같다(25.21.23).

1 잘하였도다 착하고 충성된 종아
2 네가 적은 일에 충성하였으매
3 내가 많은 것을 네게 맡기리니
4 네 주인의 즐거움에 참여할 지어다.

잘 짜여진 4행시는 상대방의 부름, 거대한 은총의 보상, 충만된 기쁨
의 향유의 세 부분으로 구성된다. 이와 같은 단계적 전개를 통해 주님의
오심에 충실하게 대비한 현명한 종에게 주어질 보상의 풍요가 강조된다.
2-3행을 구성하는 '적은 일'과 '많은 것'의 대비는 달란트의 증액에 관계되
는 것이 아니라 작은 일의 충성에 기인하는 거대한 보상을 지시한다.

이야기의 줄거리에 지적된 충성과 불충실의 대비는 종결부에 이르러 심
판과 구원의 양극화로 고조된다(마 25.29).

> *무릇 있는 자는 받아 풍족하게 되고 없는 자는 그 있는 것까지*
> *빼앗기리라.*

위의 문장에는 '있는 자의 풍족'과 '없는 자의 빼앗김'이 첨예한 대조형식
으로 기술된다. 점층적 강화의 성격을 지닌 대비의 수사법은 종말의 시점
에 수행될 구원과 심판의 현격한 차이를 지시한다.

비유 이야기의 종결문은 불충실한 종에게 주어지는 가혹한 심판의 형
벌을 극단의 상황으로 묘사한다(25.30).

> *이 무익한 종을 바깥 어두운 데로 내쫓으라. 거기서 슬피 울며 이를*
> *갈리라.*

앞의 명령문에서 '무익한 종'이 내 쫓기는 '어두운 곳'은 하나님으로부터
멀리 떨어진 암흑의 장소이다. 이어지는 진술문에서 '슬피 울며 이를 가는'
것은 참혹한 지옥의 실상을 대언하는 마태의 표현도식이다. 동일한 구문
이 이미 재림의 비유에 두 차례나 사용된다(22.13,24.51).

17절에 걸쳐 기술된 비유 이야기는 불충실한 종을 향한 엄정한 심판의 집행으로 막이 내린다. 그러나 이와 같은 종결처리는 전체의 결론이 아니다. 재림의 연쇄비유를 마감하는 마지막 비유 이야기의 포인트는 주인의 뜻에 맞게 앞날을 대비한 충실한 종의 축복에 있다. 이런 점에서 독자의 시선은 다시금 거대한 종말의 보상을 약속한 은혜로운 축시의 결구로 돌아간다. "네 주인의 즐거움에 참여할 지어다."(25.23)

누가의 열므나 비유 이야기는 예수님 일행이 예루살렘에 가까이 다가간 시점에 주어진다(눅 19.12-27). 제자들은 예수님이 이제 곧 예루살렘에서 정치적 왕국인 하나님나라를 세우리라는 기대로 가득차 있다. 종말의 심판에 관계된 이야기는 이와 같은 관념의 교정을 겨냥하고 있다. 다시 말해 평화로운 하나님나라의 본질을 설명하는데 주안점이 있다. 하나님의 나라는 여기에서 재림을 기다리는 준비의 시간이라는 문맥에서 기술된다. 예수님은 자신의 부재중에 제자들이 왕의 영광속에 주님의 다시 오심을 충실하게 기다릴 것을 강하게 경고하고 있다. 비유의 요소로 점철된 이야기의 읽기에서 간과해서는 안 될 부분은 도입부의 삽입문장이다. 여기에는 왕의 즉위를 원하지 않는 백성의 무리가 지적된다(19.14). 이들은 하나님의 아들 예수님을 비난하며 십자가에 못박은 유대민족을 가리킨다. 아울러 예수님이 활동한 시기에 정치적 기득권을 누리던 종교지도자도 포함된다. 이야기의 결구에는 서두에 언급된 '원수'의 집단에 대한 죽음의 형벌이 선언된다(19.27). "저 원수들을 이리로 끌어다가 내앞에서 죽이라." 주인의 결산이 중심을 이루는 므나의 비유는 하나님 아들 예수 그리스도의 존재와 사역을 거부한 반대세력의 처단으로 종결된다.

비유 이야기는 '어떤 귀인'이 왕위를 계승하기 위해 먼 나라로 여행을 떠나는 장면으로 시작된다. 그는 장도에 오르기 전에 열 명의 종에게 한므

나씩 분배하며 장사를 하도록 지시한다(19.13). 이와 같은 도입서술에는
은유의 의미가 담겨있다. 종의 두서너 글자를 가리키는 둥근 수 10은 마
무리와 완전을 지시한다. 즉 열 명의 종은 전체의 종을 대언한다. 종에게
맡겨진 임무인 장사는 상행위라기보다 전도와 봉사의 사역을 지시한다
고 볼 수 있다.

　　그리스 화폐단위 1므나는(mna, mina) 100 파운드의 무게에 해당하는 금
액이다. 그러나 실제적으로 보다 강한 구매력을 갖는다. 1므나의 액수
가 하나의 도시와 맞먹는 것은 거대한 하나님의 보상과 신적 선의 강조이
다. 므나는 이야기의 줄거리에서 구원을 가져오는 상징의 매체로 나타난
다. 자신의 사명을 충실하게 감당한 두 명의 종은 므나의 증액을 통해 예
수님에게 부여된 나라의 통치에 참여한다. 화자는 비유 이야기의 설계에
서 두 개의 근원을 합성하고 있다. 하나는 돈의 위임에 관한 전거이고 다
른 하나는 예수님의 떠남과 다시 옴의 알레고리이다. 후자의 경우는 역사
적 사실과의 연관에서 기술된다. 상이한 원천의 기술적 결합에 의해 인자
의 재림에 대비하여야 할 제자들의 자세가 경고된다.

　　비유 이야기의 외형적 틀을 형성하는 실제적 사건의 개요는 다음과 같
다. 헤롯대왕의 아들 헤롯 아켈라오는(Herod Archelaus) 기원전 4년 부친에
의해 추진된 왕권의 정체성을 확인받기 위해 제국의 수도 로마로 떠난다.
그러나 유대민족은 Augustus 황제에게 사신을 보내 왕의 즉위를 거부하
는 상소를 올린다. 바로 이 역사적 사실이 이야기의 서두에 은폐형식으로
표현된다(19.14).

　　　　우리는 이 사람이 우리의 왕됨을 원하지 아니 하나이다.

로마황제는 아켈라오에게 왕의 권한을 부여하는 대신 분봉왕의 자격을 승인한다. 10년이 지난 후 유대인들은 아켈라오를 추방함으로써 원래의 목적을 달성한다. 예수님은 이와 같은 시대의 사건을 자신의 비유 이야기 구성을 위해 활용하고 있다. 그러나 고려된 내용은 유대민족과의 관계에 한정된다. 예수님은 자신의 백성에 의해 메시아 왕으로 인정받지 못한 채 극심한 비난을 당한다. 물론 후일 충만된 왕의 권능을 가지고 심판자로 돌아온다.

비유 이야기의 중심은 돈의 분배와 결산이다. 1므나의 돈은 장사를 하기 어려운 미미한 금액이다. 따라서 상식에 맞지 않는 위임자의 명령은 다른 차원에서 해석된다. 므나를 분배하는 소유주의 의도는 현실적 상행위의 성공이 아니라 불확실한 운명을 지닌 왕의 지시에 대한 순종을 확인하는 데 있다. 여기에서 특별한 결산의 내용이 이해된다. 엄정한 심판과 형벌의 선언은 재림비유의 마지막을 규정한다(19.26-27).

귀환한 왕에 의한 결산은 달란트 비유와 마찬가지로 세 명의 종에게 집중된다. 풍성한 결과를 가져온 첫째 종은 충실하고 유능한 관리자로 칭찬받은 후에 높은 관직을 부여받는다. 상대적으로 미미한 업적을 남긴 두 번째 종에게는 보다 낮은 직함이 주어진다. 자신의 의무를 제대로 이행하지 못한 세 번째 종은 오히려 위임자의 '냉엄함'을 탓하며 책임을 전가한다. 그 결과 소유한 금전마저 타인에게 빼앗기는 불행을 경험한다. 화자의 의도는 충성된 종을 향한 보상의 전망을 통해 주님을 따르는 제자들을 격려하는 데 있다.

열므나의 비유 이야기가 달란트 비유 이야기와 가장 큰 차이를 보여주는 부분은 이야기를 마감하는 두 절의 종결장면이다(19.26-27). 마지막 세 번째 종에게 해당하는 결산의 서술에는 어두운 지옥의 장면이 언급되지 않는다. 다만 보다 강한 징계의 내용이 지적될 뿐이다. 마태의 병행기사에는 같은 내용을 다루는 마지막 절이 참혹한 지옥의 상황을 지시하는 저자 고유의 표현도식이다(마 25:30). "거기서 슬피 울며 이를 갈리라."

결론부의 처리를 둘러싼 두 병행기사 사이의 거리는 메시지 해석의 상치를 가져오는 결과로 이어진다. 비판적 성향의 주석은 상이한 시대적 배경을 지닌 두 이야기에 신학적 교리의 불일치가 존재한다고 주장한다. 교회시대의 복음에는 실제행위의 결과가 성도의 구원에 영향을 미치지 못한다. 예수님의 영접으로 이미 구원받은 성도는 결코 지옥의 나락에 떨어지지 않는다. 이에 반해 대환란 시대의 복음에는 믿는자라 할지라도 구원의 대열에서 제외될 수 있다. 이런 점에서 열므나 비유를 진정한 복음비유의 사례로 평가하기도 한다.

2) 열처녀의 비유 이야기는 포도원 일꾼의 비유와 함께 천국의 상황에 관한 알레고리 서사이다(마 25:1-13). 이야기의 도입부에 열처녀로 비유된 천국은 종결장면에 이르러 결혼예식장의 입장으로 표현된다(마 25:10). 복수로 표기된 열 명의 처녀는 유대의 전승에서 이스라엘 신도를 가리킨다. 그러나 이야기의 문맥에는 신랑을 기다리는 신부의 행렬에 참여하는 들러리라고 할 수 있다. 그리고 열처녀가 맞이할 신랑은 다시 오게 될 메시아를 비유한다.

이야기의 제목을 형성하는 열처녀는 서두에서 미련과 슬기의 두 집단으로 나누어 서술된다. 서로 대조되는 두 부류 사이의 차이는 시간의 준수에 있는 것이 아니라 신랑을 맞이하는 준비의 자세에 있다. 예측할 수 없는 재림의 시점에 어떻게 대비하느냐에 따라 구원과 멸망의 두 갈래로 갈라진다. 두 부류의 인간을 구분하는 기준은 기름을 충분하게 준비하는가 아닌가이다. 여기에 언급된 등잔은 기름에 적셔진 천으로 불을 켜는

석유램프를 말한다. 그리스어 명사 'lampas'는 등, 등잔, 등불을 의미한다. 램프의 심지에서 타오르는 불빛은 횃불처럼 주위를 밝게 비춘다.

등잔의 사용에 필요한 기름은 연소를 위한 재료이다. 두 물건은 신랑을 맞으러 나가는 열처녀가 준비해야 할 필수품이다. 슬기로운 다섯 여인은 등잔과 함께 기름을 담은 그릇을 가지고 나가지만 미련한 다섯 여인은 등잔만 소지할 뿐 그릇을 지참하지 않는다(25.3-4). 그릇은 여분의 기름을 보관하는 용기이다. 예상보다 늦게 도착한 신랑을 맞이한 후에 그를 따라가기 위해서는 등잔기름 이외에 별도의 기름이 더 필요하다. 신랑이 신부를 데려오기 위해 수행하는 등불행렬은 이스라엘 결혼예식에서 가장 중요한 행사에 속한다.

열세 절에 걸친 단락은 원래 이야기와(25.3-10) 추후 삽입된 편집내용의 두 부분으로(25.1-2, 11-13) 구성된다. 서두의 도입공식과 종결의 경고는 전승된 자료에서 취해진 이후 추가로 삽입된다. 처음과 나중을 손질하는 마무리 방식은 편집자의 작업에서 낯선 현상이 아니다. 비유 이야기를 열어주는 시간부사 '그때에'는 재림의 시점을 가리킨다(25.1). 선행하는 비유 이야기에 지적된 집주인의 도착시간에(24.46) 연결된 접속부사는 특정한 사건의 출발을 예시한다. 이야기의 틀거리를 제외한 여덟 절의 단락은 원래의 줄거리이다. 전체의 중심은 갑작스러운 신랑의 도착에 따른 마중의 행동을 촉구하는 극적 중간장면이다(25.6).

보라 신랑이로다. 맞으로 나오라.

강조의 어법으로 표현된 간결한 복합명령문은 재림의 다가옴을 알리는 초지상의 신호, 즉 긴박한 행동의 실천을 촉구하는 강력한 천상의 음성이다. 여기에서 '밖으로 나감'은 자신의 평소 거처를 떠나 새로운 세계로 들어감을 말한다. 기름을 충분히 확보한 다섯 처녀가 잠을 자다 놀라 일어나 등잔에 기름을 넣는 동안 미처 충분한 기름을 마련하지 못한 '남은' 다섯 명은 기름을 구입하기 위해 상점을 찾아 나선다. 유대사회에는 결혼예식 기간에 점포가 문을 연다. 그 사이에 이미 신랑은 도착한다. 늦게 도착한 신랑을 맞이한 다섯 처녀는 축제의 식장으로 들어가고 입구의 문은 닫힌다.

극적, 격정적 종결부의 설정에는 다른 재림비유에 찾아보기 힘든 매우 중요한 요소가 들어 있다. 그것은 메시아 향연의 참여에 시간의 유예가 없다는 사실이다. 결혼식 축제는 유대의 전승에서 종말의 영광으로 받아들여진다. 이야기의 도입공식에 제시된 천국의 상황은 '오는자'의 시간이라는 특별한 문맥에서 이해된다. 여기에서 시간은 결정적 순간을 지시하는 'kairos'이다. 열 명의 처녀가 기다리던 신랑은 '오고 있는 자'이다. 줄거리 진행의 한복판에서 의미 있게 지적된 '오는 자'의 시간은 여러 방향으로 해석되는 열처녀 비유의 포인트를 포착하는 핵심이다. 이야기의 플롯은 대조의 원리에 의거한다. 단락의 서두에 지적된 슬기와 미련의 대비는 앞으로의 긴장을 예시한다(25.2). 의미 있는 긴장의 원은 종결부에 이르러 해소의 길이 열린다(25.8-9). 대화형식으로 전개된 두절에서 미련한 자는 슬기로운 자에게 신랑을 맞이하러 나갈 기름을 나누어달라고 간청한다. 그러나 슬기로운 자는 이와 같은 청탁을 단호하게 거절한다(25.9).

우리와 너희가 쓰기에 다 부족할까 하노니.

신랑을 맞이하러 나가야 할 다급한 순간에 등잔기름을 나누어 달라는 것은 열 명의 여인 모두를 곤경에 빠뜨리는 잘못된 처사이다. 언뜻 매정하게 들리는 슬기로운 처녀의 답변에는 매우 깊은 의미가 들어 있다. 영적 준비의 자세는 다른 사람에게 인계될 수 없는 고유의 의무이다. 메시아를 기다리는 자세와 행동에는 '너무 늦음'의 과오가 존재한다. 이것은 다른 재림비유에 발견할 수 없는 독보적 요소이다.

이어지는 한 절의 문장은 긴장의 원이 완전히 해소되는 결정적 대목이다. 신랑이 도착한 후의 상황을 서술하는 종결장면은 매우 격정적이며 종국적이다(25.10).

준비하였던 자들은 함께 혼인잔치에 들어가고 문은 닫힌지라.

충분한 기름을 사전에 준비한 다섯 명의 여인에게 구원의 문이 열린다. 반면 기름을 준비하지 못한 다섯 여인에게는 문의 열림이 거부된다. 결혼식장에 들어가지 못한 자들은 '문밖에서' 문을 열어달라고 간절하게 애원한다. 이에 대한 주님의 답변 "내가 너희를 알지 못하노라"는(25.12) 불법을 자행한 자의 퇴치를 지시하는 7장 23절의 연속이다. "내가 너희를 도무지 알지 못하니." 두 개의 병행문에는 동일하게 '주여 주여'라는 관습적 반복 호칭이 선행한다. 거의 일치하는 두 문장에 강조된 '알지 못함'은 '자기 자신처럼 받아들일 수 없음'을 의미한다.

긴장과 해소의 도식에 의거하여 전개된 비유 이야기는 '깨어 있음'의 경고로 종식된다(25.13).

그런즉 깨어 있으라. 너희는 그날과 그때를 알지 못하노라.

그림30) Cornelius 〈슬기롭고 미련한 처녀의 비유〉, 유화, 1813, 114x153cm,
Düsseldorf 미술궁전 박물관

　　강한 명령동사 '깨어 있으라'는 잠을 자지 말라는 뜻이 아니라 영적 각
성의 상태를 유지함을 의미한다. 반복하여 사용된 부정의 동사 '알지 못
하다'는 재림의 '날과 때'에 연관된다. 영혼의 등불을 밝힐 것을 요구하는
경고는 주님의 재림시점에 관한 무지에 기인한다. 긴박감을 자아내는 간
결한 명령문은 다원적 구조의 재림비유를 마감하는 마침표이다. 성실한
독자는 비유 이야기의 읽기를 끝내면서 '깨어 있음'의 경각심을 가슴 깊이
새기게 된다.

　　독일화가 Cornelius의 유화 〈슬기롭고 미련한 처녀의 비유〉는(1813) 비

유 이야기의 메시지를 훌륭하게 구현한 시각작품이다. (그림 30) 좌측 측면
이 미완의 상태로 남아 있는 유화는 Düsseldorf 미술궁전 박물관에 보
존되어 있다. 나사렛 화파 운동의 대표자 Cornelius는 1813-1815년 사
이에 모든 기독교 비유 이야기를 한편의 연작유화에 담는 거대한 계획을
수립한다. 최초의 예비작품은 1813년 이탈리아 도시 Orvieto에서 생산
된다. 그러나 1816년 로마의 Zuccari 궁전 장식을 위한 프레스코 제작의
주문으로 의미 있는 연작유화 제작을 위한 거대한 프로젝트는 애석하게
도 중단된다.

　비교적 선명한 윤곽과 색채로 처리된 유화에 다루어진 장면은 극적 긴
장감을 자아내는 줄거리의 후반이다. 전면 좌측에 메시아 신랑이 천국의
문 아래에 떠 있는 풍성한 흰색 구름 발판 위에 서 있다. 붉은색 두건 위
에 왕관을 얹은 예언자가 뒤에서 수행하고 있다. 화려한 채색 날개를 달
고 있는 천사가 상이한 색깔의 예복으로 단장한 여인들을 손동작으로 안
내한다. 흰색 겉옷을 걸친 기다란 금발의 고귀한 청년은 두 손을 내밀며
슬기의 여인을 맞이한다. 앞에 있는 두 여인은 무릎을 꿇고 두 손을 포갠
자세로 밝은 표정을 지으며 신랑을 올려다본다.

　두 여인의 뒤에 세 명의 처녀가 천국의 입장을 기다리고 있다. 옆으로 서
서 서로 껴안고 있는 두 여인의 뒤에 서 있는 여인은 눈을 감은 채 고개를
숙이고 있다. 그녀의 얼굴 앞에 떠 있는 등잔불빛에서 황금빛 광채가 방
사된다. 불빛을 밝힌 작은 등잔 네 개가 다섯 여인의 행렬을 아래에서 위
를 향해 사선형으로 관통하고 있다. 슬기의 여인들이 준비한 등잔기름의
중요성을 지시하는 시각적 지표이다. 화면의 우측 배경을 구성하는 어두
운 공간은 미련한 여인들이 처해있는 장소이다. 사선의 층계가 입구로 이
어지는 석조건물의 낮은 담벼락 위에 조성된 좁은 공간에 밤하늘의 야외

낙원의 표상에서 하나님나라의 복음으로

풍경이 펼쳐진다. 짙은 구름 사이로 작은 초생달이 빛을 발한다.

상대적으로 축소된 후면의 장소는 밝은 빛의 조명을 받는 전면의 공간과 뚜렷하게 대조된다. 화면의 공간구도는 천국과 지옥의 이원도식에 의거한다. 어둠으로 덮인 건물 앞뜰에 한 여인이 두 손으로 받치고 있는 작은 기름항아리를 높이 쳐들고 희미한 불빛이 새어 나오는 창문을 올려다보며 무엇인가 호소한다. 극도의 절망상태에서 이제야 기름을 구하려고 애를 쓰는 가련한 행위의 연출이다. 옆에 있는 여인도 손을 들어 함께 외치고 있다. 우측의 여인은 두 손 위에 얼굴을 파묻은 채 잠에 취해있다. 가장 좌측에 서 있는 여인은 등불을 밝힌 채 당황한 표정과 자세로 위를 쳐다보고 있다.

화면전체의 구성에서 관찰자의 눈길을 끄는 부분은 신랑의 좌측에 자리잡은 경비원의 자세이다. 오른손에 커다란 열쇠를 쥐고 있는 회색 턱수염의 노인은 왼손으로 열려진 철문의 반원형 문고리를 붙잡고 있다. 그의 근엄한 두 눈은 관찰자를 향하고 있다. 이제 예수님에 의해 영접된 슬기의 여인들이 예식장 안으로 들어가면 육중한 철문은 굳게 닫힌다. 서로 다른 색깔의 두 부분으로 구성된 조형장식 철문 내부의 연회색 상단에 아기천사들이 환영의 축원을 위해 대기하고 있다. Cornelius의 유화는 성서의 비유에 지대한 관심을 지닌 종교화가의 의도를 잘 보여준다. 그것은 이야기의 마지막을 규정하는 경각심의 강조이다.

결어
– 하나님나라의 기대와 소망

  우리는 이 책의 마지막에서 하나님나라의 비유 이야기를 다섯 유형의
사례를 중심으로 개별적으로 살펴보았다. 이제 그 결과를 하나님나라의
복음과 연관하여 정리해 보자. 하나님의 나라는 예수님의 현존에 의해 현
재의 사건으로 나타나는 동시에 미래에 실현될 구원의 복음이다. 그리스
도를 믿고 따르는 자는 지상의 세계에서 하나님의 나라를 인식하고 경험
한다. 그러나 하나님의 나라는 현재의 사건으로 완결되는 것이 아니라
미래를 향해 열려있다. 진정한 하나님의 나라는 종말의 시점에 그리스도
의 재림과 함께 완전하게 성취된다.

  선정된 비유사례의 해석은 각기의 문맥과 상황에 의거하여 자유롭게 이
루어진다. 따라서 전체를 포괄하는 어떤 공통범주를 도출하기가 쉽지
않다. 그러나 넓게 보아 우리가 전제한 구원의 복음이라는 상위명제에 소
속된다. 구원의 복음은 씨뿌리는 자에서 위임된 돈의 비유에 이르는 모든
이야기를 관류하는 일관된 요소이다. 말씀의 확장에서 공동축제의 기쁨
을 거쳐 종말과 재림의 경고에 이르는 일련의 과정은 하나님의 나라가 현
실의 사건에서 어떻게 실현되는가를 조망적으로 보여준다. 신비로운 비

낙원의 표상에서 하나님나라의 복음으로

유세계로 안내된 독자는 하나님의 나라가 혁신적 방식으로 구현되는 과정을 인식하고 경험한다.

하나님나라의 복음에 내재된 미래의 전망은 기독교인을 커다란 위로와 소망으로 안내한다. 하나님의 믿음으로 살아가는 신앙인이 현세의 고통과 질곡 가운데에서 좌절하지 않고 용기를 얻을 수 있는 것은 앞으로 주어질 하나님나라에 대한 벅찬 기대와 희망 때문이다. 이것은 창조주 하나님이 사랑하는 피조물 인간에게 선사한 최고의 은총이다. 하나님의 구속사에서 볼 때 인간이 이 세상에서 영위하는 현재의 삶은 짧은 예비단계에 불과하다. 하나님이 주관하는 역사의 운행에서 잠정적 과정이 끝나면 성서에 약속된 종국적 왕국이 찾아온다. 그곳은 선택받은 자들이 하나님과 함께 거주할 영원의 안식처이다.

그림목록

1) Ciseri(1821-1891), 〈성녀〉(immacolota), 유화, 연대미상, Firenze Sacro Cuore 교회
2) 〈십자가처형〉, 1200, 목조각, 작가미상, 이탈리아 Innichen 교회 제단화
3) Cranach 1세 〈황금기〉, 1530, 유화, 73.5x105.3cm, 노르웨이 Oslo 국립 미술박물관
4) Cole, 〈아르카디아 꿈〉, 1836, 99.5x160.4cm, 5부 연작화 〈제국행로〉, Denver 미술박물관
5) Angers 태피스트리 〈새로운 예루살렘〉, 1373-82, 43.9x29.3cm, Angers 묵시연작화
6) Angelico 〈최후의 심판〉, 템페라, 1425-30, 105x210cm, Firenze San Marco 박물관
7) Veronese 〈이브창조〉, 유화, 1565-1575, 81x103cm, Chicago 미술연구소
8) Michelangelo 〈타락과 추방〉, 1509-10, 프레스코, 280x570cm, Sistine 예배당 천장화
9) Rubens 〈인간의 타락〉, 1628-29, 유화, 238x184.5cm, Madrid Prado 박물관
10) Masaccio 〈낙원의 추방〉, 1424, 프레스코, 208x88cm, Firenze Santa Maria 교회 Brancassi 예배당 벽화
11) Paolo 〈세계의 창조와 낙원의 추방〉, 템페라, 1445, 46.4x52.1cm, New Yorck Metropolitan 박물관
12) Bloemaert, 〈낙원의 추방 이후의 아담과 이브〉, 유화, 26.5x20.5cm
13) Franzesco 〈아담의 죽음과 매장〉, 프레스코, 1452-1466, 연작화 〈진정한 십자가 전설〉, Arezzo San Francesco 바실리카
14) Weyden 〈마리아를 그리는 누가〉, 1440, 템페라 유화, 137.5cmx

110.8cm, Boston 미술박물관

15) Reni 〈마리아 승천〉, 1642, 유화, 295x208cm, München Alte Pina-
kothek

16) Lazzoni 〈별들의 마리아〉, 1687, 조각, 이탈리아 Lucca 광장

17) Cranach 1세 〈아담과 이브〉, 1526, 유화, 117x80cm, London Cour-
tauld 미술갤러리 연구소

18) Dürer 〈아담과 이브〉, 1507, 유화, 209x81cm, Madrid 국립 Prado 미술관

19) Rubens, Brueghel, 〈인간의 타락이 있는 에덴동산〉, 1615, 유화,
74.3x114.7cm, Hague Mauritshuis 박물관

20) Wenzel 〈지상낙원의 아담과 이브〉, 1800-1829, 247x336cm, 유화, 바티
칸 Pinacoteca

21) Gaugin 〈아담과 이브, 잃어버린 낙원〉, 유화, 1890, 46x54.9cm, Yale 대
학교 미술관

22) Beckmann 〈아담과 이브〉, 1936, 석고 조각, 87x35.5cm, Hamburg 미
술관

23) Moskos 〈예수님의 십자가처형〉, 1711, 템페라, 91x70cm, 베네치아 헬레
니즘 연구소

24) Millet 〈씨뿌리는 남자〉, 유화, 1850, 101.6x82.6cm, Boston 미술박물관

25) Luyken 〈겨자씨 비유〉, 1708, 부식동판화, 〈Bowyer Bible〉, Bolton
박물관

26) Plockhors 〈선한 목자〉, 19세기, 유화

27) Fetti, 〈잃어버린 드라크마의 비유〉, 유화, 1618, 44x55cm, Dresden 유화
미술관

28) Batoni 〈잃어버린 아들의 귀향〉, 유화, 1773, 100x138cm, Wien 미술사
박물관 유화미술관

29) Lohe 〈포도원 일꾼의 비유〉, 유화. 1688-89, 독일 Hof 병원교회

30) Cornelius 〈슬기롭고 미련한 처녀의 비유〉, 유화, 1813, 114x153cm,
Düsseldorf 미술궁전 박물관

참고문헌 목록

성서구절의 인용은 성경전서 개역개정판에(2010) 의거한다.
성서본문의 읽기에는 2017년에 출간된 'Luther 성서 개정본'을 참고한
다.

연구문헌

H. Böttigheimer, Die Reich-Gottes-Boschaft Jesu - verlorene Mitte
   christlichen Glaubens. Freiburg 2020.

K. Flasch, Eva und Adam: Wandlungen eines Mythos. München 2017.

S. Greenblatt, Die Geschichte von Adam und Eva. Der mächtige Mythos
   der Menschheit. Übersetzt von K. Binder. 2018. München.

K. W. Halbig, Der Baum des Lebens. Kreuz und Tora in mystischer Deu-
   tung. Würzburg 2011

J. Jeremias, Die Gleichnisse Jesu. Göttingen 1952.

O. Keel, S, Schroer, Eva-Mutter alles Lebendigen. Frauen- und Götti-
   nenidole aus dem alten Orient. 2004

H. Kraus, Das Paradies. Eine kleine Kulturgeschichte. München 2004.

G. Kühlewind, Das Reich Gottes. Die Zukunftsvision des Neuen Testa-
   ments. Stuttgart 2001.

P. Müller, u. a., Die Gleichnisse Jesu: Ein Studien- und Arbeitsbuch für
   den Unterricht. 2002.

R. Nodsieck, Jesus, Seine Botschaft vom Reich Gottes. Norderstedt 2019.

W. Sandler, Der verbotene Baum im Paradies. Was es mit dem Sünden-
fall auf sich hat. 2009 Innsbruck.

H. Weder, Die Gleichnisse Jesu als Metaphern. Tradtions- und redak-
tionsgeschichtliche Analyen und Interpretationen. 3. Aufl. Göttingen
1984.

신학사전

F. Kogler(Hg.), Herders neues Bibellexikon. Freiburg 2008.

P. und D. Alexander(Hg.), Das große Handbuch zur Bibel. Stuttgart 2001.

용어색인

낙원의 표상에서 하나님나라의 복음으로

돕는 배필, 상응하는 조력자 ezer kenegdo
지혜 hokma, sophia. sapientia
지혜, 지능 phronesis
출발, 본질 reschit
잠언 masal
영리함 orma
헛됨 hebel
엘로힘 Elohim
여호와, 야웨 Jahwe, JHWH
주님 Adonaj
모세5경 Pentateuch
원증서 가설 Urkundenhypothese
땅의 지배 dominium terrae
사탄 satan, diabolos
옛뱀 ophis
용의 괴물 tannin
타락 Sündenfall
죄 hattat, awon, hamartia
원죄 peccatum originale
예형론 typology, Typologie
프레델라 predella
외경 apocrypha
케루빔 Cherubim, Kerubim
십자가나무 lignum crucis
원래의 어머니 Urmutter

위대한 어머니 Magna Mater
신성 어머니 Theotokos, Mater Dei
진정시키는 여인 Maria lactans
열성당원 zelotes
안식의 장소 requies
일곱 마지막 말씀, 일곱 십자가 말씀 Septem Christi Verba
일몰, 죽음 dusme
위서 Pseudoepigraph
이끌리다 harpazo
현현 epiphanie
끌어 올려지다 harpagesometha
셰키나, 하나님 영광의 현존 sekina. schechina
고치다. 치료하다. 섬기다 therapio
부활 anastasis, resurrectio
고난, 고통 passio
힘, 능력 dynamis, exousia
새로운 창조 creatio nova
에온 aeon, aion
새로운 피조물 nova creatura
송영, 영광송 doxologia, doxology
나라, 왕국 basileia, malkuth
하나님의 나라 basileia tou theou
왕 melek, basileus
증언 martyria

재림, 도착 parousia

종말론 eschatology, Eschatologie

시간, 결정적 순간 kairos

가까이 오다. 이미 와있다 ephthasen

회개하다 metanoeo

회개, 돌아섬 metanoia

침노하다 biazetai

바알세블 Beelzebul, Beelzebub

악령추방 exorkismos

시므온 찬양 Nunc dimittis

기적수행자 thaumaturgus, thauma-
turg

제2전거, 말씀전거 Logienquelle

비유 이야기 parabole, parabola

비교의 거점 tertium comparationis

전이 translatio, metaphora

비밀, 신비 mysterion

원래의 소리 ipsissima vox

해석학 hermeneutics, Hermeneutik

텍스트 화용론 Textpragmatik

군중 ochlos

해석의 천사 angelus interpres

붉은 흙 terra rossa

겨자씨 granum sinapsis

검은 겨자씨 Brassica nigra, black
mustard

사톤 saton

가라지, 잡초 zizania

혼합된 신체 corpus permixtum

선한 목자 poimen o kalos, pastor
bonus

목자 poimein

작은자 hoi mikroi

드라크마 drachma, drakhme

음부 hades

과부 chera

렙돈 lepton

작은 것에서 큰 것으로 a minori ad
maius

청지기 oikonomos

재물, 돈 mammona, mammon

데나리온 denarius

격언의 말씀 Apophthegma

종결의 경고 peroratio

달란트, 스케일, 밸런스 talanton

악한, 나쁜 생각을 가진 poneras

므나 mna, mina

등잔 lampas

용어설명

아래에는 책의 서술에 사용된 기본용어가 간략하게 설명된다. 선정된 용어의 순서는 앞에 제시된 용어색인에 따른다. 구체적 설명은 주로 'F. Kogler, 〈Herders neues Bibellex-ikon〉'에(2008) 의거한다. 여기에 필자 자신의 해설이 추가된다. 따라서 용어설명은 객관적 서술이라기보다 본문의 내용을 보완하는 후속부의 성격을 지닌다.

원역사

창세기 서두의 아홉 장을 포괄하는 인류 최초의 역사를 말한다. 구체적 내용은 창조의 기사에서 낙원이야기를 거쳐 노아의 언약으로 종식되는 대홍수 사건에 이른다. 창세기 10-11장의 두 장은 12장에서 36장에 이르는 기다란 족장이야기를 위한 가교의 역할을 한다. 여기에는 개별종족에 따른 인류의 분할이 기술된다.

황홀, 엑스터시

그리스어 명사 'ekstasis'는 '자신의 밖에 놓여짐'을 뜻한다. 즉 초자연의 힘에 사로잡혀 자신을 벗어나는 경지로 들어가는 의식상태를 지시한다. 이와 같은 현상은 성서에서 계시환상, 영적 영감, 승천의 경우에 일어난다. 원시기독교에는 엑스터시가 성령의 경험과 작용에 의한 것으로 설명된다. 신약에는 기적에서 발생하는 현현의 매혹이 완전한 놀라움으로 서술된다.

골고다

히브리어 'Golgota'는 '해골의 언덕', '해골의 장소'를 뜻한다. 아람어 'gilgulta'로 표기된다. 여기에 해당하는 라틴어 명사 'Calvariae'에서 영어 명칭 'Calvary'가 생성된다. 갈보리 산은 그리스어 명칭 'kraniou topos'의 역어이다. 예루살렘의 옛 성벽 외곽에 위치한 두개골 모양의 아치형 언덕으로 예수님이 처형된 장소이다. 가까운 곳에 위치한 동산의 무덤은 고고학자에 의해 예수님이 매장된 장소로 추정된다.

원초의 복음

라틴어 복합명사 'protoevangelium'은(그리스어 'protoevangelion') 성서에 제시된 최초의 복음을 뜻한다. 그 근원은 사탄의 분신인 뱀의 후손과 여인의 후손사이의 적대관계를 서술한 창세기 3장 15절이다. 사탄의 권세를 물리칠 그리스도의 승리에 관한 예언적 약속이다. 후세의 영향사 해석에서 낙원이야기의 원래 메시지로 중요하게 다루어진다.

낙원

에덴동산 설화에 유래하는 성서용어이다. '담으로 둘러싸인 공간'을 의미하는 고대 페르시아어에서 차용한 단어이다. 히브리어 명사 'pardes'에 의거하여 〈70인역 성서〉에 번역된 그리스어 명사 'paradeisos'가 낙원의 어원으로 받아들여진다. 묵시문학 이후로는 복된 자를 위한 초지상의 거처로 이해된다. 즉 의인이(성도) 영원히 머무르는 안락의 장소이다.

에덴

평지, 초원, 황야를 뜻하는 수메르어 'edin'에서 히브리어로 이전된 고유명사이다. 낙원이야기에서 정원, 동산의 의미로 사용된 사건의 장소이다. 히브리어 단어 Eden에 포함된 의미 '즐거움의 땅'에서 '기쁨의 정원'이라는 복합어가 생성된다. 이 용어는 낙원의 자구의미에 부합한다. 에덴동산은 이스라엘 백성을 위한 신적 충만의 상징으로 수용된다.

천국

문자상으로 하늘나라를 뜻한다. 구약에 언급된 제일 높은 우주의 부분이다. 하늘의 가장 높은 곳에 하나님의 보좌가 위치하고 있다(시 103. 19). "여호와께서 그의 보좌를 하늘에 세우시고 그의 왕권으로 만유를 다스리시는 도다." 하나님은 자신의 거처에서 지상을 내려다보며 '왕권으로 만물을 다스린다', 신약에서 천국은 종국적 구원, 즉 하나님과 함께하는 희망의 실존을 위한 장소로 이해된다. 이런 의미에서 하나님의 나라와 같은 차원에 놓여진다.

지옥

죄인이 죽은 후에 영원히 벌을 받는 장소와 상태를 의미한다. 천국의 반대개념이다. 구약에는 죽은자의 거처가 히브리어 명사 '스올'로(seol) 표기된다. 신약에서 여러차례에 걸쳐 사용된 명사 '음부'는 죽은 자의 영역을 뜻하는 그리스어 명사 'hades'에 가깝다. 그러나 근본적으로 지옥과 같은 위치에 있다. 히브리어 'Ge-Hinnom'에(Hinnom 계곡) 연원하는 그리스어 명사 'gehenna'는 신약에서 종국적 저주의 장소, 즉 지옥을 나타내는 암호로 사용된다.

주님의 기도

형식적 청원기도가 아니라 기독교인을 위한 기도의 총화이다. 예수님의 하나님 이해를 특별한 방식으로 중재하며 예수님 자신의 기도에 연관된다. 신약에는 두 개의 버전으로 전승된다(마 6.9-13, 눅 11.2-4). 보다 짧은 누가의 문안이 원래의 것으로 추정된다. 마태의 본문은 부름의 호칭 '우리 아버지여', '당신을 향한' 세 개의 청원, 그리고 네 개의 '우리 청원'으로 구성된다. 기도문의 마지막을 장식하는 송영의 부분은 위서에 속하는 〈디다 케〉에(Didache) 발견된다(8.2). 그리스어 명사 'didache'는 12사도의 가르침을 뜻한다. 초기사도에 의한 문서 〈디다케〉는 2세기 초에 작성된 교회의 규정이며 경고이다.

축복론

축복은 그리스어에서 'makarios'로 표기된다. 그리스인에게 축복은 근심과 고통에서 벗어나는 것이다. 유대인에게는 물질적 행복을 의미하나 율법의 충실한 이행에 대한 보상이다. 신약의 축복론은 지혜, 윤리, 묵시의 요소에 의해 규정된다. 산상수훈 서곡에는 종말의 시기에 이루어질 천국의 소유가 축복의 대상으로 서술된다(마 5.3-10). 시행의 서두를 장식하는 반복의 서술도식 '(... 하는 자는) 복이 있다'는 축복론을 대언하는 어법이다.

생명나무

고대 동방문화에 알려진 생명나무는 성서의 낙원이야기에서 중심모티브로 등장한다. 생명과 영생을 제공하는 생명나무는 죄와 죽음을 가져오는 인식의 나무와 대조된다. 서사이야기의 마지막에는 생명나무로 가는 통로가 하나님의 사신인 천사에 의해 보호된다. 이것은 후일에 이루어질 낙원의 귀환에 관한 의미 있는 암시이다. 기독교 전설에는 아담의 무덤에 옮겨심은 작은 나무가 십자가나무에 연결된다. 여기에서 후세의 영향사에서 주목을 받은 생명나무와 십자가나무의 연결이 이루어진다.

아담

최초의 인간을 지시하는 명칭이다. 히브리어 명사 'adam'은 인간을 뜻한다. 장르개념으로 인간 자체, 집합개념으로 인류, 인간존재를 의미한다. 원래 흙(adama)에서 생성된 육의 인간은 창조주 하나님의 입김, 즉 성령의 부여에 의해 영의 인간으로 변화된다. 그전까지는 아직 완전한 형태의 인간이 아니다. 하나님의 형상으로 창조된 인간은 타락의 범죄로 인해 죽은 후에 흙으로 돌아간다.

성령

히브리어 명사 'ruah'는 생명을 제공하는 입김, 호흡을 뜻한다. 황홀의 상태에서 개인에게 주어지는 능력의 은총이 중요한 의미를 지닌다. 바람, 입김을 뜻하는 그리스어 명사 'pneuma'는 하나님의 영, 즉 성령을 지시한다. 신약성서에 중요하게 다루어지는 성령의 은사는(그리스어 'charismata') 은총을 뜻하는 그리스어 명사 'charis'에(라틴어 'gratia') 연원한다. 바울서간에는 모든 개인에게 '그의 뜻대로' 나누어지는 성령의 충만이 강조된다(고전 12.11).

형상

인간창조의 원리를 규정하는 기본어이다. 인간은 하나님의 형상에 따라 창조된다. 창세기 1장 27절에 언급된 히브리어 명사 'selem'은 그리스어와 라틴어에서 'eikon'과 'imago'로 표기된다. 동일성 혹은 유사성을 지시하는 두 단어는 상, 형상, 모상으로 번역된다. 상이한 두 요소 사이의 유추관계를 지시하는 형상은 후세의 인간학, 문화적 사고에서 중요한 역할을 한다.

지혜

히브리어 'hokma', 그리스어 'sophia'에 해당하는 지혜는 구약에서 실천적 지식과 능력을 뜻한다. 논리적 이론이나 이성에 따른 지식이 아니라 삶의 보증이 중요한 위치를 차지한다. 한편으로 삶의 영위를 위한 총명을, 다른 한편으로 경험을 말로 표현하여 현실을 조정하는 능력을 필요로 한다. 잠언에 사용된 명사 총명과 명철은 지혜의 인접어이다.

원증서 가설

모세5경이 다수의 독자적 전거에서 생성되었다는 이론이다. 서로 다른 전거에는 병행적으로 진행되는 이야기의 실마리가 들어 있다. 그러나 창조사역에서 모세의 죽음에 이르는 모든 역사의 설계가 포함된 것은 아니다. 구체적 서술에 있어서도 각기 다른 내용에 중점이 주어진다. 상이한 시기에 연원하는 전거들은 후일의 편집작업에 의해 점차 오늘날의 율법서로 합성된다. 새로운 원증서 가설은 1970년대까지 모세5경 연구를 주도한다.

타락

성서에서 타락은 하나님으로부터의 추락, 이탈을 의미한다. 창세기의 낙원이야기에는 죄의 타락을 지시하는 히브리어 단어가 등장하지 않는다. 그럼에도 불구하고 최초의 인간이 저지른 계명위반 행위로 인하여 기독교 전통에서 고전적 타락이야기로 불리운다. 신학 교리론에는 이야기의 중점이 하나님으로부터의 이탈에 주어진다. 인간이 하나님의 명령을 거역하여 재앙을 초래하는 것은 타락의 범주에서 정리된다. 그러나 창조에 연결된 타락은 구원을 전제한다. 성서의 내용은 창조, 타락, 구원의 3원적 도식에 의해 움직인다. 이와 같은 원리는 낙원이야기에도 해당한다.

원죄

모든 인간은 태어날 때부터 조상의 죄를 물려받는다는 성서의 개념이다. 낙원이야기의 타락장면에서 아담이 저지른 죄악에서 유도된 용어로 후세에 형성된 기독교교리의 표현이다. 사도바울이 로마서에 제시한 죄의 인간학은 원죄이론의 기초를 형성한다(롬 5.12). 라틴어 용어 'peccatum originale'를 처음으로 사용한 교회교부 Augustine이(서기 354-430년) 원죄교리의 근거로 삼은 것은 로마서 5장 12절의 옛 라틴어 번역문이다. "이와같이 그(아담) 안에서 모든 사람이 죄를 저질렀다."

예형론

예형을 지시하는 그리스어 명사 'typos'는 인장의 각인을 뜻한다. 예형론은(typology, Typologie) 성서의 역사관찰을 위한 기본방법이라 할 수 있다. 과거의 인물과 사건은 현재의 인물과 사건을 설명하는 유익한 '유형'으로 규정된다. 중요한 신약의 인물과 사건이 구약의 모형에 의거하여 설명된다. 이와 같은 방법의 실천에는 서술될 내용의 강조를 위해 '반대유형의'(anttitypus) 논리가 도입된다. 전문용어 예형의 개념에는 역사내부의 유추가 아니라 하나님 행위의 자유로운 유희공간에 근거하는 역사이해가 전제된다.

외경, 위서

구약과 신약의 정경에 속하지 않는 문서, 외경과(apocrypha) 위서의(Pseudoepigraph) 두 개념은 명백하게 구분되지 않는다. 가톨릭 성서의 제2경전 문서는 Luther에 의해 외경으로 불리운다. 이들은 성문서와 동일한 가치를 지니지는 못하지만 읽기에 유익하다. 개혁교회는 외경을 위서로 규정한다. 여기에는 묵시문서와 성서의 계약문서가 포함된다. 신약의 외경에는 신약의 장르를 수용하여 발전시킨 외경복음, 서한, 묵시문서와 내용상으로 이방적, 비교적(秘敎的) 특성을 지닌 문서가 소속된다.

현현

그리스어 명사 'epiphanie'는 구원을 가져오는 신성의 나타남과 구원행위의 경험을 의미한다. 구약에 등장하는 하나님의 나타남은 그리스어로 'epiphanie'가 아니라 'theophanie'로(신의 현현) 표기된다. 신약의 후기문서에 사용된 용어 현현은 구원을 가져오는 하나님이 나사렛 예수 안에 나타난다는 사실을 지시한다. 믿는 자는 세계심판자의 출현 앞에서 새로운 결단으로 부름을 받는다.

부활

예수님의 부활에(anastasis) 대한 확고한 믿음은 기독교 신앙고백의 중심이다. 제자들은 예수님이 죽은 후에 사흘만에 다시 살아나셨다고 증언한다. 복음서에는 예수님의 부활이 두 가지 방식으로 증언된다. 하나는 빈무덤의 이야기이고, 다른 하나는 신비로운 현현의 사건이다. 안식일이 지난 후의 '첫날', 즉 새로운 한주가 시작되는 주일에 예수님의 무덤은 비어있는 상태로 발견된다. 부활한 예수님이 제자들 앞에 모습을 나타낸 사실은 여러 복음가에 의해 증언된다. 여기에서 부활한 자의 모습은 생존시와 전혀 다른 변화된 형태이다. 사도바울은 고린도전서의 종반을 구성하는 부활의 몸 서술에서 육의 몸이 아닌 '신령한 몸'에 의거한 신비의 부활체를 설명하고 있다(고전15. 44-46). 새로운 부활체의 형상은 부활의 성격과 방식을 규정하는 핵심요소이다.

고난

라틴어 명사 'passio'는 고통, 고난, 열정을 뜻한다. 예수님의 고난에 관한 말씀은 신약성서에 제시된 고난의 예고에 뿌리를 박고 있다(막 8. 31). 여기에는 메시아의 길이 부활을 위한 죽음으로 향하는 노정으로 해석된다. 고난의 경험은 인간적 삶의 기본상수에 속한다. 치유적, 악령추방, 새로운 공동체 설립의 행위에서 경험되는 예수님의 긍휼은 인간이 감당할 수 없는 고뇌의 강도에 대한 하나님의 반응이다. 특히 죽음을 감수하는 예수님의 행위와 하나님에 의한 부활의 사건은 모든 피조물을 위한 신적 자비를 증거한다. 네 편의 복음서는 구약의 연관 아래 예수님의 고난이 갖는 구원의 의미를 강조한다. 예수님 전기의 정상인 고난사는 부활신앙의 차원에서 서술되고 이해된다.

새로운 창조

신약은 하나님의 창조에 대한 믿음을 전제한다. 재앙과 질병은 창조와 인간의 관계가 와해된 표식으로 인식된다. 바울은 로마서 8장 18-22절에서 현존하는 현실은 하나님이 원하는 창조질서에 어긋난다고 지적한다. 따라서 모든 것은 예수 그리스도에 의한 새로운 창조에 의해 완전하게 변화되어야 한다. 이와 같은 사고는 고린도후서에서 '새로운 피조물'의 선언으로 나타난다(고후 5. 17). '새로운 피조물'은 '그리스도 안에서' 이루어지는 새로운 삶을 지시하는 바울의 용어이다. 신구약성서는 새로운 창조를 향한 희망으로 종결된다(계 21-22장). 새하늘과 새땅의 창조는 최후심판을 거쳐 이루어지는 구원사역의 완성이다.

에온

히브리어 'olam'에 연원하는 그리스어 명사 'aeon'은 묵시록과 초기유대의 지혜에서 '다른 세계의 미래'를 나타내는 표상으로 발전한다. 악한 현재시기와 새로운 에온사이에 메시아 시대가 들어선다. 이와 같은 전통적 관념은 신약의 복음서와 바울서신으로 이입된다. 마태와 마가의 복음에 서술된 하나님의 심판에도 유사한 요소가 발견된다. 종말의 실존은 하나님 통치와 악의 위협이라는 이중양상에 의해 설명된다. 요한계시록의 종반에서 악한 세계통치의 제거를 거쳐 이루어지는 새로운 창조는 영원한 시기를 의미하는 에온의 완성이다.

송영

예식의 형식에서 하나님 영광의 칭송을 의미한다. 영광, 영예를 뜻하는 고대 그리스어 명사 'doxa'에서 라틴어 용어 'doxologia'가 조성된다. 유대와 기독교 종교에는 기도문이 보통 송영으로 끝난다. 시편의 구성에는 종결형식으로 즐겨 사용된다(41,72,19장). 신약에는 예수 그리스도가 하나님 아버지에 관한 영광의 칭송에 함께 명칭된다(롬 15.6). "하나님 곧 우리 주 예수 그리스도의 아버지께 영광을 돌리게 하게 하노라."

재림

재림에 해당하는 고대 그리스어 명사 'parousia'에서 'paron'은 현재의, 'apousia'는 없음, 결여를 뜻한다. 즉 그리스도의 두 번째 오심을 지시한다. 구체적으로 세계의 종말에 영광으로 실현될 그리스도의 '다시 오심'을 의미한다. 라틴어 표현에는 복합명사 'adventus Domini'로(주님의 오심) 대언된다. 재림은 예수님의 자기증거 명칭 인자와 연결하여 신약성서에 24회 사용된다. 재림의 표상에 관한 유용한 근거는 묵시문서에 제시된다. 여기에는 가까이 다가오는 세계종말과 새로운 '에온'의(aeon) 출발에 관한 기대가 표현된다.

종말론

역사와 세계의 목표와 종말에 관한 이론이다. 마지막 일을 뜻하는 그리스어 명사 'eschato'에서 정립된다. 성서의 개념에는 역사의 완성에서 백성의 구원이 중심에 위치한다. 구약에는 후기 예언자들이 메시아에 의한 종국적 구원의 실현을 강조한다. 신약에는 상이한 표상이 병존한다. 공통의 요소는 미래에 실현될 구원의 완성과 현존하는 구원의 확신사이의 긴장이다. 앞의 경우에 연결된 '근접의 기대'는 재림의 지연으로 나타난다. 주님의 말씀을 향한 인내의 기다림과 신뢰의 희망이 기독교 실존의 기본요소로 강조된다. 기독교인의 삶에서 종말의 사고는 세계도주나 세세책임의 사무가 아니라 세계역사의 운행에 관한 올바른 가치평가이며 하나님의 뜻에 적합한 새로운 질서의 구현을 지향한다.

하나님의 나라

구약에는 'malkut JHWH' 즉, 하나님 왕국의 통치를 의미한다. 하나님의 나라는 신약성서에서 예수님 복음선포의 중심으로 대두된다. 하나님 왕국의 통치에 포함된 두 요소, 즉 통치자의 존엄과 통치자의 영역은 신약의 하나님나라로 이어진다. 그리스어 복합명사 'basileia tou theou'는 유대사회에 전승된 문장 '여호와 하나님이 왕으로 통치하다'에 연유한다. 신약성서의 핵심주제인 하나님나라의 의미는 현재와 미래에 양면에서 합당하게 이해된다. 즉 이중의 특성에서 총체적으로 파악된다.

시간

그리스어 명사 'kairos'는 시간, 시점, 기회, 나아가 결정적 순간을 뜻한다. 그리스 신화에는 유익한 기회나 적합한 순간의 신을 지시한다. 이와 대조되는 'kronos'는 선적 의미에서 시간의 영속을 의미한다. 신약에서 'kairos'는 하나님나라의 직접적 접근, 즉 종말적으로 충만된 시간이라는 문맥에서 사용된다. 마가복음 1장 15절의 '근접기대'에 지적된 '때'의 개념이 여기에 해당한다.

회개

그리스어 명사 'metanoia'는 돌아섬, 즉 이제까지 걸어온 길에서 방향을 바꾸는 것을 뜻한다. 돌아섬의 긍정적 의미는 잘못된 삶의 방식을 벗어나는 데 있다. 기독교 신학에는 '마음의 변화', 특히 '영적 전환'으로 이해된다. 신약에는 세례요한의 외침과 함께 예수님 출현의 새로운 시기에 악센트가 놓여진다(마 3. 2). 여기에 강조된 새로운 차원은 예수님에 의해 하나님나라의 다가옴으로 증언된다(막 1. 15). 예수 그리스도의 귀중한 첫 설교는 강력한 회개의 요청으로 귀결된다.

악령추방

고대 그리스어 'exorkismos'. 특별한 마술형식이나 예식행위를 통해 이루어지는 악령과 마성의 퇴치, 메시아 기적행위의 중요한 부분, 예수님과 제자들은 주술의 수단이 없이 오로지 하나님의 권능에 의거하여 악령추방을 수행한다. 이에 반해 유대의 악령추방자는 때로 예수님의 이름을 주술의 도구로 사용한다.

시므온 찬양

누가복음 2장 29-32절에 근거하는 짧은 찬가는 성전에서 행한 노인 시므온의 고백이다. 후세에 형성된 라틴어 제목 'Nunc dimittis'는 〈Vulgata〉 번역문의 첫 행에서 취해진 명칭이다. "이제 당신은 놓아주시는 도다." 이인칭단수 주어의 동사 'dimittis'는 '내보내다'를 뜻한다. 운문형식으로 작성된 감동의 시구는 4세기 이후 저녁기도송과 같은 종교예식에 사용된다.

비유 이야기

두 개의 상이한 사물 혹은 요소가 나란히 놓여지는 통일된 언어형식이다. 도덕적, 종교적 영역에 속하는 내용이 비교의 방식에 의해 구체적으로 설명된다. 비교행위의 3원적 구조에는 비교의 주체와 대상 이외에 제3의 중재요소인 '비교의 거점'이 중요한 역할을 담당한다. 여기에서 비교의 주체와 대상 사이의 의미 있는 연관이 조성된다. 그리스어 명사 'parabole'는 비유 이야기를 지칭하는데 비해 히브리어 명사 'masal'은(아람어 'mathla') 넓은 범위의 비유를 의미한다. 신약의 비유형식에는 좁은 의미의 비유담화, 서사특성을 지니는 비유 이야기, 실제의 사건에 근거하는 예화 등이 속한다. 보이지 않는 하나님의 나라 혹은 천국의 의미는 주변의 자연이나 일상생활에서 소재를 취한 비유 이야기의 서술을 통해 명료하게 전달된다.

비교의 거점
비유 이야기 구성의 두 요소인 비유와 중심사실은 제3의 비교점에(tertium comparationis) 의해 서로 연결된다. 이를 통해 비유 이야기의 복음은 신학적 진술이나 일반적으로 통용되는 형식으로 정착된다. 비유 이야기의 역학에서 정적 비교점은 실제로 맞지 않기 때문에 오늘날에는 비유 이야기의 포인트가 선호된다. 포인트는 비유 발신자에서 비유 수신자로 움직이는 운동을 지시한다. 이 운동은 내면의 경사(처음과 나중의 관계), 특수한 은유, 역사적 지평의 협연을 통해 이루어진다.

비밀, 신비
헬레니즘에서 비밀은(mysterion) 성화된 자에게 주어지는 비밀의 문화를 지시한다. 신약의 복음서에는 '하나님나라의 비밀'이라는 용어에 의해 예수 그리스도의 메시아성이 규정된다(막 4.11). 바울에 있어서 비밀은 하나님 의도의 은폐로 이해된다. 하나님의 구원 의지와 행위를 통한 비밀의 계시는 기독교를 신비종교나 비의적 실행방식과 구분하게 한다. 묵시는 하나님에 의해 운행되는 역사의 비밀이 드러남을 의미한다.

원래의 소리
예수님 자신의 소리를 뜻하는 라틴어 'ipsissima vox'는 복음서에 예수님의 생각과 의도가 표현된다는 사실을 지시한다. 'ipsissima verba'와 대조되는 복합명사는 비유복음을 강조하는 Jeremias에 의해 강조된다. 그는 예수님의 비유이야기에 그가 선포한 하나님 나라의 핵심이 드러난다고 주장한다.

해석학
텍스트 이해이론으로 정의된다. 고대 그리스어 명사 'hermeneuein'은 설명하다. 해석하다. 번역하다를 뜻한다. 해석학 이론에는 이해의 방법이 중요하게 다루어진다. 성서해석학은 성서텍스트 이해의 학문으로 해석학의 응용이다. 텍스트는 여기에서 문장, 단어, 철자의 상태를 의미한다. 성서텍스트는 나타내는 의미와 메시지가 중요하다는 점에서 해석의 필요성이 강조된다. 해석학은 주석과 구분된다. 성서주석은 특정한 텍스트의 구체적 설명을 뜻하는 데 반해 해석학은 해석의 전제와 목표를 해명한다. 해석학의 대상은 문자의 기록물과 구두의 담화를 포괄한다. 그러나 주석은 주로 단어와 구절의 의미에 치중한다. 그러나 실제의 경우에는 두 용어가 혼용되기도 한다.

겨자씨

겨자나무의 작은 씨앗은 750개의 씨알이 1그람에 해당한다. 직경 1mm 정도의 미세한 씨알에서 약 2m 높이의 나무가 자라난다. 겨자씨의 비유 이야기는 가장 작은 것이 가장 큰 것으로 변화되는 확대논리에 근거한다. 하나님의 나라는 처음에는 미미하게 보이지만 시간이 지나면 공중의 새들이 깃드는 나뭇잎처럼 성하다.

가라지

독성이 있는 식물로 우리말로 독보리라고 불리워진다. 팔레스타인 지방에 무성하게 자라는 잡초는 마태에 의해 의미 있는 비유소재로 활용된다. 가라지의 비유 이야기에는 사탄이 밤중에 와서 몰래 씨앗을 뿌려 생성된 가라지가 한동안 곡식과 함께 자라도록 놓아둔다. 가라지의 제거가 알곡을 손상할 수 있기 때문이다. 추수의 시점이 되어서야 불필요한 가라지는 천사의 일꾼에 의해 뽑혀져 불에 태워진다. 이에 반해 곡식은 한데 모아 곳간에 보관된다.

맘몬

재물을 지시하는 명사 'mammon'은(라틴어 'mammona') 신뢰하다. 의지하다를 뜻하는 'amen'에서 파생된 아람어 단어이다. 구약에 나오지 않는 단어는 구약과 신약의 중간에 위치하는 유대문서에 발견된다. 여기에는 부정직한 소득, 뇌물, 비도덕적으로 취득하여 사용된 부, 즉 '불의한 재물'을 뜻한다. 마태의 산상수훈에 나오는 하늘보화 설교와 누가의 불의한 청지기의 비유 이야기에는 이와 같은 부정적 의미가 수용된다. 나중의 경우에는 재물이 하나님과의 양자택일 관계에서 서술된다.